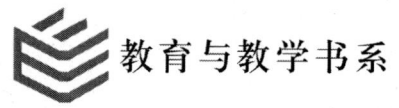

教育与教学书系

探究·寻真·唯美

2014北京青年政治学院科研成果选编

2014 BEIJING QINGNIAN ZHENGZHI XUEYUAN
KEYAN CHENGGUO XUANBIAN

周永源◎主编

知识产权出版社
全国百佳图书出版单位

图书在版编目（CIP）数据

探究·寻真·唯美：2014北京青年政治学院科研成果选编/周永源主编. —北京：知识产权出版社，2015.12

ISBN 978 - 7 - 5130 - 3988 - 8

Ⅰ.①探… Ⅱ.①周… Ⅲ.①社会科学—研究成果—汇编—北京市 Ⅳ.①C121

中国版本图书馆 CIP 数据核字（2015）第 304319 号

内容提要

本书比较全面地反映了北京青年政治学院近期的科学研究进展情况。这些研究成果涉及 6 个学科（科社·党建·政治学、法学、经济·管理、文学、心理学、教育学）。本书选介了 32 项研究成果，是各级各类科研项目的阶段性研究成果。这些成果在内容和研究方法上有创新，具有较高的学术水平和应用价值，既是广大教师心血的凝聚，又代表了学院科研工作取得的成绩和整体水平。

责任编辑：蔡　虹　　　　　　　责任出版：孙婷婷
封面设计：邵建文

探究·寻真·唯美

2014 北京青年政治学院科研成果选编

周永源　主编

出版发行：知识产权出版社有限责任公司	网　址：http：//www.ipph.cn
社　址：北京市海淀区西外太平庄 55 号	邮　编：100081
责编电话：010 - 82000860 转 8324	责编邮箱：caihong@cnipr.com
发行电话：010 - 82000860 转 8101/8102	发行传真：010 - 82000893/82005070/82000270
印　刷：北京中献拓方科技发展有限公司	经　销：各大网上书店、新华书店及相关专业书店
开　本：787mm×1092mm　1/16	印　张：13.75
版　次：2015 年 12 月第 1 版	印　次：2015 年 12 月第 1 次印刷
字　数：240 千字	定　价：38.00 元

ISBN 978 -7 -5130 -3988 -8

前　言

近年来，北京青年政治学院科研工作坚持以马克思列宁主义、毛泽东思想、邓小平理论、"三个代表"重要思想、科学发展观为指导，认真学习贯彻党的十八大和十八届三中、四中全会精神，认真学习贯彻习近平总书记系列重要讲话精神，贯彻落实中共中央和北京市委关于繁荣发展哲学社会科学的意见，紧紧围绕首都经济建设、政治建设、文化建设、社会建设、生态文明建设，服从服务于经济社会发展与构建和谐社会首善之区的需要，科研体系和制度逐步完善，科研水平和能力进一步增强，对外交流与合作日益广泛，科研工作发展环境进一步优化。

为了进一步展示北京青年政治学院各级各类科研项目研究成果，推动研究成果的转化和应用，鼓励多出精品力作，提升学院社会影响，北京青年政治学院科研处自 2013 年始分期、分批编辑出版《探究·寻真·唯美——2014 北京青年政治学院科研成果选编》。

本书为第二辑，共选编了 32 项科研成果。这些成果是各级各类科研项目的阶段性研究成果，具有较高的学术水平和应用价值，既是学院广大教师心血的凝聚，也代表了学院科研工作取得的成绩和整体水平。

作为重要的阶段性回顾与总结，《探究·寻真·唯美——2014 北京青年政治学院科研成果选编》涉及多个学科，信息量大，内容丰富，反映了北京青年政治学院科研管理工作的稳步推进，对于了解北京青年政治学院科研工作总体状况具有重要的参考价值。

大力推动研究成果的转化和应用是科研处的一项长期而重要的任务。希望通过本书的出版，能够搭建一个相互交流、资源共享的平台，为其他兄弟院校和相关研究人员提供参考，为时代和民族的梦想鼓与呼，努力推动首都哲学社会科学事业繁荣发展。

周永源

2015 年 5 月 20 日

CONTENTS 目 录

文学学科

教育学学科

心理学学科

科社 · 党建 · 政治学学科

大学生核心价值观教育要在实效性上下功夫

邹为民

大学生是思想活跃、求知欲强、学识水平较高的特殊青年群体，他们对社会其他群体有重要影响和示范作用，因此，大学生是社会主义核心价值观教育的重点对象。在大学生中进行核心价值观教育，要注重以认同为切入点，在信服上下功夫；以使命为切入点，在责任上下功夫；以导行为切入点，在践行上下功夫。只有牢牢抓住信服、责任和践行，才能够提高教育的实效性。

一、以认同为切入点，在信服上下功夫

2013 年 12 月 23 日，中央办公厅印发《关于培育和践行社会主义核心价值观的意见》，明确提出：富强、民主、文明、和谐，是国家层面的价值目标；自由、平等、公正、法治，是社会层面的价值取向；爱国、敬业、诚信、友善，是公民个人层面的价值准则。习近平在北京大学考察时强调，青年要自觉践行社会主义核心价值观，与祖国和人民同行，努力创造精彩人生。

在大学生中进行核心价值观教育，要注重以认同为切入点，解决了这个切入点，才能引导大学生真正在信服上下功夫。这里讲的认同，主要是政治认同、理论认同和情感认同。

政治认同，就是要让大学生充分认识到社会主义核心价值观形成的战略地位和现实意义，认同社会主义核心价值观关乎人民的幸福安康，关乎国家的前途命运，关乎民族的伟大复兴。核心价值观有其特有的时代属性，每个时代都有其精神，每个国家都有其价值观念。每个民族、每个国家的核心价值观必然同这个民族、这个国家的人民从事的伟大事业相结合，同这个民族、这个国家需要解决的时代问题相适应。社会主义核心价值观把涉及国家、社会、公民的价值要求融为一体，既体现了中国特色社会主义的本质要求，也体现了时代精神。这些政治内涵，是大学生政治认同的主要依据。通过政治认同，增强大学生政治层面的信服感，努力达到用"一面旗帜"凝聚新一代、用"一条道路"

引领新一代、用"一个价值观"武装新一代的要求。

理论认同，就是要让大学生通过学习、理解和思辨，在理论层面充分认识到社会主义核心价值观形成的历史必然性和逻辑严谨性，以形成其理性认同，入脑入心。大学生是理性引导理智的思辨群体，因此，在理论引导上要真正做到授之以知，晓之以理。社会主义核心价值观是一个层次分明、各有侧重、各具功能而又相互联系、相互贯通的有机整体。在把体系和内涵讲清楚的基础上，重点还要让大学生理解社会主义核心价值观的理论依据、历史依据、实践依据、时代特征、中国元素、普世价值。通过理论认同，增强大学生在理论层面的鉴别力，以提高其理论自信和实践自觉性。

情感认同，就是要引导大学生深刻体会社会主义核心价值观的民族情感、国家情感和时代情感。核心价值观本身就承载着国家和民族的精神追求，蕴含着民族元素、历史文化、优良传统和国家意志，能够激发大学生对祖国、对中华民族的情感认同。众所周知，一个民族、一个国家的历史文化总会影响到这个民族、这个国家的核心价值观，也会影响到这个民族、这个国家的青少年的情感认同。社会主义核心价值观既有中国文化元素，也有人类文明元素，还有时代元素，对于立足祖国、放眼世界、把握时代、面向未来的现代大学生，这些元素的情感认同尤为重要。

通过政治认同、理论认同和情感认同，引导大学生实现对社会主义核心价值观的真正信服。

二、以使命为切入点，在责任上下功夫

世界终归是年青一代的，尤其是属于那些立志为国家为人民服务、有社会责任感的青年。

建设中国特色社会主义事业需要一代又一代人的不懈奋斗，历史的重任自然地落在一代又一代青年大学生身上。因此，以让大学生明确自己的使命为切入点，在担当和责任教育上下功夫，就显得尤为重要。大学生应该承担的历史使命，具体来讲体现在以下三个方面。

一是继往开来的使命。这就是继承中华民族的优秀品质，继承中国特色的社会主义事业；励精图治，锲而不舍，努力实现中华民族的伟大复兴。中华民族的历史告诉我们，中国只有走社会主义道路才有希望，只有坚持社会主义才能发展。这条道路，是中国共产党带领全国各族人民长期摸索、艰辛探索、付出了巨大代价才找到的，是实现国家繁荣富强、人民幸福安康的成功之路。党

的十八大提出了要坚定社会主义的道路自信、理论自信、制度自信。大学生要自觉担当起推进中国特色社会主义继续向前发展的责任。

二是学习创新的使命。当今科技的发展日新月异。虽然社会主义在中国显示出良好的发展趋势，我国社会主义现代化建设取得了巨大成就，但是必须清醒地认识到，我们的发展还不完善，还面临挑战。这些挑战，既有对国家层面的，也有对大学生个人层面的。众所周知，科技应用于生产的周期越来越短。19世纪，科技成果大约每50年增加一倍；到20世纪中叶，每10～15年增加一倍；20世纪的最后30年，人类所取得的科技成果超过了过去2000年的成果总量；现在的周期已经达到每5～8年增加一倍。科技发展已经证明并将继续证明：谁抢占了科技发展先机，谁就抓住了机遇；谁抢占了科技发展的"制高点"，谁就能掌握主动。目前，新的科技革命为各民族、各国家的发展提供了机会，也提出了挑战。大学生是抢占科技"制高点"的先锋队，必须要有紧迫意识、危机意识，关注世界新科技发展动态，追踪世界科技发展前沿，努力承担起学习创新的使命。

三是永续发展的使命。我国的国情是人口众多、人均资源十分贫乏，可持续发展对于我国的发展有着特别重要的意义。这种可持续发展，最终是要依靠科技进步和公民素质的提高，这恰恰说明大学生是实现可持续发展战略的重要力量。因此，大学生要树立可持续发展的意识，结合自己所学专业，努力追求人与自然的和谐共存和协同发展。要解放思想，勇于创新，积极投入生态文明建设中去，为深化改革、实施可持续发展战略献计出力做贡献。与此同时，大学生可以以其掌握的先进文化和知识，通过对外科技合作、文化交流等形式，充分发挥自身的优势，将中国的发展和进步介绍给世界，也把人类发展中的先进成果引入中国，使世界了解中国，让中国走向世界。

三、以导行为切入点，在践行上下功夫

习近平总书记在上海考察时指出，要注意把社会主义核心价值观日常化、具体化、形象化、生活化，使每个人都能感知它、领悟它……

对道德认知的直接"感悟"是一种体现过程，在青少年的成长经历中，这种体现过程表现为从感觉、感受、感动中产生顿悟、觉悟、体悟的内心体验历程，因此，依据这个原理设计的教育才更具有针对性、实效性和主动性。因为它符合发展阶段理论中关于青少年的思维以具体形象为主要特征的认识规律，有助于学生道德判断、道德选择、道德行为能力的培养与提高。核心价值

观属于意识形态范畴，具有抽象和概括的特性，再加上核心价值观的养成绝非一日之功，因此，要实现核心价值观的普及，就必须进一步将其通俗化、具体化、形象化、大众化，使其融入生活、融入实际，便于人们领悟、感知、接受和坚守。从某种程度上说，核心价值观面向大众的通俗化、生活化的力度、广度和深度，决定着核心价值观践行的进展和成效。因此，应该将核心价值观的具体化、形象化、生活化、常态化作为核心价值观导行工程进行建设。通过导行，坚持由易到难、由近及远，把核心价值观的要求变成大学生日常的行为准则，进而外化为行为规范，内化为精神追求，形成自觉奉行的信念理念。

日常化就是要注重大学生成长全过程、全方位，体现在课堂、食堂、住所、校园、社会等每一个社会活动中；具体化就是指联系实际，小故事阐发大道理，身边事教育身边人；形象化就是用树典型、拍电影、塑雕塑等看得见、听得着、感受到的作品或情景感染受众；生活化就是将核心价值观融入生活，用生活的载体体会和深化核心价值观。

大学生树立和培育社会主义核心价值观，要在践行上下功夫，就是要落实在勤学、修德、明辨、笃实的环节上。

勤学，就是下得苦功夫，求得真学问。要养成好学、勤学、乐学的品质，既要学习科学文化知识，也要加强思想品德常识的学习。修德，就是加强道德修养，注重道德实践。崇德修身为做人做事之首，大学生要在人格形成的关键时期学会修德，既要注重公德修养，也要加强个人品德修养，还要注意家庭美德、职业道德的修炼和实践。明辨，就是善于明辨是非，善于决断选择。大学生要学会思考、善于分析、坚定信念、正确抉择，成为弘扬真善美、贬斥假恶丑、树立正确导向、澄清模糊认识、匡正失范行为的青年楷模。笃实，就是扎扎实实干事，踏踏实实做人。核心价值观的生命力在于实践，大学生践行核心价值观的重点在于自觉，只有自主自律、亲力亲为、锲而不舍，才能达到外化践行、内化理念的境界。

通过在导行上着手，在践行上着力，鼓励大学生立志报效祖国、服务人民，在知行合一上下功夫，形成积极的、丰富的、发自内心的人生态度与体验。

（本文系北京市高等教育改革项目研究成果，作者为北京青年政治学院国际学院副研究员）

历史学资源在高职院校思想
政治教育中的作用分析

于　楠

高校思想政治教育的目的是教育学生形成正确的世界观、人生观、价值观，在这些方面，历史学有着不可替代的作用。然而在高校思想政治教育领域，对于历史学资源的重视及运用还存在诸多缺陷，特别是在高职教育中，历史学对思想政治教育的作用被大大低估了。

一、历史教育在高职思想政治教育中的必要性

在当前高职学校的思想政治教育中，由于没有教育部门强制规定，很多高职院校没有开设中国近现代史相关课程。历史学资源在思想政治教育课程中的运用，仅仅局限于教师授课中的自觉引用，以及对特殊历史纪念日的阐述和说明，如辛亥革命胜利100周年。

而面对20世纪90年代以来"历史虚无主义思潮"在中国社会一些地方上的流行和泛滥，面对网络、电视、报刊等媒体对"告别革命论"、否定中国自五四运动以来爱国革命传统、恶意诋毁攻击中国共产党领导的新民主主义革命、全盘否定革命领袖毛泽东、否定中国改革开放等论调的鼓噪，本身在高中历史教育中就已"先天不足"的高职学生更容易随波逐流，迷失方向，产生错误的历史观及价值取向。

邓小平同志指出，"我们要用历史教育青年，教育人民"，并且"要懂得些中国历史，这是中国发展的一个精神动力"。① 这说明了在高职思想政治教育中应用历史教育的重要性。试问一个忘记了历史的中国人，如何能理解中国为何走上社会主义道路？如何能够懂得毛泽东思想、邓小平理论、三个代表思想对于中国的重要意义？

---

① 邓小平. 邓小平文选（第3卷）[M]. 北京：人民出版社，1993：206，357－358.

同时，历史教育对于学生树立健康积极向上的人生观和养成良好的人文修养有着至关重要的作用。一个忘却了自己国家文化的人，忘却了自己国家历史的人，如何能够良好地融入社会？如何能在工作中自觉地约束自己的行为？

高职教育中往往过分偏重于向学生传授技能知识，而忽视了职业教育本身不仅仅是传授职业技能，更应以培养学生职业道德、职业精神及基本的职业素质为己任。而在职业素质培养的过程中，历史教育理应占据更为重要的地位。

二、历史教育在高职思想政治教育中的作用

（1）历史教育在树立学生理想信念上有其独特的优势。高职生对高职教育的认识存在偏差，心理压力较大。当前，高职院校的录取分数线低于普通本科院校，高职生往往以一个失败者的心态进入学校，认为自己学历低、能力差、就业困难。此外，社会对高职教育的认同度普遍不高，使得高职学生具有较强的自卑心理。高职生入校后，一旦学习成绩不理想，就感到无法面对家长，心理压力较大。而历史教育在这些方面具有得天独厚的优势。中国历史上众多仁人志士胸怀广大。著名理学家张载将其志向归纳为"为天地立心，为生民立命，为往圣继绝学，为万世开太平"。其志向远远超越了忠孝礼义的范畴，激励着无数中华民族优秀儿女为之奋斗，温家宝总理曾经多次引用其名言。近代的伟大共产党人周恩来，率领中共中央南方局的共产党人，远离延安大本营，在国统区复杂危险的情况下开展工作。皖南事变后，他坚守重庆阵地，等待时局好转。面对生死考验，他要求大家"遇着黑暗不灰心丧气。只要大家坚守信念，不顾艰难向前奋斗，并且在黑暗中显示英勇卓绝的战斗精神，胜利是会到来的"[①]。我们应该充分发掘历史素材，激发学生学习动力，鼓励学生重拾信心。

（2）历史教育在爱国主义教育中有其无可取代的地位。中国近代史是一部中华民族的抗争史，记述了无数中华儿女为维护祖国民族独立、国家统一而浴血奋斗的英勇事迹，如林则徐、左宗棠、海龄、冯子材、刘永福等，可谓数不胜数。2014年时值甲午中日战争120周年，又恰逢中日关系紧张，我们可以通过电影等手段，设置具体、形象的情境，让学生感受中国的这段屈辱史，同时，通过对爱国英雄们的事迹的深入介绍，学生们能够从他们身上学到坚强勇敢的爱国热忱；而且教师通过辩论比赛等方式，深入分析和理解历史，能够

---

① 《南方局党史资料》征集小组. 南方局党史资料大事记［M］. 重庆：重庆出版社，1986.

积极引导学生理性爱国，用自己的勤学奋斗报效祖国。

（3）历史教育对于陶冶学生情操、养成学生良好道德素质有独特的作用。历史学是一门人文学科，通过对历史人物、历史事件的学习，学生可以逐渐体会到其中蕴含的深刻道理与人文精神。如果将历史中的楷模人物巧妙地引入思想政治课教育，可以使得我们社会主义核心价值的宣教不再枯燥乏味，能使思想政治过程中的知、情、意、信、行更加丰富饱满。高职学生与其他高校学生也有共性，他们刚刚踏入大学，对人生、对社会、对爱情有着诸多向往和好奇，因此应引导学生正确处理个人感情问题，从中国古典的含蓄情感中学会更好地控制自己的情感和行为。辛亥志士林觉民怀着对有孕在身的妻子的挚爱，写成"天下第一情书"——《与妻书》，愿用自己的牺牲使天下有情之人能爱其所爱，不再受清朝统治者的愚弄和压迫。其博大的胸怀和对妻子的一片深情，在个人主义盛行的今天可能一时无法被学生们理解和接受，但其感人至深的话语依然能够跨越时空，给百余年后的世人以教义，以致20世纪80年代人们还将其事迹编成流行歌曲传唱。

（4）通过学习历史，培养学生的民族意识和民族自尊心。中华民族在屡经苦难和内忧外患中不断成长壮大，成为世界上举足轻重的大国，一个极其重要的原因就是爱国主义精神力量的维系、凝聚、鼓舞。增强民族意识和国家观念，激发振兴中华的使命感，是历史教育最突出的思想政治功能。中华民族的历史源远流长，历史课有着进行爱国主义教育的丰富内容，拂尘览史，光辉灿烂的五千年文明令人骄傲与自豪。这种自豪感能产生强大的心灵震撼，催促人们把祖国建设得更加繁荣富强；能产生强大的民族亲和力与凝聚力，使我们伟大的民族蒸蒸日上。

三、历史教育可以为思政教育提供更科学的教育方法和论证手段

思想政治教育在发展过程中，也在不断吸收和借鉴其他学科的研究方法。例如，利用心理学研究方法，思政教育要求其教师学习心理健康教育的知识，在日常生活、工作、学习中观察学生，及时掌握学生的心理动态，能够适时对学生进行心理咨询。为了及时掌握学生的动态，思政课老师还借鉴了社会学的社会调查等方法，利用问卷调查、信息分析等分析、掌握学生状况。这些大大促进了思想政治教育的发展。历史教育由于独特的学科性质，形成了特有的例如实证主义、综合分析、案例教学等大量行之有效的研究方法和教学手段。而思想政治教育还没有充分引进这些方法，即使采用了部分案例教学的方法，也

并未系统地运用。

当前，思想政治教育面临教育手段单一、流于形式、教育内容古板、无法吸引学生兴趣等诸多问题，实效性大大降低。因此，必须改变传统的教学方法，借鉴、吸收历史教育的方法和手段，整合历史知识，积极鼓励学生参与、讨论、自我教育等，从多角度、以多种方式融入历史教育，这样才能进一步提高高职思想政治教育的实效性。

高职的思想政治教育要想培养学生的政治、思想、道德、心理健康素质，就必须积极发掘和继承传统文化的精髓，坚持"古为今用"、与时俱进、不断创新，这样才能养成学生良好的文化素质，践行文化大发展大繁荣的基本国策。祖国传统文化的精髓和悠久的历史，为思想政治教育提供了取之不尽用之不竭的宝贵资源，这些同时也是现代健康教育对健全人格的要求，是思想政治教育的重要内容。

作为文化传统的内容之一，历史教育必然会成为高职院校思想政治教育的重要内容。

（本文系北京市高等教育改革项目研究成果，作者为北京青年政治学院国际学院讲师）

干部培训有效性系统分析

韩仁东

干部培训是指组织部门通过组织干部参加学习，使其在思想、业务等领域的理论和知识水平得以提高、履职能力得以提升的过程。复杂多变的国内外形势对干部素质的要求空前提高，提升干部培训有效性的重要性更加凸显。十七大以来，党和政府高度重视干部培训工作，坚持大规模培训干部，大幅度提高干部素质，积极推进改革创新，着力增强干部培训的统筹性、针对性和实效性，干部培训规模不断扩大。然而干部培训有效性不高的问题依然存在。因此，加强干部培训有效性研究不仅仅是提升培训有效性理论研究水平的需要，也是提高干部队伍素质、促进经济社会发展和增强国力的现实需求。从对干部培训有效性影响因素的角度构建培训有效性系统，需要考虑与干部培训相关的主体。McGehee 和 Thayer 提出的"三种分析方法"从组织角度、任务角度和人员角度对培训有效性进行了分析。其中，组织角度是指组织部门的影响；任务角度是指岗位分析，是干部所在单位的影响；人员角度是指参加培训干部的影响。McGehee 和 Thayer 所指组织部门，根据干部培训实际，可具体化为组织部门和培训机构。这样，干部培训有效性系统涉及的主体包括参训干部、干部所在单位、培训组织部门及培训机构。此外，考察干部培训有效性还需要考虑系统所处的外部环境。

一、干部培训有效性系统

（一）参训干部与培训有效性

参训干部是接受培训的对象，是整个教育培训活动的核心主体，对培训成功与否及培训效果有重要影响。培训能否达到预期目标，与干部对培训的期望密不可分，与参训干部的接受能力和学习能力也有着密切联系。作为理性经济人，参训干部对参加培训的价值期望具有判断能力，对以怎样的态度参加培训有选择能力。干部首先追求参加培训效益最大化，即考虑自身通过参与培训是否会获益、获得收益的大小，以及因参加培训付出的成本。这里的收益是指干部通过培训在知识增长及工作能力提升方面的回报；成本是指干部因参加培训而占用的时间、精力等直接成本，以及因参加培训而造成其他工作投入不够或者放弃其他工作的机会成本。当培训收益越大、培训成本越小时，参加培训的意愿就强烈，对培训的期望值就越高，培训有效性就越大。另外，干部的学习能力是影响培训有效性的重要因素。干部自身发展、知识结构、年龄、岗位特点等不同，对培训课堂教学理论知识和实践教学内容的领悟和接受能力有所不同。

（二）组织部门与培训有效性

组织部门是干部培训工作的组织管理者，其目标是通过培训使干部提高政治觉悟，坚定理想信念，提高分析问题和解决问题的能力和履行能力，减少决策失误，提升管理效益，以适应新形势下面临的新挑战、新要求。作为公共物品的供给者，组织部门实现目标的程度越高，对培训的期望值越大，指导培训的积极性就越高；加之资金支持越大，组织宣传和监管培训及培训制度执行力度越大，培训就越有效。另外，组织部门的组织能力也是对培训有效性产生影响的重要因素，体现在干部培训规划，激励、考核制度的完善程度及这些制度的实施能力等方面。

（三）所在单位与培训有效性

干部所在单位是培训的组织实施单位和支持单位，是干部培训的主要参与主体之一。对所在单位而言，培训需求体现在干部通过培训对工作岗位和工作任务贡献大小方面。通过培训，对干部履行岗位职责和完成工作任务的贡献越大，所在单位对培训的期望就越高，组织实施培训的积极性就越高，在培训时间以及资金上的支持力度也就越大，培训有效性就越高。反之，培训有效性就越低。另外，干部所在单位的培训管理能力也是组织部门对培训有效性产生影响的重要因素，体现在配合上级组织部门制定和完善培训规划、激励、考核制度，以及按照上级组织部门要求组织实施培训的能力等方面。

（四）培训机构与培训有效性

培训机构是培训服务的提供者，是干部培训项目实施主体。培训机构通过提供培训服务所获得回报的期望和能力的大小这两个要素对培训施加影响。作为不完全理性经济人，培训机构的目标价值取向是在付出培训劳动的基础上，实现培训效果最大，并使自己的利益达到最大化。干部培训机构在权衡培训成本与效益之间的关系后，会在自愿参与和非自愿参与二者之间做出选择。当其总收益越大于总成本时，参与培训的积极性越高。培训机构培训能力的大小也关乎培训的有效性，包括需求调研能力、培训计划和实施能力、教学评估和反馈能力。

（五）培训环境与培训有效性

培训环境是影响干部培训有效性的外部因素，通过影响各主体的培训期望和能力对培训有效性施加影响，具体体现为培训理念、培训体系、培训机制等。在干部培训系统工程中，先进的培训理念、科学完善的培训体系、合理的长效机制能营造一个良好的培训氛围。在这个良好氛围的渲染下，培训工作会开展得更健康、持续，并取得良好的效果。反之，如果没有科学的培训理念、规范的培训体系及具有长远规划意义的长效机制来支撑，培训的效果就会大打折扣。

可见，干部培训是系统工程，培训有效性系统的有效运转离不开系统中各主体的互动与协作。建立互为顾客、相互服务的培训联动机制，有利于系统形成培训服务链环，有效传递培训原动力。干部的下游客户是培训机构，需要端正学习态度，积极配合培训机构开展教育培训。组织部门和干部所在单位的下游客户是参训干部和培训机构，需要在干部培训时间上给予支持，并以必要的制度保障解决工学矛盾，排除干部的后顾之忧，以便其专心参加培训，提升学习效果。组织部门和干部所在单位应合理配置培训经费，满足培训机构合理的经费需求，提升培训机构的积极性和能动性，以形成干部培训投入产出良性循环的格局。干部培训是一项需要不断投入经费的事业，培训经费的落实必须有章可循，并按照规定切实加以执行。如果培训经费落实不了，提高干部培训有效性就会成为空谈。同时，要对有限的干部培训经费进行科学、严格的管理，保证其合理使用，发挥其在培训中的更大效用。培训机构的下游客户是参训干部、组织部门和干部所在单位，培训机构应按照"因需施教"的原则，优化培训内容，创新培训形式和培训方法，强化培训管理，做好培训需求调研、培训计划、培训实施、培训评估和培训反馈，提高培训的有效性，满足参训干部、组织部门和干部所在单位的培训需求。服务环中各主体在为下游客户提供服务和支持的同时，自身也得到其上游主体的服务和支持，使各培训主体的需求得到满足，培训的期望力和贡献力随之增大。

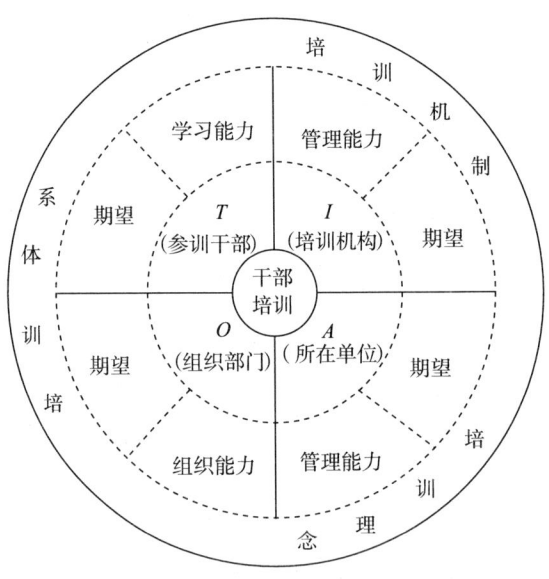

图1 干部培训有效性系统

二、干部培训有效性的动力学分析

干部培训力是指由干部培训有效性的组成要素及其相互作用产生的结合力，是各参与主体对培训的贡献合力。这种合力能使培训有一定的指向性和共同性，能使参与培训各主体在培训过程中有良好的状态和兴趣，可以引导资源有效集中，从而推动培训顺利进行，以实现培训目标。干部培训力由培训有效性系统各要素产生的分力组成。四个参与主体的每一影响因素和环境因素在干部培训活动中都产生一种力，或正或负，或大或小。产生的正面力量对干部培训有效性有贡献，负面力量会减弱干部培训有效性。力越大，对培训有效性产生的作用也越大。

与干部有关的有效性影响因素为干部对待培训的期望和干部的感知、理解、接受等学习能力，对培训的贡献力分别为期望力 T_1 和学习能力 T_2，干部对培训贡献力 T 与 T_1 和 T_2 大小有关，T_1、T_2 越大，T 越大。T 与 T_1 和 T_2 的方向也有关，T_1 与 T_2 之间的夹角越小，T 越大，当 T_1 与 T_2 之间的夹角为 0°，即 T_1 与 T_2 的方向一致时，干部愿意付出 100% 的努力、使出 100% 的能力参加培训，此时，T 最大；当 T_1 与 T_2 之间的夹角小于 90° 时，干部付出努力参加培训的意愿为正，T_1 与 T_2 之间的夹角越小，T 越大；当 T_1 与 T_2 之间的夹角为 90°，即 T_1 与 T_2 的方向垂直时，干部付出努力参加培训的意愿为零，此时，不管 T_1

与 T_2 大小如何，T 为 0；当 T_1 与 T_2 之间的夹角大于 90° 时，干部付出努力参加培训的意愿为负，此时，T 为负值，干部对培训有效性有负面作用。干部对培训的贡献力可表示为：$T = T_1 \times T_2$。

与组织部门有关的培训有效性影响因素包括组织部门对培训的期望和组织部门的培训组织能力，对应的培训分力分别为组织期望力 O_1 和培训组织能力 O_2，组织部门对培训的贡献力可表示为 $O = O_1 \times O_2$。与所在单位相关的有效性影响因素包括单位对培训的期望和培训管理能力，对应的培训分力为单位期望力 A_1 和培训管理力 A_2，所在单位对培训的贡献力可表示为 $A = A_1 \times A_2$。与培训机构有关的有效性影响因素包括培训机构对培训的期望和培训机构培训策划、组织实施能力，对应的培训分力为培训机构期望力 I_1 和培训管理力 I_2，培训机构对培训的贡献力可表示为 $I = I_1 \times I_2$。与培训环境有关的培训有效性影响因素包括培训理念、培训体系、培训机制，对应的培训分力为培训理念力 E_1、培训体系力 E_2、培训机制力 E_3。培训有效性系统与环境相互作用，会产生摩擦力 f。各培训主体相互配合，协调运转，会出现"1+1>2"的效果，产生系统涌现力 E^m。这些分力的合力即为培训力 F，可表示为：

$$F = T + O + A + I + \sum_{i=1}^{3} E_i + f + E^m$$

三、干部培训有效性提升策略

（一）做好培训需求调研，明确培训目标和方向

在培训实施前，进行充分的培训需求调研，找准培训要达到的目标。明确培训有效性系统各主体为实现这一目标而努力的理想方向，即整体而非某一主体局部的培训效果和效率最大化方向。这一理想方向是追求整体而非局部的培训效果和效率最大化，即干部培训有效性最大化。培训力提升最快的方向，也是干部培训向前推进的理想方向。只有培训有效性系统中的各方通过合作，达成努力目标价值取向和努力行为最大程度上的一致，撇开某一主体局部利益，突破各主体追求自身局部利益的格局，都向着培训力场中培训有效性最大化的方向努力，减小由于内耗相互抵消的力，追求系统整体利益最大化，才会使培训力和培训有效性快速提升。

（二）完善培训激励机制，激发干部培训原动力

1. 培训机构选择机制

目前，我国干部培训仍然以组织部门指令性调训为主。组织部门指定专门

的培训机构，组织学员报名参加培训。培训机构的主观能动性得不到很好的发挥。参训干部也不能自主地选择适合自己的培训项目。这样的干部培训机制是造成各方积极性和培训有效性不高的重要原因，也不利于培育富有活力、健康运转的干部培训市场。因此，应引入竞争机制，探索组织部门购买社会服务等有效运作方式，使各类培训机构在培训市场竞争中优胜劣汰，调动培训机构提高培训质量的主动性和创造性，为干部有效性系统提供原动力。在干部培训实践中，国外已有成功案例，包括法国、新加坡在内的许多国家放宽了对公务员培训机构的限制，广泛吸引私立培训机构等社会力量进入培训市场，在公务员培训中引入竞争机制，有力地促进了各类培训机构专业化水平的提高，培训有效性也大大提高。

2. 学员参加培训激励机制

目前，参加培训干部的理论学习情况很少在干部考核工作中体现和使用，或者流于形式。考核机制反映不出干部参加培训的理论学习有效性。这导致参训干部对培训的期望低，不重视培训。而且，干部培训考核结果与选拔任用脱钩，甚至出现参加培训考核成绩低的干部得到提拔的非正常情况，而参加培训考核结果优秀的干部得不到重用。这会直接降低干部对培训的期望，严重打击干部参加培训的主动性和积极性，进而影响干部培训的有效性。

因此，建立健全注重考评结果使用的考核评估机制是提高培训期望、激励干部重视培训的基础，也是激发干部培训有效性的原动力。一是以提高干部履职能力为导向，建立干部培训与任用相结合的培训考核指标体系。二是建立干部培训数据储存和分析信息系统，全过程记录干部参加培训的态度及培训学习效果：干部参加培训的次数，每次培训的时间、地点、学习内容和学习态度；培训心得体会、论文、调研报告等培训成果；培训结束后工作思路清晰与否、工作决策正确与否、工作成效显著与否等运用所学理论解决实际问题的能力。三是建立干部培训评估结果使用机制，将干部的教育培训情况作为干部年度考核和任职、晋升考查的重要内容。

（三）改善培训环境，提升培训能力

1. 理顺干部培训体系，明确部门职责，减少系统内部摩擦和内耗

理顺干部培训体制就是要回答"有哪些类型的培训？"和"这些培训交给哪些培训机构来做？"这两个问题。我国干部培训工作实行的是在党委统一领导下，由组织部门主管，中央和国家机关有关部门分工负责，中央、地方、有关部门分级分类管理的体制。目前，各级部门都在运用行政命令调训干部，政

出多门，体系不顺，机制不健全。这具体表现为干部培训多头抽调、重复抽调，中央部门、省、地、市、县之间交叉抽调，导致干部多次参加主题类似甚至相同的培训，造成培训资源的极大浪费，干部参加培训学习的积极性和主动性也因此降低，严重影响培训的效果。

因此，根据实际需求，划分培训类别，建立目的明确、层次分明的培训类别体系是干部培训有序运转的基础；以承担不同级别的培训为出发点，构建纵向区域化、横向专业化的培训机构网络体系，不仅可以为不同级别的干部培训提供支撑，也有利于培训资源的有效配置，促进培训机构的健康发展，减少培训有效性系统内部摩擦和内耗，持续提高干部培训的有效性。

2. 培育干部培训理念，增加系统涌现力

人力是一个国家经济发展和社会进步的决定性因素，是经济和财富增长的源泉。人力资源理论创始人、诺贝尔经济学奖获得者 Thodore W. Schults 指出，人类的未来不取决于空间、资源和耕地，而取决于人类的智力开发。人力资本的核心是提高人口素质和能力，教育培训投资是人力投资的主要部分。各级干部作为引领国家和社会发展的重要力量，其素质和能力的高低尤为重要。党的十六大报告指出：按照革命化、年轻化、知识化、专业化方针，建设一支能够担当重任、经得起风浪考验的高素质的领导干部队伍，特别是培养造就大批善于治党治国治军的优秀领导人才，是党和国家长治久安的根本大计。

因此，有必要加大宣传力度，积极引导培训有效性系统各培训主体树立干部教育培训的投入意义重大、影响深远，也是最具经济和社会效益的理念，促进培训有效性系统协调运转，增加系统涌现力。组织部门要认识到干部培训投入的产出远大于投入，加大对教育培训的人力、财力和物力的投入，为教育培训工作提供保障措施。同时，切实发挥教育培训工作的战略性、基础性作用，干部所在单位应将干部培训工作看作提高部门工作效率和服务水平的重要手段，切实选派有能力、发展潜力大、有培训需求的干部参加培训。

参考文献

[1] Tannenbaum S I, Methieu J E, Cannon – Bowers J A, et al. Factors that influence training effectiveness: A conceptual model and longitudinal analysis [R]. NAVAL TRAINING SYSTEMS CENTER ORLANDO FL, 1993.

[2] Alvarez K, Salas E, Garofano C M. An integrated model of training evaluation and effectiveness [J]. Human resource development Review, 2004 (4).

［3］吴金美，胡上成，李生平，等．质量管理培训的实施方法及其有效性评估［J］．科技管理研究，2012（2）．

（本文系北京青年政治学院科学研究基金项目研究成果，作者为北京青年政治学院科研处讲师）

自媒体时代背景下的网络青年意见领袖研究

马映红

一、引言

青年代表着民族的未来，代表着祖国的希望。历史和现实都告诉我们，青年一代有理想、有担当，国家就有前途，民族就有希望，实现中华民族伟大复兴就有源源不断的强大力量。① 中国特色社会主义作为面向未来的伟大事业，需要一代又一代有志青年为之奋斗。中华民族伟大复兴要在广大青年的接力奋斗中变为现实，必须把巩固和扩大党执政的青年群众基础作为政治责任。青年意见领袖及其所影响着的青年群体承载着历史赋予的重要使命与社会责任，是世界性的研究话题。

网络舆情正成为社会舆论中日渐重要、最具活力的组成部分，甚至已经成为引领社会舆论走向的一种革命性、主导性力量。特别是自媒体时代对政府的执政能力和社会的良性发展都提出了全新的挑战。网络环境与青少年群体的成长关系密切。伴随着网络的普及，青少年网民的人数快速增长。网络青年意见领袖是社会价值与舆论传播的主力军。选择作为中国青年群体的价值与思想引导者的网络青年意见领袖作为样本研究，事实上就是在关注并研究其背后的广大青年群体。

提升网络青年意见领袖素质，引导和培养认同国家主流意识形态的网络青年意见领袖，有助于大力培育和践行社会主义核心价值观，弘扬主旋律，激发正能量，维护健康网络文化，促进青少年群体的健康成长；同时，也有助于牢牢掌握舆论的"话语权、主导权"，增强网络舆情的引导能力，营造健康、有序、和谐的网络舆论环境。

与传统青年意见领袖丰富的研究成果相比，目前学术界对于掌握互联网世

---

① 习近平. 在同各界优秀青年代表座谈时的讲话 [N]. 人民日报, 2013 – 05 – 05.

界里强势话语权的网络青年意见领袖的研究显得比较匮乏。因此，加强对网络青年意见领袖的研究具有重要的理论价值和现实意义。

二、文献综述

青年意见领袖属于舶来词，是指能够影响青年群体政治、经济、舆论与思想行为的特殊群体。自 20 世纪冷战肇始，美国政府就关注亚非拉国家第二代、第三代青年领袖，启动了"青年领袖项目"的政策规划和机构建制。一些学者从青年意见领袖本身的社会地位、经济地位与人力资本的视角进行分析，探讨了其在社区发展、公民教育与政治运动、社会重大事件等方面所起的作用，注重从个人与组织层面进行系统解读。

在中国，伴随着特定政治与经济环境，先后涌现出各式各样的青年代表人物，最早被称为青年领袖，近年来"青年意见领袖"一词逐步被接受。国内研究者从不同的研究视角出发，对青年意见领袖的产生背景、人员构成、群体特征、活动领域、培养途径等方面进行了多维度研究。①

随着互联网的快速普及与深入发展，人类进入自媒体时代，网络社区、社交网站、博客、微博、播客、微信、即时通信工具等传播媒介不断涌现。在中国的现实场景下，一直存在诸如韩寒等一批"80 后""90 后"的"活跃分子"。② 这些"活跃分子"就是网络青年意见领袖。他们在各自的关注领域积极地传播消息和表达观点，成为网络舆论的引导者。这批具有极强话语传播力的特殊群体，既是议题的发起者、引导者，又是舆论达成的促成者，对社会舆论的形成发挥着不可忽视的作用。在他们的引导下，互联网上的"喃喃自语"上升为公共表达，局部意见演化为网络舆论，进而影响社会舆论，直接渗透到现实社会。他们越来越受到各界的高度关注。

针对自媒体时代的网络青年意见领袖的研究，有关学者主要从以下几个方面进行。一是分析了这一群体异军突起的时代诱因，认为新媒体技术崛起与媒介环境的变迁及中国社会的急剧转型是产生和形成网络青年意见领袖的社会历

---

① 此处参见：陈微．"青年领袖"群体的崛起及开发［J］．中国青年研究，2002（4）；崔世安．新世纪召唤担负时代重任的青年领袖［J］．当代青年研究，1999（2）；夏学銮．妨碍"青年领袖"成长的心理特质［J］．中国青年研究，2004（4）；王宣瑛．青年人才特点与成长途径［J］．中国青年研究，2005（2）；陈永弟．新世纪青年领袖的培养（摘要）［J］．当代青年研究，1999（2）.
② 刘新玲，关变娜．网络青年意见领袖形成要素的社会学分析——以韩寒为例［J］．长春理工大学学报（社会科学版），2012（9）.

史背景，强调技术进步、政治社会、青年心理等因素的重要影响①；二是指出擅长借助自媒体的传统青年意见领袖往往构成了网络青年意见领袖群体的主体②，其中包括青年媒体人、青年公众明星、公共知识分子、开明官员和青年公务员等③，这一群体具有敏锐的社会洞察力、专业的文字表达能力、高质量信息的产出、较强的分享意识以及承担社会使命的责任感等基本特征④；三是分析了这一群体在各种言论中所扮演的公众利益的代言人、社会批判者和道义担当者等多重角色⑤，指出其借用自媒体推动公共议题的形成和发展，进而影响社会舆论的走向及青年群体的价值与思想⑥；四是总结出识别网络青年意见领袖的多种有效方法，如案例研究法、内容分析法、综合评价算法、数理统计法、人工神经网络法、观察法和文献综述法等⑦；五是提出这一群体的培养途径⑧和引导策略⑨。

总而言之，针对网络青年意见领袖的研究中，国内外学者研究逻辑不同。国内学者多侧重于宏观考量，而国外学者多侧重于微观分析，但多数研究是对网络青年意见领袖的正面作用给予较多关注而漠视其消极影响。

---

① 此处参见：尹秀娟. 青年学生网络舆论领袖的泛显化及其消解［J］. 学术论坛，2013（10）；倪邦文. 中国网络青年意见领袖的构成、特征及作用［J］. 中国青年研究，2011（9）.

② 朱峰，马立平，王秋菊. 新媒体视域中的公共舆论引领者——网络青年意见领袖的类型、特征及功能分析［J］. 山东青年政治学院学报，2012（3）.

③ 惠恭健. 大学生QQ群聊中"意见领袖"探析［J］. 南京邮电大学学报（社会科学版），2008（1）.

④ 此处参见：曾莹. 守门人、前锋与中场——试论网络时代守门人角色的嬗变［J］. 福建师大福清分校学报，2007（2）；杜莹. 高校网络社群中意见领袖的特性和作用分析［J］. 宁波工程学院学报，2010（2）；刘新玲，关变娜. 网络青年意见领袖形成要素的社会学分析——以韩寒为例［J］. 长春理工大学学报（社会科学版），2012（9）；卜建华. 青年领袖在网络民族主义思潮中的特征与作用［J］. 烟台大学学报（哲学社会科学版），2012（2）；方付建. 论网络意见领袖的发展走向及其引导策略［J］. 湖北行政学院学报，2013（1）.

⑤ 杜筠. 网络传播中意见领袖的角色分析［J］. 东南传播，2009（5）.

⑥ 此处参见：王国华，张剑，毕帅辉. 突发事件网络舆情演变中意见领袖研究——以药家鑫事件为例［J］. 情报杂志，2011（12）；赵广平. 简析网络民族主义思潮中青年意见领袖的内涵特质［J］. 中国青年政治学院学报，2012（3）；梁莹. 20世纪90年代以来我国青年意见领袖的梳理和分析［J］. 中国青年研究，2011（9）.

⑦ 阳海洪. 意见领袖在"犀利哥事件"中的舆论引导作用探析［J］. 湖南工业大学学报（社会科学版），2011（2）；姜岩，靳见美. 虚拟社区意见领袖的角色差异及对企业营销的启示［J］. 广东商学院学报，2012（2）；丁雪峰，胡勇，赵文，等. 网络舆论意见领袖特征研究［J］. 四川大学学报（工程科学版），2010（2）；史友宽，张锦华. 论竞技体育赛事中的意见领袖——兼论河南女排赛区意见领袖的群体特征［J］. 首都体育学院学报，2006（2）；蔡淑琴，马玉涛，王瑞. 在线口碑传播的意见领袖识别方法研究［J］. 中国管理科学，2013（2）.

⑧ 彭琳，邓国峰. 网络意见领袖的培养机理［J］. 学校党建与思想教育，2010（32）.

⑨ 刘果. 微博意见领袖的角色分析与引导策略［J］. 武汉大学学报（人文科学版），2014（2）.

三、自媒体时代的青年意见领袖

在网络社会，网络社区、社交网站、博客、微博、播客、维基百科等交流平台等不断涌现，人类进入自媒体时代。一般来说，自媒体具有四个基本特点：一是平民化，没有门槛限制，每个平民都可以拥有一份自己的"网络报纸"（博客）、"网络广播"或"网络电视"（播客），可以借助网络互动平台，就社会政治、经济和生活各个领域的问题展开讨论；二是个性化，没有时空、形式的限制，每个人可以自主表达自己的观点，在自己的"媒体"上"想写就写，想说就说"；三是圈群化，交流是以圈群为中心，由各个相互联系、相互依赖的小圈群放射至无边界的传播区域，呈现出大众传播的效果；四是病毒化，大范围的"病毒式"信息传播，可能瞬间引发广泛的社会参与和动员效果。

在自媒体时代，互联网提供了平等传播信息和发表意见的交流空间，拓宽了草根言论空间，侵蚀了传统意见领袖的正常生存空间，从而使得意见领袖产生的范围更广，呈现出传播角色重叠、山头林立后的泛众化状态。但是，"意见领袖"的形成机制非但没有使既有"意见领袖"群体失去话语权（如果有也只是个体），尽管放大了草根的声音，但真正被成倍放大的还是精英话语。事实上，在参与网络讨论的过程中，一直存在这样一群年轻的"活跃分子"——他们在各自的兴趣领域积极地传播消息和表达观点，凭借发帖的质量和频率成为网络舆论的引导者，对其他网民施加个人影响。这些年轻的"活跃分子"就是网络青年意见领袖。

一般而言，目前网络意见领袖群体主要来自以下几方面：一是传统意见领袖，在"人人都可能是新闻记者"的自媒体时代，曾经是传播链条中介的意见领袖并未退出历史舞台，这些现实社会中的政府官员、人大代表、政协委员、著名学者、媒体从业者等，往往以发表谈话、接受采访、撰写文章等形式在网上传播信息，会将其现实中的影响力带到网络空间；二是信息源提供者，即公共事务的评论者或者新闻事件的第一报道者，有可能因各种机缘被"制造"成为长期占据话语权抑或引领一时的意见领袖；三是论坛版主，这些网络论坛的专题管理者在设置议题和控制信息方面具有一定的权力，再加上本身勤奋笔耕，在论坛内有较高声誉，能为论坛聚集人气；四是网络写手，他们通常是某一领域的专家，选题能够聚焦社会热点和重点问题，内容的冲击力强，表达的观点有见地，文字修养好，精华帖比重较大，作品数量多，能在网民中引起共鸣，容易成为网络意见领袖；五是网络博客，包括基本博客、微型博客，这是网络时代的个人读者文摘，专注于特定的领域，不断提供信息或评论，对广大网民的引导、控制作用十分明显。

网络青年意见领袖一般具有如下特征：一是信息获取能力，即了解和熟悉各种信息源，能从无边无际的信息源中提取隐藏的、潜在的有效信息，一般获取的信息较之受其影响的网民更早、更多、更广；二是信息解读能力，即拥有丰富的知识和经验，能在凌乱的信息中抓住重点，在复杂的事件中挖掘本质，因见解独到而具有话语权威；三是文本表达能力，即能够采用文字的、影像的、语言的等不同表现形态来制作个性化的文本，反映其所持有的特定的立场、观点和价值诉求；四是行为表现能力，即这些"活跃分子"拥有发言的平台，比如博客，凭借发帖的质量和频率不断提高曝光度，进而扩大传播范围，影响更多的网民。

依据网络活跃行为的目的和范围不同，网络青年意见领袖可以划分为以下四类：第一类是政治型网络活跃分子，俗称网络评论员，往往有着官方或某些利益机构背景，以各种身份出现在网络上，肩负着表达政府主张、引导网络舆论的使命，在许多社会热点问题上能够凭借其出色的写作功底及敏锐的洞察力及时发帖表明观点，正确引导社会舆论，但官方身份被许多网民称为"五毛党"，很容易被网民持抵触情绪。第二类是经济型网络活跃分子，俗称网络推手，是指那些受经济利益驱动而积极使用互联网各类交流平台发表言论和展示自我的网民，随着网民鉴别能力的增强，普通网民对网络推手行为越来越敏感和警惕。第三类是个人兴趣型网络活跃分子，是指那些基于个人兴趣爱好而积极使用互联网提供的各类交流平台发表言论与观点的网民。其分布于社会各个阶层，从事着不同的职业，在各自感兴趣的领域，靠辛勤的笔耕及自己独特的思想和见地赢得较高的声望。第四类是事件型网络意见领袖，这类意见领袖因为对某一特殊事件或问题有深刻感悟和体会，或者掌握着第一手信息来源，往往只在某一特定社会事件中发挥出其个人影响力，通过传播的信息与观点来左右其他网民的看法，引导舆论，但事件过后其地位也随之消失。

四、网络青年意见领袖的传播行为

网络青年意见领袖的传播行为，大约可分为三个层面：第一个层面，意见领袖假公布其掌握的独家信息或者关注普通网民所提供的信息（未引起他人足够关注），处于舆论源头的位置；第二个层面，其他意见领袖或大量粉丝转发、形成蜂群效应，引发广泛关注；第三个层面，具有较强公信力的传统媒体关注、吸纳网络意见领袖的传播信息，并经放大，推动网络舆论走向顶峰。

"上海大火案""我爸是李刚""小悦悦一路走好"等一系列事件，从事件爆料、影响扩大、逐步缓解到问题解决或平息的过程，基本都遵循着这样一个规律：先是普通网民对某一事件进行爆料；随后引发意见领袖做出解读，形成价值判断，跟帖关注，并在不同领域间互动，扩大事件影响；再由其他意见领袖或大量粉丝"转发""再转发""再再转发"，完成信息的病毒式传播过程，个体意见迅速汇聚；各类媒体开始介入；意见领袖再次针对事件进展发表言论；最后迫于舆论官方做出回应，事件得到平息，问题解决。在意见领袖的引导和控制下，各种渠道的意见迅速进行汇聚，网上与网下相互影响，经历由点到面、由散到聚、由冷到热的过程，从而迅速形成强大的舆论声势，持续升温，不断增强其舆情传播的影响力。

网络舆论看似亿万网民在发声，但核心环节是这些网络青年意见领袖掌握话语权，经常在各种言论中扮演着披露者、传播者、批判者和担当者等多重角色，且对每一环节都有深刻影响。一是事件的披露者，发现事件的价值或对其有兴趣，通过各种手段进行扩散，使网民知晓，使网民关注；二是信息的传播者，通过对事件的披露、发表看法与表明态度，催化了事件的爆发，使社会各界关注；三是舆情的批判者，常常通过博客、实名微博或社交站点进行评论，甚至接受传媒的专访，分析与解读事件，推动议题不断转换，支配与引导网民注意力，改变舆论方向；四是道义担当者，作为某一群体利益、价值与诉求的代言人，为其大声疾呼。

从表面来看，作为信息接收者的网民有权决定是否跟从意见领袖，成为他的拥趸或弃他而去。主动权看似已经掌握在信息接收者手里，但实质上，只要意见领袖足够权威，谈论话题具备冲击力和磁性，反而可以吸引更多网民的关注和转发。

网络青年意见领袖在其传播行为过程中，始终处于信息扩散的中枢地位，针对某一议题的讨论次数越多，交锋的时间越长，越容易被关注他们的网民看到，引起其注意，进而纷纷转发或发表事件的相关信息或评论，于是该议题会以几何级数的传播速度迅速被推至舆论高潮。

五、网络青年意见领袖引导机制

正视网络青年意见领袖现象并分析其在网络舆论中的作用及其传播情况，

引导和培养认同国家主流意识形态的网络青年意见领袖，营造健康、有序、和谐的网络舆论环境，是当前中国网络舆论阵地建设及网络意识形态建设的一个重要任务。

一是承认网络青年意见领袖的客观存在。网络青年意见领袖更多来自草根社会，大都有鲜明的个性，往往会对政府的一些政策措施等提出质疑和批评。对政府而言，要客观辩证看待网络青年意见领袖的是与非，在看到他们所起的负面影响的同时，更应重视其在促进社会发展方面的积极作用。

二是发挥网络青年意见领袖的积极作用。政府要加强与网络青年意见领袖之间的沟通，与其积极沟通对话，促使他们理解现代社会公共治理的复杂性，进而在具备共识的问题上与政府合力，缓释民间不满情绪，推动公共事务进程。

三是积极培养网络青年意见领袖。培养网络青年意见领袖就要重点加强对政府机关的官方微博和官员个人微博的建设。政府机关及官员可以充分利用微博具有私人化、生活化、碎片化的特点，通过微博为民众搭建民官沟通桥梁，提高政府和官员自身的亲和力，从而在网络民众中树立亲民形象，并在谣言兴起时发挥正确的引导作用。

四是强化网络青年意见领袖的自律意识。真实可靠的信息和理性、建设性的评论是网络青年意见领袖引导网络舆论良性发展的前提，而有意或无意发布不实信息则会引发网络舆论震荡，对网络舆论引导产生恶劣影响。因此，应对广大网民及网络青年意见领袖进行法制、道德的教育，规范其言行，引导其自律，使网络意见领袖意识到自身所承担的社会责任，重视自身素质的提高，最大限度地发挥建设作用。

参考文献

[1] 毕宏音."微博"热潮下的网络意见领袖变化趋势 [J]. 新闻爱好者, 2011 (15).

[2] 李强, 刘强, 陈宇琳. 互联网对社会的影响及其建设思路 [J]. 北京社会科学, 2013 (1).

[3] 宋石男. 互联网与公共领域构建——以 Web 2.0 时代的网络意见领袖为例 [J]. 四川大学学报（哲学社会科学版）, 2010 (3).

[4] 樊兴华, 吴昊. 意见领袖识别中的文本倾向性研究 [J]. 计算机应用研究, 2013 (9).

[5] 姜胜洪. 怎样认识网络意见领袖的作用? [J]. 红旗文稿, 2012 (1).

［6］姜胜洪．正确发挥微博时代"意见领袖"的作用［J］．中国党政干部论坛，2011（12）．

［7］于森森．网络化背景下中国青年意见领袖问题研究［J］．苏州党校，2013（1）．

［8］陶文昭．重视互联网的意见领袖［J］．中国党政干部论坛，2007（10）．

［9］刘阳，赵婀娜．"微时代"的理性与盲从［N］．人民日报，2013–08–08．

［10］李名亮．现实与隐忧：微博意见领袖的话语权力［J］．今传媒，2012（5）．

［11］陈然，莫茜．网络意见领袖的来源、类型及其特征［J］．新闻爱好者，2011（24）．

（本文系北京市社会科学基金项目研究成果，作者为北京青年政治学院计算机系副教授）

大学生社会主义核心价值观培育的策略研究

张子荣

价值观是一个人的深层信念系统，建设什么样的核心价值观，直接关系着国家的发展理念、社会的价值取向和个人的精神追求。加强当代大学生社会主义核心价值观的培育，是提高大学生思想政治教育实效性面临的一项重要课题，对确保高校社会主义办学方向、加强党对高校意识形态建设的领导、提高高校人才培养质量都至关重要。

一、大学生社会主义核心价值观培育的视角

对大学生社会主义核心价值观培育视角进行延展，需要把学生接受规律和教育规律统筹起来。尽管社会主义核心价值体系是先进文化的精髓，是一个科学的、先进的体系，但是其科学性和先进性并非能够让大学生很快接受。因此，要想实现社会主义核心价值观真正内化成大学生的理想愿望和自觉意识，就必须清醒认识对大学生进行价值观教育的接受需要与内在机制。目前，从大学生整体情况来看，其自我意识、创新意识、成才意识较强，在对价值观的选择方面表现出鲜明的自主性，这也在一定程度上为核心价值观的培育带来了挑战。基于此，只有正视大学生的主体接受规律，将他们的内在需要和现有的思想基础结合起来，实现能动和被动的有机统一，才能有效地进行价值观的培育。也就是说，在大学生中开展社会主义核心价值观的教育，要对大学生的主体地位予以充分重视，充分考虑其认知结构和价值需要，激发他们的积极性和主动性，教育引导他们通过自我强化和价值辨析，自觉把社会主义核心价值观内化成自身的价值追求和理想信念，并以此为导向实施自己的行动，真正成为社会主义核心价值观的倡导者、传播者和践行者。

二、大学生社会主义核心价值观培育的渠道

各高校深入学习宣传当代大学生核心价值观，使之入脑入心，就应不断拓

宽渠道途径，积极搭建平台载体，切实把当代大学生核心价值观教育融入人才培养的全过程，贯穿于学校精神文明建设的各个方面，渗透到大学生学习生活的各个环节，通过各种方法和手段，加强社会主义核心价值观的覆盖和传播，以进一步提高主流意识形态的感染力和吸引力，强化社会主义核心价值观。这就要在充分利用大学生思想政治教育课堂主阵地、主渠道的基础上，积极打造传播路径。在当前信息时代，博客、微博、网络都不失为一种良好的传播途径。校园环境、学生宿舍、社会实践都可以作为一种介体渠道加以运用，尤其是社会实践，对大学生的社会主义核心价值观教育具有不可替代的作用，通过实践，能够切实强化大学生对核心价值观的践行和认同。鼓励学生积极参与社会实践，是对大学生进行核心价值观培育的最佳举措。在实践中，学生可以更好地理解、认识和把握党的基本路线和基本方针政策，更好地了解当今社会和国情，切身感受时代的发展脉络，进而使自己能够找到与社会发展的最佳契合点，实现社会主义核心价值观在国家、社会、个人三方面的价值追求。

三、大学生社会主义核心价值观培育的环境

要不断对社会大环境进行优化，把社会主义核心价值观充分与社会发展、政策制定和改革取向交融，着力从解决社会现实问题出发，把大学生最直接、最关心、最现实的问题解决好。同时，还需要营造一个良好的舆论氛围及和衷共济的社会心态，对社会秩序自觉遵守，对社会矛盾依法解决，使个人文明守法、诚实守信，使社会和谐稳定、健康发展。尤其是对社会主义核心价值观建设的先进经验和优秀人物要大力宣传，通过这种方式，可以使其更好地得到群体推崇和认可，有利于文明和谐的校园环境的营造，并会在大学生中营造出一种和谐友爱、开拓进取、文明团结的良好校风。此外，对网络虚拟环境的优化也不容忽视。优化网络环境，应用先进文化占领网络阵地，同时要加快对法律法规、行业自律、行政监管等管理体制的构建，避免腐朽思想等有害信息对大学生价值观的冲击，积极引导大学生提高媒介素养，杜绝和防范因自身原因在网络中出现的违背社会伦理及道德规范的思想行为。

四、大学生社会主义核心价值观培育的模式

一是实践化教育模式。思想道德建设重在养成，贵在实践。良好的社会道德风尚既是社会主义文化先进性的集中体现，也是社会健康发展和人类进步的健康因子，是人类和谐相处的最好体现。高校是系统进行道德教育的重要阵

地，应发挥社会实践活动的作用，教育和引导广大师生传承中华民族传统美德，弘扬社会主义时代新风，积极参加各种公益活动，用爱心传递温暖，用真心呵护道德，把学校建成社会主义核心价值观的培育和践行基地。通过在教学计划中纳入社会实践，并规定学分和学时，使实践教育规范化、科学化、制度化。通过对教育理念的不断更新，将社会主义核心价值观培育与大学生专业实习、"三下乡"、社会调查等活动融合，强化社会实践对价值观认同和践行的重要教育功能。随着互联网的发展，可充分利用网络的强大功能，创新社会实践活动模式。比如，组织学生在网上对实时热点进行讨论，组织学生在网上进行红色基地参观活动，等等。总之，采用社会实践方式，能够让大学生切身感受时代脉搏，寻找国家、社会和个人发展之间的结合点，匡正自我，树立正确的价值取向。

二是建构生活。不以生活为中心的教育如同死教育，没有以生活为中心的学校如同死学校。生活是价值观生成的沃土，为价值观的形成奠定了坚实的基础。因此，一方面，要确立以学生为本的新教育理念，切实做到一切想着学生，一切为了学生，满足学生的需求，从学生的实际生活出发，把与大学生最贴近的一切积极因素充分利用起来，引导学生不断探索人生的价值意义，塑造高尚的道德品质和人格。另一方面，要坚持家庭生活、学校生活与社会生活相结合的教育理念，切实关心和帮助大学生解决生活中的实际困难，帮助他们处理好学习成才、择业交友、心理健康等生活方面的具体问题；引导他们明辨社会生活中的是非、荣辱，让大学生在感受社会温暖的过程中，懂得感恩和回报社会。

参考文献

[1] 王任. 刍议增强高校社会主义核心价值观教育效果的途径 [J]. 学校党建与思想教育，2015（18）.

[2] 徐金超. 浅论社会主义核心价值观教育应遵循的原则 [J]. 学校党建与思想教育，2014（23）.

[3] 范卉敏. 社会主义核心价值观教育"三进"工作研究 [J]. 内蒙古师范大学学报（教育科学版），2014（10）.

[4] 洪明. 论社会主义核心价值观教育的历史演进 [J]. 中国青年研究，2014（12）.

[5] 刘云影. 将社会主义核心价值观教育融入思想政治理论课教学的探索 [J]. 教育探索，2014（12）.

［6］徐金超．社会主义核心价值观教育方法探析［J］．人民论坛，2014（34）．

［7］周倩．大学生社会主义核心价值观教育：意义、要求和途径［J］．郑州大学学报（哲学社会科学版），2015（1）．

［8］许珍芳．对大学生社会主义核心价值观教育的思考［J］．教育与职业，2015（6）．

［9］肖金明，陈为旭．大学生社会主义核心价值观教育路径研究［J］．教育评论，2015（2）．

［10］宋伟．加强和改进当代大学生社会主义核心价值观教育研究［J］．理论学刊，2015（3）．

［11］谭秋浩．知行合一：大学生社会主义核心价值观教育的第一要义［J］．高教探索，2015（9）．

［12］郭彩星．以思想政治理论课整体性教学推进大学生社会主义核心价值观教育［J］．学校党建与思想教育，2015（18）．

［13］李兰．提升大学生社会主义核心价值观教育效果的路径微谈［J］．学校党建与思想教育，2014（23）．

［14］宁晓菊．大学生社会主义核心价值观教育创新研究［J］．中国劳动关系学院学报，2014（6）．

［15］靳玉军．论社会主义核心价值观教育的实践要求［J］．教育研究，2014（11）．

［16］刘艳萍．大学生社会主义核心价值观教育的实证研究［J］．教育评论，2014（12）．

［17］石中英．中小学校开展社会主义核心价值观教育的基本途径［J］．人民教育，2014（18）．

［18］李福涛．大学生社会主义核心价值观教育路径探讨［J］．教育探索，2014（11）．

［19］朱琳，张力．新媒体环境下大学生社会主义核心价值观教育途径的创新［J］．教育评论，2015（2）．

［20］乔芬，李洁．高职院校社会主义核心价值观教育探析［J］．教育与职业，2015（10）．

［21］徐卫东．论国学教育与社会主义核心价值观教育［J］．教育评论，2015（3）．

［22］张纯．媒体对高校社会主义核心价值观教育的影响［J］．新闻战线，2015（3）．

［23］陈铭彬．再论高校社会主义核心价值观教育的价值、困境与对策［J］．西南民族大学学报（人文社科版），2015（5）．

［24］王功名．大学生社会主义核心价值观教育的实践困境与突破［J］．教育评论，2015（3）．

（本文系北京市教委一般项目研究成果，作者为北京青年政治学院社科部讲师）

法学学科

法国成年监护制度的发展及其启示

刘金霞

一、法国成年监护制度的沿革——从监护到保护

1804 年的《法国民法典》（以下简称旧法例）创设了禁治产监护制度和准禁治产辅助制度，对于经常处于痴愚、心神丧失或者疯癫状态的成年人（成年精神病人），得依法宣告其为禁治产人；被宣告为禁治产者，依法丧失一切民事行为能力，得为其设立监护人。禁治产人的一切民事行为均须监护人代理，没有监护人的代理，禁治产人所为的一切民事行为均为无效。禁治产人亦不得自主决定婚姻和遗嘱。对于尚不够宣告为禁治产人的成年精神病人以及浪费人，得依法宣告其为准禁治产人，并为其设立辅助人。准禁治产人具有限制行为能力，仅得实施法律准许的行为，重要的行为如诉讼、和解、借款、受领动产原本并交付受领凭证、让与财产、就财产订立抵押权等须由辅助人协助实施，否则无效（旧法例第 174 条、第 175 条、第 489 条、第 499 条、第 509 条、第 513 条、第 902 条）。此即广义的成年监护制度。

20 世纪，随着社会的变迁和社会观念的变革，特别是人权观念的不断发展，法国旧法例之成年监护制度受到广泛批评与诟病，这促进了法国成年监护制度的改革。1968 年 1 月 3 日法国颁布第 68 - 5 号法律，将成年监护制度修改为成年保护制度，修订后的成年保护制度保护对象扩大（包括精神官能、身体官能受到损害者及浪费人），保护措施转变为司法保护、监护与财产管理。司法保护重在行为保护，财产管理重在财产保护，而监护则包括对人身和财产的保护。修订后的成年保护制度与旧法例成年监护制度最大的不同，就是废除了禁治产和准禁治产宣告制度，设置成年保护措施不以剥夺或限制当事人的行为能力为前提，对当事人"依个案审查具体有无实际行为能力"①，从而"无

---

① 龙卫球. 民法总论［M］. 北京：中国法制出版社，2002：254.

行为能力在法国民法上已成为历史"①。监护人不再全面接管被监护人的事务，监管模式逐渐向保护模式过渡。此后，法国又通过 1974 年 1 月 3 日第 68－5 号法律、1995 年 2 月 8 日第 95－125 号法律、1996 年 5 月 28 日第 96－452 号法律等一系列法律，强化了其保护主义色彩。

进入 21 世纪后，"法国立法机关对这座超过 200 年的'法律大厦'进行了大面积的修整、补充或'拆除'，2004 年以后修改更趋频繁"②。在这样的修法大潮中，法国于 2007 年 3 月 5 日颁布了第 2007－308 号法律，对成年保护制度进行改革，"修正了原法定监护的一些内容，并创设了意定监护制度"③，而且增加了司法辅助制度，从而形成由法定监护、意定监护、司法辅助制度共同构成的 21 世纪法国新成年保护制度。

二、21 世纪法国成年保护制度的发展与主要内容

（一）21 世纪法国成年保护制度的发展

经过 2007 年 3 月 5 日第 2007－308 号法律的修订，法国成年保护制度进一步发展，主要体现在以下方面。

1. 成年保护制度理念发展

21 世纪，法国成年保护制度适应了法国社会人口日益老龄化的需求，突出了国际人权保护特别是成年残障者人权保护的新理念，强调对受保护人自由、基本权利与尊严的尊重；强调对受保护人自我决定权的尊重；注重对受保护人人身的保护，渗透了现代成年监护领域"维持生活正常化"④"尊重自我决定权"⑤ 的新理念。

2. 成年保护制度内容发展

21 世纪的法国成年保护制度，根据老年人能力逐渐衰退的特点，增加了"将来实行保护的委托"，允许尚未受到监护（法定保护措施之一）保护的成

---

① 李霞. 成年监护制度研究——以人权为视角［M］. 北京：中国政法大学出版社，2012：44.

② 罗结珍. 关于《法国民法典》新译本的简短说明［M］//法国民法典. 北京：北京大学出版社，2010.

③ 李霞. 成年监护制度研究——以人权为视角［M］. 北京：中国政法大学出版社，2012：44.

④ 该理念于 1959 年由丹麦的一个智力残障者的父母提出，英文表达为 Normalization，强调残障者应作为社会一员参与主流社会活动，分享正常社会生活。这一理念一经提出即得到国际社会的普遍认同和接受，并在一系列国际人权及残障者人权国际保护的文件，如《关于精神耗弱者的权利宣言》《障碍者权利宣言》中得到体现。这一理念被认为同样适用于老年人。

⑤ 该理念认为，每个人都是其本身事务最终的决定者，可以自主地决定其生活方式、未来与行为，国家对此应予尊重。

年人或者已经解除亲权的未成年人，通过签署委托书的方式事先委托一人或者数人在自己因精神或者身体官能损害之原因不能自行维护本人利益时作为代理人以保护委托人之利益，从而形成了意定保护制度。意定保护与法定保护、司法辅助制度共同构筑了法国新成年保护制度，改变了法定保护一枝独秀的格局。

3. 成年保护制度主体发展

21 世纪的法国成年保护制度，明确规定对成年人实施法律保护是"家庭的责任，也是公共行政部门的责任"。其削弱了亲属会议的职责，强化了法官职责，规定了法官在财产管理人、监护人选任，以及在对财产管理人、监护人行为监督方面广泛的职权与职责；规定了共和国检察官法院保护、财产管理与监护及司法辅助措施的设立、终止方面也被赋予了提出请求的职权与职责。此外，法国还专门设置了承担成年人保护任务的司法委托代理人，那些没有家庭成员或者近亲属但需要设置财产管理或监护等保护措施的成年人，由司法委托代理人承担保护任务。①

这样的变化，反映了社会发展、现代人权观念、现代生活观念和科学技术发展对民事生活及民事立法的影响，也反映了法国民法典对社会变革的主动适应。

（二）21 世纪法国成年保护制度的主要内容

1. 成年保护措施的适用

法国成年保护制度主要适用于因精神或者身体官能损害，不能表达自己意思，无法自行保障自己利益的成年人。保护的方式包括对其适用法律规定的法院保护、财产管理与监护等法定保护措施；或者根据成年人自己在精神和身体官能正常健康时签署的委托书，由其委托的人作为其代理人，处理有关人身照顾、财产管理和法律行为代理等事务，即意定保护。对于不能妥善管理其所获得的社会性补助金而致其健康与安全受到影响的成年人，则适用司法辅助措施。

2. 法定保护措施

法定保护措施包括法院保护、财产管理与监护。就法定保护的设立，《法国民法典》规定了必要性和限制性原则。所谓必要性原则，是指只有在必要的情况下，或者在适用有关代理的普通法规则、有关夫妻权利义务的规则、有关夫妻财产制的规则、有关夫妻日常代理规则以及法院特别授权代理规则，或

---

① 《法国民法典》第 450 条规定："如果没有任何家庭成员或近亲属可以承担财产管理或监护任务，法官指定在《社会与家庭行动法典》第 471－2 条所指的名册上登记的保护成年人的司法委托代理人来承担此种职责。受指定的司法委托代理人不得拒绝完成为受保护人的利益要求实施的紧急行为，特别是保护其概括财产所必不可少的保全行为。"

者采取某一种限制较少的司法保护措施，或者由当事人订立将来实行保护的委托书，但仍然不能满足当事人的利益时，法官才能命令实行保护措施。所谓限制性原则，是指应根据受保护人的个人能力受到损坏的程度，采取与其个人状况相适应的个别化保护措施，限制保护措施的过度使用（《法国民法典》第428条）。

（1）法院保护。

对于因精神或者身体官能损害之原因，需要受到暂时法律保护或者需要有人代理完成某些确定行为的人，可经受保护人本人或其他法定人员申请，由法官决定对其实行法院保护。由法院实行保护的成年人仍然可以行使其权利，但行为受到一定限制，法官为了保护其财产已依法指定专门的委托代理人负责实施的行为，受保护人不得实施。受法院保护的人，在受保护期间订立的契约或缔结的义务，可因显失公平受到损害的原因而取消，所负担的过分的义务也可以依法予以减少（《法国民法典》第435条、第437条）。

（2）财产管理与监护。

对于并非完全不能自行实施行为，但因精神或者身体官能损害之原因，在民事生活的重大活动中需要持续得到他人指导与监督，采取法院保护措施仍然不能给予充分保护的成年人，可以实行财产管理。对于因精神或者身体官能损害之原因，在民事生活行为中需要持续由他人代理，实行法院保护或财产管理均不能给予充分保护的成年人，可以实行监护（《法国民法典》第440条）。

实行财产管理与监护措施后，受保护人并不因此丧失其行为能力，但某些行为需要他人批准、协助或者代理。例如，财产受管理人结婚须经财产管理人或法官批准；订立、变更紧密民事关系协议，须经财产管理人协助；订立财产托管合同、起诉、应诉、赠与等，则必须由财产管理人协助（《法国民法典》第467~470条）。然而具有严格人身性质的行为，包括申报子女出生、认领子女、为子女选用姓氏或者改姓、对其本人的送养或子女的送养等（《法国民法典》第458条）行为，只能由本人实施，不得由他人协助或者代理。受监护人结婚则须经法官或者亲属会议批准，订立或变更紧密民事关系协议须经法官或者亲属会议批准，并由监护人协助签字；除法律上、习惯上或者法官允许受监护人单独实施的行为以及法官规定由监护人协助的行为外，受监护人的其他民事生活行为均由监护人代理实施。受监护人为赠与行为，须经法官或者亲属会议批准，并由监护人协助或代理；受监护人订立遗嘱，须经法官或亲属会议批准，由受监护人单独完成，监护人不能协助或者代理（《法国民法典》第473~476条）。

3. 意定保护

《法国民法典》第 477 条第 1～2 款规定:"任何没有受到监护的成年人或者解除亲权的未成年人,均可用同一份委托书,写明在其因第 425 条所指的情况之一而不再能维护其本人的利益时,委托一人或数人为其代理。财产受到管理的人只有经财产管理人协助,才能订立有关'将来实行保护'的委托书。"上述规定表明,经过修订后的《法国民法典》允许成年人在其精神和身体官能正常时未雨绸缪,通过签署委托书的方式,事先选择委托代理人,委托其待自己因精神或身体官能损坏而不能表达自己的意思、无法自行保障自己的利益时,代为处理相关委托事务,以维护本人的利益。该规定允许当事人本人预先安排自己的人身照顾、财产管理和法律行为代理的事务,体现了对本人意见的充分尊重,在人口逐渐老龄化的社会背景下,照顾了意思能力逐渐衰退的老龄人口对法律保护的需求。

4. 司法辅助措施

司法辅助措施适用的对象,是那些依《社会与家庭法典》的规定被给予了社会补助金,但不能妥善管理,而致其健康与安全受到影响的成年人。适用司法辅助措施的目的,是恢复当事人在管理其(社会性补助金)收入方面的自主能力。司法辅助措施由司法委托代理人具体执行,主要职责是代受辅助人领取属于司法辅助范围的各项补助金,依法存入受辅助人账户,并根据当事人的利益,在考虑其本人意见及家庭状况的基础上管理上述补助金。司法委托代理人还负责对当事人进行教育,以帮助其恢复自行管理上述费用的能力(《法国民法典》第 495－7 条)。

三、法国成年监护制度的发展及其启示

《法国民法典》中的成年监护制度在进入 21 世纪之际、历经 200 年后进行的变革,反映了社会需求,也反映了民法典的开放性。法律作为社会关系的调整器,必须随着社会发展,特别是社会关系的变化,在确保其稳定性、连续性的同时,更需要进行适时的修订甚至变革。正如美国法学家庞德在论述法律的稳定性与变动性的关系时所言,"法律必须稳定,但又不能静止不变"[①]。

"我国已于 1999 年进入人口老龄化国家的行列"[②],老龄人口基数大,增

---

① [美]庞德. 法律史解释 [M]. 邓正来,译. 北京:中国法制出版社,2003:2.
② 《我国人口老龄化宏观对策研究》课题组. 我国人口老龄化宏观对策研究 [J]. 宏观经济研究,2003 (6).

速快①，监护需求突出。实务中，已经有老年人提出希望为自己设立亲属以外的监护人，由监护人照料自己的生活、协助管理自己的财产，并表示自己愿意支付监护人相关的监护费用。② 我国现行成年监护制度只规定了对成年精神病人的监护，未照顾到意思能力、辨识能力、行为能力逐渐衰退的老年人的监护需求，已经严重不适应逐渐步入老龄化的中国社会需求，亟须借鉴先进国家的经验，将老年人纳入监护制度的保护范围，并进一步完善成年监护的各项具体制度。而《法国民法典》中的成年监护制度变革的成功经验，无论是在积极适应社会变革方面，还是在具体制度设计方面，都值得我们借鉴。其具体包括：

（1）确立大监护概念，将民法针对特定成年人的保护措施如保佐、辅助等纳入大监护制度范畴，统一进行制度设计和体例安排。

（2）扩大成年监护制度的保护范围，将身体官能受到损害的成年人和意思能力、辨识能力、行为能力逐渐衰退的老年人纳入其中。

（3）吸纳国际人权保护特别是老年权益保护、成年残障者人权保护新理念，在成年监护领域确立"维持生活正常化""尊重自我决定权"的新理念。

（4）在成年监护的具体制度中，创立意定监护制度，与法定监护共同完成对特定成年人的民法保护。

（5）就成年法定监护而言，细化被监护人行为能力的分类，在此基础上增加并丰富法定监护的措施种类，增加保佐与辅助措施，从而形成监护、保佐、辅助三级保护措施，以适应意思能力、辨识能力、行为能力受损程度不同的成年人的需要。

（6）进一步完善具体制度，如成年监护人选任制度，成年监护监督制度，成年监护人资格制度，公职监护人制度，社团（法人）监护人制度，成年监护人职责制度，监护人报酬制度，监护人拒任，辞任及任职期限制度，成年监护的登记与公示制度等。

（本文系北京市教委面上项目研究成果，作者为北京青年政治学院文秘与法律系教授）

---

① 据预测，2010—2040 年将是中国人口老龄化速度最快的时期，这一阶段老年人口比重平均每10 年将提高 3.99%，这样高的老龄化速度是以往经历老龄化过程的世界各国所罕见的。方鹏骞，陈茂盛. 人口老龄化的内涵界定及世界人口老龄化趋势 [J]. 国外医学（社会医学分册），2001, 18 (2).
② 马增悦. 我能否从社会上找我的监护人 [J]. 长寿，2004 (10)；徐敏. 老年监护期待监护制度更进一步 [J]. 中国公证，2007 (8).

女性青少年被害人权益司法保护研究

——以朝阳区为视角

宋 昕 胡 静

随着刑事诉讼制度的不断发展和社会文明程度的不断提高,犯罪嫌疑人、被告人的诉讼地位不断提高,诉讼权利日趋完善,然而犯罪被害人的法律地位却随着以犯罪人为中心的刑事政策的调整下降,被害人的诉讼权利逐渐丧失。在被害人权益保护不够完善的状况中,对于女性青少年被害人的相关权益的司法保护尤为忽视。女青年和女未成年人是性犯罪、侵财犯罪、家庭暴力犯罪以及拐卖、拐骗类犯罪的主要受害群体,犯罪给她们造成身体上和精神上的双重侵害。在其寻求司法保护的过程中,作为代表国家保护刑事被害人的公诉机关以及侦查机关,虽然能够依法履行职责追究犯罪,却无法依法对女性青少年被害人加以有效保护。女性青少年被害人的权益几乎完全被法律忽视,这种忽视之下的职务行为甚至造成对女性青少年的"二次伤害",也不利于当前证据制度下的被害人陈述这一证据的收集与固定,更加影响到对犯罪嫌疑人、被告人的犯罪定性与刑罚裁量。本文拟通过以朝阳区 2011 年至 2013 年司法机关受理的女性青少年为被害人的性犯罪案件、暴力犯罪案件为基点进行统计分析,探索针对女性青少年被害人具体可行的司法保护措施,以期加强对女性青少年被害人的司法保护,切实保障其合法权益。

一、女性青少年被害人被侵害现状及原因分析

根据调研统计,朝阳区司法机关 2011 年至 2013 年办理女性青少年为被害人的性犯罪、暴力犯罪案件 510 余件,占性犯罪、暴力犯罪案件总数的 18.2%,分别占性犯罪案件数的 74.8%,占暴力犯罪案件数的 11.2%。女性青少年被害人涉案人数共计 570 余人,其中性犯罪侵害人数占 57.1%,暴力犯罪侵害人数占 42.9%。通过分析可以看出,青少年女性被害人成为性犯罪最主要的侵犯对象。

（一）女性青少年被害人权益受侵害的现实状况

（1）女性青少年被害人的年龄分布。在调研统计的510余件性犯罪、暴力犯罪案件中，570余名被害人平均年龄为20岁。其中，14~18岁未成年人148人，占总数的25.9%；18~25岁的青年人422人，占总数的74.03%。值得关注的是，18~25岁的女性青少年被害人数所占比例较高，且通过分析可以推知，此年龄段的女性青年成为性犯罪、暴力犯罪最主要的侵犯对象。其原因在于：18~25岁的女性青年较14~18岁的女性未成年人参与活动的空间场所更为开阔，情感生活更为丰富，社会交往范围也更加广泛，但其心智依然尚未成熟，自身防卫能力依然较弱，且缺乏必要的自我保护意识，在这种情况下，其就极易成为性犯罪、暴力犯罪所侵犯的对象。

（2）女性青少年被害人教育背景和职业分布。教育对人基本素质养成的意义是不言而喻的，在调研统计的570余名女性青少年被害人中，文盲占2.1%，小学学历占5.3%，初中学历占32.7%，高中（含技校和职高）学历占48.6%，大专及以上学历占11.1%。其中，文化程度为初中、高中的女性青少年被害人占绝大多数，可以说，人文教育的缺失在一定程度上影响了其对自我及犯罪行为的认知，从而更容易受到犯罪分子的欺骗和蒙蔽。

从女性青少年被害人的职业分布来看，除在校学生外，大多女性青少年被害人没有固定职业，且从事餐饮、娱乐等服务人员居多，占女性青少年被害人总数的40%以上，并存在部分女性青少年被害人系从事卖淫活动的违法人员。在调研统计的510余件性犯罪、暴力犯罪案件中，70余件案件的女性青少年被害人系夜总会、歌厅、酒吧、洗浴中心、足疗店等类似行业的服务人员。例如，2011年的多起抢劫、强奸案件中，犯罪嫌疑人均以进行卖淫嫖娼活动为诱饵，诱骗从事卖淫活动的女性青少年至某地，在对其抢劫后实施强奸。可以说，女性青少年被害人的职业分布特点在一定程度上也为犯罪分子从事犯罪活动提供了便利条件。

（3）女性青少年被害人被侵害的时间、地点分布。①被侵害的时间。通过对调研的510余件性犯罪、暴力案件中女性青少年被害发生时间的统计来看，案发时间在21时至凌晨3时的案件共计350余件，占案件总数的68.6%，由此可以看出，晚21时至凌晨3时为性犯罪案件、暴力犯罪案件高发时段，其中以强奸犯罪、抢劫犯罪案件最为高发。在此段时间内，娱乐活动相对集中，而夜间道路环境又较为昏暗、僻静，在一定程度上为犯罪嫌疑人实施性犯罪、暴力犯罪提供了便利条件。②被侵害的地点。经对调研的510余件案件进行统计分析可知，作案地点虽然皆为不同，但也可以发现一定的规律。在校内发生的案件有 6 件，占案件总数的 1.1%；在犯罪人住所地发生的案件有 54 件，占案件总数的 10.5%；在被害人住所地发生的案件有 81 件，占案件总数的 31.7%；在宾馆房间发生的案件有 40 起，占案件总数的 7.8%；在洗浴中心、足疗店、酒吧、饭馆、台球厅等服务场所发生的案件有 52 起，占案件总数的 10.1%；在路边、树林、公园等户外隐蔽场所或公共场所发生的案件有 134 起，占案件总数的 26.23%。同时，性犯罪多发生于犯罪嫌疑人或被害人家中、酒店内、洗浴中心、歌厅内，而暴力犯罪多发生于路边、树林等偏僻场所。

（二）女性青少年被害人被侵害权益考察

通过对调研的 510 余件案件进行分析可知，女性青少年被害人被侵害的权益主要涉及人身权益、性权益、财产权益三类。其中，女性青少年被侵害的性权益案件数量最多，占性犯罪案件总数的 74.8%；其次是人身权利。女性青少年成为性犯罪最主要的侵犯对象。值得关注的是，在这些针对女性青少年实施的性犯罪案件中，多伴有抢劫、盗窃等侵犯财产权益的行为，这已成为近年来侵犯女性青少年被害人性犯罪的新特点。

（1）被侵害权益的具体涉案罪名分布及原因分析。上述调研的 510 余件案件主要涉及故意伤害罪、故意杀人罪、强奸罪、强制猥亵妇女罪、抢劫罪、强迫卖淫等罪名。其中，女性青少年性权益被侵害的案件所占比例最高。女性青少年正处在喜欢玩乐的年龄，娱乐生活较为丰富，但是生活经验、阅历较少，容易受到蒙蔽和欺骗，因而较易成为犯罪的对象。由于女性青少年处于身体发育的黄金时期，对于异性的吸引力最强，但与异性相比对抗能力较差，因此在女性青少年被害人中性权益被侵害的人数最多。

（2）女性青少年被侵害权益案件典型性分析。在传统观念中，针对女性青少年为犯罪对象的案件往往以夜深人静、偏僻地点、陌生人、暴力为特征，这些案件被称为典型性案件。在调研的案件中，暴力犯罪多为典型案件，性犯罪则更多地呈现出非典型性特征。以强奸案为例，其中典型案件占 44.5%，非典型性案件占 55.5%。在非典型性案件中，熟人作案的比重很大，其中犯罪人与被害人曾经存在男女朋友或者不正当男女关系的有 15 件；双方存在同学、同事、老乡关系的有 41 件；因工作关系、朋友介绍、相亲认识的有 36 件；双方属于法律意义上亲属关系的有 7 件；利用社交网络软件 QQ、陌陌、微信相识作案的有 12 件。在强奸犯罪中，还呈现出非典型性案件逐年上升的趋势。

值得关注的是，在针对女性青少年被害人的性犯罪案件中，非典型性案件中存在犯罪人系女性青少年被害人的家庭成员，有的甚至是至亲的情况。由于部分未成年女性被害人缺乏自我保护意识，且案发后多出于恐惧、害怕等原因不能及时告发，施暴者在家中往往长期肆无忌惮地实施家庭暴力行为，导致未成年女性被害人遭受长时间、连续性的侵犯。例如某强奸案，在2002年至2012年的10年间，犯罪人阎某某在其两个在京暂住地家中，趁其妻子不在家之际，多次采用胁迫手段强行与其亲生女儿发生性关系，并对其进行殴打、恐吓，侵害行为从其女儿12岁持续至其女儿成年后，对其女儿造成严重的身心创伤，致其女儿最终离家出走，并在其母亲的帮助下报警。阎某某也因强奸罪被法院判处了相应的刑罚。

二、法律保护的现状及原因分析

在实务中，女性青少年被害人的权益不仅受到犯罪人的侵害，还可能受到因法律缺失和司法人员的不当对待而带来的"二次伤害"。

（一）立法缺失，无以保护

现行的《中华人民共和国刑事诉讼法》（以下简称《刑事诉讼法》）虽然对未成年人犯罪案件也规定了特别程序，但是基于保障未成年犯罪人合法权益而设立的。从女性青少年被害人角度出发，基于对女性青少年合法权益的保障，并依据其身心特点所制定的法律程序是十分缺乏的。

（1）立案程序滞后，阻碍了女性青少年被害人寻求法律保护。《公安机关办理刑事案件程序规定》第171条第1~2款规定，对于接受的案件，或者发现的犯罪线索，公安机关应当迅速进行审查。对于在审查中发现案件事实或者线索不明的，必要时，经办案部门负责人批准，可以进行初查。第175条第1款规定，公安机关接受案件后，经审查，认为有犯罪事实需要追究刑事责任，且属于自己管辖的，经县级以上公安机关负责人批准，予以立案。这意味着，公安机关在接到报案后，需要经过审查才能决定是否予以立案。在这个难以迅速的过程中，大多文化素养较低、法律知识匮乏的涉案女性青少年被害人由于对犯罪行为没有正确的认知，且缺乏证据意识，不能正确处理犯罪现场、保留证据，从而导致案件取证困难，反而影响了公安、司法机关对犯罪分子刑事责任的追究。

（2）精神损害赔偿的法律途径不畅，影响了女性青少年被害人寻求法律帮助。依据我国《刑事诉讼法》及《关于适用〈中华人民共和国刑事诉讼法〉

的解释》的规定，被害人因人身权利受到犯罪侵犯或者财物被犯罪分子毁坏而遭受物质损失的，有权在刑事诉讼过程中提起附带民事诉讼；因受到犯罪侵犯，单独提起民事诉讼要求赔偿精神损失的，人民法院不予受理。但在性犯罪、暴力犯罪案件中，女性青少年被害人遭受的精神损害要远远大于其物质损失。这一规定导致在现实生活中，可能出现一个人在其具有人格象征意义的特定纪念物品因侵权行为而永久性灭失或毁损等后可能得到精神损害赔偿，但在被强奸、抢劫后反而得不到精神损害赔偿的不公平、不公正现象。在司法实践中，即使有被害人提起有关精神损害方面的赔偿，但因缺乏法律依据，司法机关也难以支持。因此，被害人或监护人在诉求被阻断的情况下，对相关法律及司法机关易产生抵触心理，往往不愿报案，甚至发生逆向选择，如报案后因索要到犯罪嫌疑人的赔偿款，进而承诺主动撤案或推翻对犯罪嫌疑人的有罪陈述，直接影响到司法机关对犯罪的打击力度。

（二）司法无力，难以保护

在司法过程中，最为缺乏的是对女性青少年被害人隐私权的保护。《刑事诉讼法》对于女性被害人隐私权的保护，仅在第130条中规定，为了确定被害人、犯罪嫌疑人的某些特征、伤害情况或者生理状态，可以对人身进行检查，可以提取指纹信息，采集血液、尿液等生物样本；检查妇女的身体，应当由女工作人员或者医师进行。该法对于女性未成年人的保护，也仅在第270条第3款和第5款中规定，询问未成年被害人、证人，适用第1款、第2款、第3款的规定；讯问女性未成年犯罪嫌疑人，应当有女工作人员在场。

在无章可循的同时，公安、司法部门的工作人员对女性青少年被害人也非常缺乏必要的保护意识，不能有效保护女性青少年被害人的隐私权。公安司法部门的工作性质导致办案人员多以男性为主，刑事案件的办案部门鲜有女性工作人员，对于性犯罪、暴力犯罪也没有直接体验的切身感受；同时，多数办案人员缺乏相应的心理学等专业知识，在办案经验方面也略显不足。这些原因导致其不能根据女性青少年被害人的身心状况及案件具体情况，恰当地把握案件取证工作和女性青少年被害人隐私权之间的平衡。在询问女性青少年被害人的过程中，有些办案人员不注重询问方式、方法，存在强行要求被害人详细叙述被害过程的情况，对被害人造成"二次伤害"和精神上更沉重的打击。例如，某检察院检察官在承办某强奸案过程中，在对该案的女性青少年被害人进行权利告知时，多次拨打电话，被害人均拒绝接听。后被害人母亲联系到承办案件的检察官，称其女儿在案发后已经患上严重的抑郁症，且每次被公安机关正常询问后都会产生轻生的念头，并已割腕自杀多次，因此要求承办案件的检察官不要再打电话给其女儿。因该案证据存在瑕疵，需要继续向被害人核实相关案情，后承办人多次找到被害人母亲做工作，被害人才勉强同意到检察机关配合工作。在承办人见到这名被害人时，其手腕上已经布满了多条自杀后留下的伤痕。

三、女性青少年被害人权益保护的必要性

（一）权益保护缺失易导致女性青少年被害人存在被害恶逆变的隐患

女性青少年被害人在受到性犯罪、暴力犯罪侵害后，由于缺乏及时有效的法律救济途径，加之自身心智并未成熟，且缺乏相应的维权手段，极易产生恶逆变，成为犯罪行为中的加害人。女性青少年被害人向加害人转化的情况比较复杂，有的属报复型，即在长期受虐求告无门的情况下，为了自己或家人的生命安全铤而走险；有的属效仿型，即在遭到犯罪侵害后，对犯罪行为由恨恶变为认同，继而模仿实施。例如，张某、白某某强迫卖淫案中的犯罪人白某某（女，16岁），被张某从老家诱骗至北京市朝阳区后多次遭到张某强奸，其在多次试图逃跑报案未果的情况下，便与张某一起诱骗多名未成年女性被害人至案发地严加看管，并强迫她们从事卖淫行为，直至一名被害人趁机逃脱后报案。白某某从最初的被害人演变为犯罪人，当其被侵害的权益得不到应有的保护时，其便将对犯罪人的愤怒转到整个社会上来，展开了肆意的报复行为。

（二）完善女性青少年被害人权益的司法保护是社会发展的必然趋势

随着被害人权利运动和被害人学的深入发展，加强对刑事被害人的权利保护已逐步受到世界各国的普遍关注。而作为弱势群体的女性青少年被害人更是如此；对女性刑事被害人的保护已成为刑事诉讼法发达程度的标志之一，也是衡量刑事诉讼机制科学、公正的标准之一。司法保护作为对女性青少年被害人权益保护的最重要和最后的途径，司法程序必须针对女性青少年被害人权益保护的现实需要不断加以修订和完善。对不能有效运用、便于操作的司法程序予以摒弃，对女性青少年被害人司法权益保护中出现的新的需要加以研究补充，同时重视同其他各种类型的女性青少年被害人权益保护的法律规范进行有效衔接和补充，只有这样才能切实有效地保障和维护女性青少年的合法权益。

四、女性青少年被害人权益司法保护措施探索

目前，多数基层司法机关对于侵犯女性青少年被害人的刑事案件，还未形

成较为成熟的实践做法。虽然部分基层司法机关针对涉及女性及未成年人的刑事案件均有一定的司法经验做法，但对女性及未成年人的保护大多停留在案发后，且并未形成对女性青少年被害人这一特殊群体相应的司法保护机制。在性犯罪、暴力犯罪逐年增长的情况下，女性青少年被害人作为此两类犯罪最易侵害的对象，基层司法机关有必要针对女性青少年被害人的特点，建立有利于维护女性青少年被害人合法权益的司法制度。

（一）完善女性青少年被害人的诉讼参与权，切实保障其知情权和发表意见权

女性青少年被害人的知情权应当贯穿于刑事诉讼的全过程，具体来说应包括以下几个方面：（1）诉讼地位知情权；（2）司法程序知情权，包括对被告人强制措施、侦查、审查起诉、审判程序的知情权；（3）诉讼权利知情权；（4）获得援助知情权。在强化女性青少年被害人知情权的基础上，应赋予女性青少年充分的作为被害人发表意见的权利。

（二）强化对女性青少年被害人隐私权的保护，避免其在司法程序中受到"二次伤害"

（1）贯彻女工作人员全程参与办案的法律规定。女性青少年被害人本身具有身心不成熟、敏感等特点，在遭受侵害后，心态往往产生复杂的变化，面对公安、司法机关的发问、调查，易因各种顾虑产生抵触情绪。由女工作人员参与案件的办理，一方面，由于性别的天然关系，容易取得被害人的信任；另一方面，也有利于发挥女性细腻、耐心的特点，促进案件的顺利办理。同时，女工作人员在案件的处理中不仅可以从调查取证的角度发挥自身优势，还能兼顾对被害人身心的抚慰，进行必要的教育引导。因此，公安、司法机关工作人员在询问、听取女性青少年被害人意见时，原则上应由女侦查人员陪同或进行询问；一般在被害人认为比较合适的地点、时间内对被害人进行询问；严守执法办案保密纪律；询问时应充分考虑被害人的身心健康和心理承受能力。

（2）避免不当执法办案方式对女性青少年被害人造成"二次伤害"。公安、司法机关在办理被害人为女性青少年的案件时，执法办案人员应同时兼顾法律规定与被害人的切身利益，避免执法、司法过程对被害人造成"二次伤害"。由于侦查阶段、审查起诉阶段、审判阶段的独立性和分离性，女性青少年被害人往往有被不同部门反复询问的情况，使她们不断回忆和说出自己被侵害的过程及细节，造成精神伤害的进一步放大。因此，询问调查时，应对她们的言辞证据给予足够的重视，由最初接到报案的机关对其口供以录音录像的方式"一次成像"，以避免不必要的反复询问给被害人造成"二次伤害"。

（3）严格限制女性青少年被害人个人隐私被公开披露。公安、司法机关在执法办案过程中，会触及诸多女性青少年被害人的个人隐私，任何执法办案细节的忽略都可能对她们造成巨大的"事后伤害"，因此办理此类案件应当注意保护女性青少年被害人的个人隐私。公安、司法机关在进行调查取证时，应避免开警车前往女性青少年被害人居所、学校，对证人取证时应尽可能控制影响范围等。在寄发各种法律告知书时，直接寄发到被害人的户籍所在地可能会泄露被害人曾遭受性侵害的事实，引发被害人生活困扰。因此，可考虑通过与被害人直接电话联系的方式进行告知，避免扩大案件的影响，充分保护其隐私。对涉及女性青少年被害人的案件进行新闻媒体报道时，亦应当设置严格的审批手续，无论从报道的内容和方式，都应得到公安、司法机关的批准，同时应征求被报道人的意见，特别需要征得女性青少年被害人的同意。

（4）司法机关内部建立有效保护的专门办案机构。通过调研发现，朝阳区人民检察院针对女性被害人及未成年被害人的司法保护工作均开展了一系列有益的探索。例如，朝阳区人民检察院设立了女性犯罪审控组，由经验丰富的女性检察官组成专案组，负责承办该院受理的女性犯罪嫌疑人案及女性为被害人的案件，并通过制定相应办案细则，规范承办涉及女性的刑事案件工作流程，有效地保障涉案女性犯罪嫌疑人及女性被害人的合法权益；在设立未成年人检察处室的基础上，针对未成年人犯罪案件中的未成年被害人，对其中家庭贫困、权利受到侵害却无法得到实际赔偿的未成年被害人向北京市青少年法律援助与研究中心申请小额经济资助，并对需要进行心理疏导的被害人提供心理咨询服务。然而通过调研可知，并非所有司法机关都设立了类似的专门机构，因此，在当前的司法环境下仍然缺乏对女性青少年被害人这一特殊群体司法权益的专门保护。

（三）确立女性青少年被害人请求赔偿权与获得帮助权

（1）确立女性青少年被害人请求赔偿权。要保障女性青少年被害人请求赔偿权的实现，我国立法应尽快建立与完善以下两种制度：一是确立刑事附带民事诉讼的精神赔偿制度；二是确立刑事被害人国家补偿制度。在建立国家补偿制度的基础上，确立对女性青少年被害人进行优先补偿制度是十分必要的。

（2）确立女性青少年被害人获得帮助权。这主要包括以下三种权利：①获得安全保护的权利。立法应增加规定，根据公安、检察机关及被害人的请求，人民法院有权发布禁止令，禁止犯罪嫌疑人、被告人接近被害人及其近亲属，同时规定违反禁令后相应的处罚措施。②获得法律援助的权利。女性青少年被害人在受害中不仅身心受到重大创伤，精神也会遭受强烈刺激，也较易在诉讼进程中遭受"二次伤害"，加之多数女性青少年被害人缺乏证据意识，影响了证据的固定和收集工作，因此，在刑事诉讼过程中为女性青少年被害人委托诉讼代理人对维护其合法权益尤为重要。③获得社会援助的权利。一是建立女性青少年被害人服务机构。这些服务机构可以是政府机构，也可以是社会团体、民间组织等固定机构或组织，例如电话热线、危机咨询、医院陪同等。二是提供及时的医疗服务。该援助主要针对性犯罪中的女性青少年被害人。

（本文系北京青年政治学院科学研究基金项目研究成果，作者宋昕为北京青年政治学院文秘与法律系副研究员，胡静为北京市朝阳区检察院公诉三处检察员）

论社会调查在未成年人性犯罪刑事诉讼中的运用

胡　剑

随着少年司法制度的发展，我国已经确立了对涉罪未成年人以教育为主、惩罚为辅、全面调查的刑事办案原则。2012 年 3 月，新修订的《中华人民共和国刑事诉讼法》（以下简称《刑事诉讼法》）第 268 条规定："公安机关、人民检察院、人民法院办理未成年人刑事案件，根据情况可以对未成年犯罪嫌疑人、被告人的成长经历、犯罪原因、监护教育等情况进行调查。"我国虽已明确了在未成年人刑事案件中社会调查制度的法律地位，且在司法实践中已经将社会调查作为涉性犯罪未成年人案件中定罪量刑、帮教矫治的重要参考，但是，就我国目前社会调查的实施现状以及性犯罪（由于篇幅所限，本文中的性犯罪仅指强奸罪）的特殊性，社会调查的目的、社会调查报告的法律属性和运用规则等方面并未统一。本文通过对社会调查在未成年人性犯罪刑事诉讼中运用的建议，希望对少年司法制度的发展有所助益。

一、未成年人性犯罪概述

根据我国《中华人民共和国刑法》第 17 条的规定，未成年人刑事案件，是指犯罪嫌疑人、被告人实施被指控的犯罪时已满 14 周岁不满 18 周岁的案件。未成年人性犯罪（仅指强奸罪）就是指已满 14 周岁不满 18 周岁的未成年人以暴力、胁迫或者其他手段，违背妇女的意志，强行与其发生性交的行为。

（一）未成年人性犯罪的特点

（1）犯罪主体年龄低龄化趋势明显，犯罪手段残忍。实施性侵害的未成年人往往是 15 ~ 16 周岁居多，被害人往往是 16 周岁以下，以未满 14 周岁幼女居多；多以暴力、威胁等残忍手段实施性犯罪。

（2）犯罪组织形式多为共同犯罪。由于未成年犯罪人年龄小、思想不成熟、依附性强的特点，轮奸案的比例较高。

（3）非典型性强奸案增多。在非典型性强奸案中，双方当事人存在特别的身份关系（如同学、邻居），被害人没有任何反抗或者反抗较为轻微。

（4）隐蔽性较强。由于性犯罪往往涉及个人隐私，特别是女性被害人年龄较小，会顾及个人名誉等原因不愿报案。

（5）危害后果严重。由于被害人多是未成年女性，事发之后会造成恶劣影响，给被害者个人、家庭和社会带来难以挽回的损失。

（二）未成年人性犯罪的原因

从犯罪学的角度来看，未成年人性犯罪的原因大体上可以分为主观因素和客观因素。

（1）主观因素：包括未成年犯罪人的人生观扭曲，道德水平低下，法制观念淡薄，青春期性生理发育时，性心理的发展并未完全适应，在自控能力较差时，容易造成性心理和性生理之间的冲突。

（2）客观因素：包括文化市场上不健康性刺激的泛滥、西方"性解放"思潮对未成年人道德观念的冲击、性教育的滞后和回避、不良家庭环境的影响等因素。

二、未成年人刑事案件社会调查的目的

未成年人刑事案件的社会调查，是指在办理刑事案件的过程中，调查主体通过走访家庭、学校、社区等相关部门，对犯罪嫌疑人、被告人的生活背景、成长经历、主观恶性程度、犯罪前后的表现展开的专业调查活动。

我国刑罚的目的在于预防犯罪，社会调查则关注未成年犯罪嫌疑人、被告人本身。通过社会调查全面了解涉罪未成年人的基本情况，对于认识其人身危险性有重要意义。根据调查结果，选择最恰当的处遇方式，以期达到预防犯罪的目的。

（一）量刑公正之目的

社会调查的主要目的在于保证司法公正，实现司法公正就要"罚当其罪"，而罚当其罪主要体现在定罪后的量刑上，因此，罚刑相一致原则也相应成为世界各国普遍的刑罚处断原则。

关于刑罚的正当化根据，刑法理论上存在报应刑论与目的刑论之争。基于报应的原理对恶害的犯罪施以痛苦的刑罚进行报应，就体现了正义，因为有犯罪而科处刑罚是报应刑理念的经典表述。目的刑认为刑罚的正当化根据在于刑罚目的的正当性与有效性，为了没有犯罪而科处刑罚是目的刑理念的经典表

述。如果采取报应刑论，刑罚的程度就应当与犯罪本身的危害程度相适应，尤其应与客观的犯罪结果相适应；如果采取目的刑论，刑罚的程度就应与犯罪人的人身危险性相适应。并合主义是一种折中的观点，我国刑法采取了并合主义的立场，这意味着刑罚与罪行轻重（罪刑均衡）、犯罪人的人身危险程度（再犯可能性大小）相适应（刑罚个别化），使报应刑与目的刑相互牵制，从而克服两派理论在量刑基准上的缺陷。①

换言之，刑罚应当根据犯罪人的刑事责任来裁量，量刑也应注重犯罪的个体情况。人的行为不是孤立的，而是受人格支配的。因此，犯罪行为也是犯罪人格的外在显现，在确定刑罚的实施时，只根据孤立的外在行为特征，而不考虑犯罪人的人格特征，显然不足以反映法律对犯罪的全面评价。刑罚个别化以预防犯罪为出发点，对犯罪人的人格进行刑罚价值评价，主张刑罚与犯罪人的人身危险性相适应，由此形成刑罚个别化。

在刑罚个别化中，最为困难的是对人身危险性的测定，人身危险性不像社会危害性那么容易把握。如果不能正确地测定人身危险性，就会出现刑罚适应上的偏颇，为此，旨在查明犯罪人的人身危险性的人格调查制度为各国所广泛采用。② 我国目前确立的是未成年人刑事案件的社会调查制度，其之所以能反映或预测人身危险性，是因为每个人都会在一定程度上重复自己先前的行为、视角和分析理解问题的方式。社会调查制度对人身危险性的反映及预测功能在未成年人领域更能发挥作用。关于适用刑罚的种类，应当考虑犯罪人的一贯表现，而犯罪人品行的好坏是影响犯罪人承担刑事责任大小的重要因素之一。

（二）适格矫正手段之目的

刑罚裁量与执行，其根本目的是预防犯罪，预防累犯，尽可能矫正犯人，使其能够顺利回归社会。若只确定犯罪的具体事实，从而宣告或重或轻的刑罚手段，则是不全面的。未成年人生理和心理发育都不成熟，他们的人身危险性与成年人相比是显然不同的。未成年人犯罪的特殊性决定了在处理未成年人犯罪时，不能像成人司法那样一味地进行惩罚，而应该从保护少年的角度出发，考虑未成年人的可塑性，对其进行较为温和的处置，帮助犯罪的未成年人改过自新和健康成长。法官应当通过未成年人的品格和环境背景，预料其在接受刑事处遇时（例如在监狱）的效果，在综合考虑刑罚的目的和功能、犯罪行为的严重程度、被告人的主观恶性、被告人的品格特征以及能否重返社会等因素

---

① 张明楷．刑法学［M］．北京：法律出版社，2007：395.
② 陈兴良．刑法的人性基础［M］．北京：中国方正出版社，1999：422.

之后，确定刑罚的种类与幅度，选择最有效的处遇方式。

三、未成年人社会调查报告的法律属性

未成年人社会调查的载体就是社会调查报告，社会调查报告是指在办理未成年人刑事案件中，有权机关通过走访未成年人家庭、学校、居委会、派出所等相关部门，对未成年人在涉案以前的成长经历、犯罪原因、监护教育环境做一个全面的了解，最终形成的书面报告。

社会调查报告的法律属性是首要的，也是争议非常大的问题，即社会调查报告是否属于证据的问题。新《刑事诉讼法》对社会调查报告的性质及在整个刑事诉讼中的地位没有任何规定，社会调查报告的法律属性不明确，其效力就难以确定。

有观点认为，社会调查报告的内容与案件事实本身没有直接关联，只是对涉罪未成年人品行的综合认定，因此将社会调查报告作为证据来使用十分牵强。[①] 有观点认为，社会调查报告符合证据三性的要求（即客观性、合法性和关联性），具有证据的特征，能作为证据使用。[②]

笔者认为，依据新《刑事诉讼法》的规定，社会调查报告不属于证据，也不是一种新型的证据形式，它仅是对案外一些情况的调查研究和量刑建议，是法院量刑时的一种参考依据，具体原因如下。

（一）社会调查报告没有证据的本质属性

1. 依据法条规定，调查报告不属于证据

根据新《刑事诉讼法》第 48 条的规定，可以证明案件事实的材料都是证据。案件事实主要包括影响定罪的事实和影响量刑的事实。实践中，社会调查报告主要体现的是未成年人的性格特征、成长经历、家庭环境、日常表现、悔罪态度、监护帮教等方面的情况，与案件事实之间并不存在客观的、必然的联系。没有法律明确规定但也会影响到量刑的材料不一定都是证据，比如，刑事政策里面"坦白从宽、抗拒从严"的认罪态度也会对量刑产生影响。

2. 依据证据的本质特征，调查报告不属于证据

调查报告不符合证据关联性、客观性的特点。对于其本身的合法性，笔者并不质疑。

---

① 鲁玉兰. 未成年人刑事案件社会调查若干问题刍议 [J]. 河南司法警官职业学院学报，2013 (1)：43.

② 周季云. 试论审判阶段社会调查报告的法律地位 [J]. 时代教育，2013 (2)：169.

证据的关联性，是指证据对案件事实的认定具有证明力，有助于事实认定者判断或评价要件事实存在可能性的属性。[①] 调查报告所反映的内容只是未成年人的成长经历和接受帮教的条件，在一定程度上反映未成年人的犯罪动机和主观恶性，但不直接反映案件本身的犯罪事实。

证据的客观性是指证据应该具有客观、真实存在的属性。在对未成年人的成长环境、社会交往进行调查时，会涉及相关社会关系人对其的看法和评价，调查主体收集未成年人性格特点、家庭情况、成长经历及犯罪前后的表现后，还要形成自身观点，出具最终报告，这些评价显然具有相当强的主观性。

（二）调查报告不具备法律规定的证据形式

根据新《刑事诉讼法》第48条的规定，证据包括物证，书证，证人证言，被害人陈述，犯罪嫌疑人、被告人供述和辩解，鉴定意见，勘验、检查、辨认、侦查实验等笔录，视听资料、电子数据8类证据。调查报告并未作为独立的证据种类出现在刑事诉讼法中。

1. 调查报告不是鉴定结论

有观点认为，可以将调查报告视为鉴定结论。[②] 鉴定结论是司法机关为了解决案件中的专门性问题指派或聘请具有专门知识和技能的人进行鉴定后所做的书面结论，如司法精神病学鉴定。而调查报告是调查主体对涉案人的品德等方面进行客观陈述、主观评价及量刑建议，不涉及技术问题，例如，实务部门就已将心理测试排除在鉴定结论的范围之外。因此，调查报告不属于鉴定结论。

2. 调查报告不是证人证言

有观点认为，调查报告可以视为一种特殊的证人证言。[③] 笔者认为，证人的证言仅指证人所经历或者体验的事实在司法部门所做的客观陈述；而调查报告是涉罪人品行等方面具有较高主观性的综合报告，与案件事实无关。再者，证人是通过刑事诉讼以外的途径了解案件有关真实情况的人，但调查主体开展调查则是基于司法机关的委托或聘任，其并不知道案件真实情况，不符合证人的条件。

综上所述，证据的目的是使案件的事实得以重现，而社会调查报告的目的

---

① 张保生. 证据法学 [M]. 北京：中国政法大学出版社，2009：20.

② 赵福江，潘洁，杨红梅. 未成年人犯罪案件中的社会调查研究 [J]. 河北科技师范学院学报（社会科学版），2009（4）.

③ 王蔚. 未成年人刑事案件中社会调查报告的证据属性 [J]. 青少年犯罪问题，2010（1）.

是显现未成年人的品格及人身危险性，仅是司法机关做出决定、裁判以及针对性教育和矫治的参考因素，其本身不是刑事证据。

四、社会调查在未成年人性犯罪刑事诉讼中的运用

针对性犯罪案件的社会调查应侧重于未成年被告人性心理、青春期的变化情况及其家庭、学校教育方面的调查。笔者对其运用有以下几点建议。

（一）未成年人性犯罪案件中的社会调查主体

1. 调查机构

作为社会调查这一可行性制度，需要由特定的主体来实施，从长远来看，调查主体应当在全国加以完善和统一。根据新《刑事诉讼法》及相关的司法解释，公、检、法或其委托的社会组织都可以作为调查主体开展社会调查工作。

目前，未成年案件社会调查主体呈现多元化的态势，除司法机关自身进行社会调查外，还主要有社会团体组织，如未成年人保护委员会、工会、妇联、社区矫正机构、社会工作事务所等。

社会调查工作内容广泛，工作量大，要公、检、法办案人员进行社会调查工作往往会流于形式，影响办案质量。因此，为了避免调查主体先入为主的倾向，保证司法的中立性，结合国情，笔者比较赞同社会调查由社区矫正机构，即基层司法所承担。该机构及其工作人员植根于社区，在调查的开展上有着其他机构不具备的诸多便利。而其他组织由于专业性不够，难以保障调查结论的科学性。

2. 调查人员

目前，社会调查员的专业素养良莠不齐，相当一部分人甚至缺少系统的刑事法律知识背景。因此，由于社会调查工作的高度专业性，笔者建议，社会调查员必须具备法律知识及一定的社会学、心理学、教育学等方面的知识方能胜任。

针对涉性犯罪的未成年人，应当建立专兼职相辅的社会调查主体模式，3人为一调查小组，即以司法所具有刑事法律素养的工作人员为主，吸纳专业功底扎实、了解涉性犯罪未成年人的身心特点，具有良好沟通技巧的教师、学者、社会工作者为辅的模式。在社会调查前，需要经过专业培训，这样才能更好地保证对涉性犯罪的未成年人社会调查的质量。

（二）未成年人性犯罪案件中社会调查的启动时间

诉讼效率已经成为衡量一国刑事诉讼是否科学文明的重要尺度，根据新

《刑事诉讼法》的规定，公、检、法等机关均可进行社会调查，这样的规定使社会调查工作启动时间难以确定，主要表现为重复调查、相互推诿及调查结果不一致。重复调查既是对司法资源的浪费，也可能使被调查者不胜其烦，在提供信息方面出现偏差或遗漏；相互推诿既是对时间的浪费，也可能使社会调查工作流于形式，出现适用率低、实效差的问题；另外，各个调查主体基于其角色本能，在调查内容方面可能各有侧重，造成调查结果不一致，甚至相互矛盾冲突的问题。①

目前，受司法机关办案期限所限，社会调查存在启动过晚的现象，多数是在较晚的审判阶段进行的。在审判阶段启动和进行社会调查，不仅时间过于仓促，而且可能增加羁押时间，从而与保护未成年人利益的目的相违。社会调查报告的内容广泛，需要大量时间才能保质保量地完成。因此，笔者认为，为了提高诉讼效率，社会调查的启动时间以侦查期间启动至审查起诉期间完成为佳，应当形成公安机关为主、检察机关补充、审判机关特例的规则。

针对涉性犯罪的未成年人，由于其多数被羁押，在侦查阶段进行社会调查，并根据社会调查的情况，能确定是否对其变更强制措施，减少对他们的羁押时间和等待判决的时间，避免刑罚不确定所带来的伤害。这样，有利于整个刑事诉讼的快速进行，并将对他们的法制教育贯穿于整个刑事诉讼当中。

（三）未成年人性犯罪案件中社会调查为必经程序

新《刑事诉讼法》将社会调查规定为可选择性程序，但是，由于未成年人性犯罪对人身危险性的特殊要求，社会调查应成为必经程序，而非可选择性程序。调查报告应当是调查主体独立制作出来的，而不应当受到社会其他主体的干涉。其在完成后应及时在侦查或审查起诉阶段提交给司法机关，并且只有在审判阶段才能进行质询。

（四）未成年人性犯罪案件中社会调查报告形式与内容

目前，我国立法并未明确和具体规定社会调查的形式和内容。笔者认为，未成年人性犯罪案件中社会调查报告形式要统一，内容要完备。社会调查报告的制作主体必须要合法，调查方式合法，应以书面的形式固定，包含表格式和问答式的书面形式。调查内容包括客观和主观分析，包括调查原始材料和调查结论及量刑建议。

未成年人性犯罪案件中的社会调查，应围绕涉性犯罪未成年人的成长经

---

① 陈立毅. 我国未成年人刑事案件社会调查制度研究［J］. 中国刑事法杂志，2012（6）.

历、犯罪原因、监护教育及实施被指控的犯罪前后表现等情况展开，将心理评估、非羁押措施风险评估等情况纳入报告内容，进而对涉性犯罪未成年人的人身危险性做出准确全面的评价，为犯罪预防和罪犯矫治提供有效的参考。

参考文献

[1] 张明楷. 刑法学［M］. 北京：法律出版社，2007.

[2] 陈兴良. 刑法的人性基础［M］. 北京：中国方正出版社，1999.

[3] 鲁玉兰. 未成年人刑事案件社会调查若干问题刍议［J］. 河南司法警官职业学院学报，2013（1）.

[4] 周季云. 试论审判阶段社会调查报告的法律地位［J］. 时代教育，2013（2）.

[5] 张保生. 证据法学［M］. 北京：中国政法大学出版社，2009.

[6] 赵福江，潘洁，杨红梅. 未成年人犯罪案件中的社会调查研究［J］. 河北科技师范学院学报（社会科学版），2009（4）.

[7] 王蔚. 未成年人刑事案件中社会调查报告的证据属性［J］. 青少年犯罪问题，2010（1）.

[8] 陈立毅. 我国未成年人刑事案件社会调查制度研究［J］. 中国刑事法杂志，2012（6）.

（本文系北京青年政治学院科学研究基金项目研究成果，作者为北京青年政治学院文秘与法律系讲师）

经济·管理学科

高校审计科学化工作实践探索

——以北京青年政治学院强化内审工作为例

段凤霞

依法治国是党领导人民治理国家的基本方略，是实现国家治理体系和治理能力现代化的法治保障，审计监督是党和国家监督体系的重要组成部分，是推进依法治国的重要手段。党的十八届四中全会通过的《中共中央关于全面推进依法治国若干重大问题的决定》（以下简称《决定》）提出，完善审计制度，保障依法独立行使审计监督权；对公共资金、国有资产、国有资源和领导干部履行经济责任情况实行审计全覆盖。为深刻领会、贯彻全会精神，依法履行审计职责，充分发挥审计作用，全面推进依法治国，更好服务于推进国家治理体系和治理能力的现代化进程，高校需要不断强化自身审计工作的责任意识和法律意识，提高依法行政、依法审计、文明执法的能力，防范审计风险，提高审计质量，具体发挥审计在高校治理中的作用，切实将习近平总书记强调的"审计工作既要敢于和善于发现问题，更要积极推动解决问题"的指示落到实处。北京青年政治学院结合自身特点，首先在明晰审计工作科学化特征的基础上，不断积极探索审计工作科学化的路径、体系和方法。高校审计工作科学化的特征主要表现在：认识重视，环境优化；监督到位，解决问题；服务理念，大局意识；事前防范，消除隐患；提升意识，铸造防线。北京青年政治学院是以文科为主的高职院校，现有教工350人，在校生4000人。近年来，学院内部审计工作认真遵循"围绕中心、服务大局、依法审计"的内部审计工作方针，紧紧围绕办成"全国一流文科高等职业院校"的奋斗目标，结合和统一对高校审计工作科学化特征的理解，自觉把审计工作融入学院教育事业发展建设中，依法履行内部审计职责，为维护学院财经秩序、提高经济效益、促进党风廉政建设、服务学院内涵式发展、构建和谐校园做出了积极贡献。

一、夯实基础，优化环境，积极推进内审工作

（1）"三直接"优化审计资源。一是内部审计工作院长直接分管。机构独立设置，预算足额保证，审计人员 2 名，其中高级会计师 1 名。审计工作计划总结院长签发，审计报告党委书记、院长阅批，从机制上有效保证了内部审计各项工作的独立开展。二是内部审计工作院长办公会直接抓总。学院始终将内部审计工作摆到学院议事日程，院长办公会听取审计工作汇报，明确和部署审计工作重点，及时研究解决审计工作的问题和困难，坚持审计参与学院有关经济工作的研究和决策。三是整改落实审计直接督办。充分发挥审计提高财务管理水平的促进作用，对审计发现的问题认真分析产生问题的原因，督促被审计单位或对象整改，认真落实审计意见。

（2）"三加强"夯实审计基础。一是加强审计业务制度的健全和完善。为使审计工作有法可依，有章可循，对审计工作的程序、方法、步骤和工作重点逐一进行规范，增强各项审计工作的规范性和严密性，先后制定了《北京青年政治学院内部审计工作规定》《北京青年政治学院领导干部经济责任审计办法》等多项规章制度，审计工作已经建立了与学院改革、发展和内部管理相适应的审计监督机制，学院内部审计工作逐步实现了规范化、制度化和程序化。二是加强自身制度建设。为有效开展审计监督，较好地规范审计工作和审计行为，制定了《内部审计岗位设置和工作职责》，规定了各岗位人员工作职责，明确了审计工作标准和权限。从审计项目的立项、审计方案的报批、审计报告的签发、审计意见的落实到档案整理，以及审计信息的传递应用，形成了一套规范严谨的工作程序和制度，保证了各项内部审计工作的良好运转，逐步建立内部审计管理框架，充分发挥了内审监督职能，完善规范了学院内部控制措施，使内部审计工作逐步走向规范化。三是加强信息化建设。为进一步提高审计工作效率和质量，学院将信息化建设作为审计工作的技术手段和转型发展的重点突破口，积极支持、全力推进审计信息化建设。早在 2008 年，审计室与学院财务管理系统就实现了联网，审计室可以实时查询、同步监督学院各项经济活动、会计核算信息。2013 年，为有效保证教学综合楼重点工程项目的审计质量，审计室正式运行建设项目全过程审计管理系统，该系统将建设项目实施的业务流、投资流和管理流融为一体，大大改进了审计工作方式，提高了审计工作效率，使学院审计监督工作在应用信息技术方面有了新的突破，逐步实现了审计工作自我控制、自我规范、自我提高的目的。目前，该系统已运行

到工程施工招投标环节。

（3）"三注重"提升审计能力。一是注重政治思想教育。按照教育部对审计队伍提出的"政治强、作风硬、品德好、业务精"的总体要求，组织审计人员认真学习党的十八届三中、四中全会精神，学习《国务院关于加强审计工作的意见》《教育系统内部审计工作规定》等法规，积极参加党的群众路线教育实践活动，审计人员的思想道德水平和廉政意识不断提高，审计队伍工作作风不断改进。二是注重审计后续教育。针对审计链条加长、审计任务加大所带来的人员少、工作量大、业务复杂程度增加等工作困难，学院鼓励和支持审计人员参加各种岗位培训班、后续教育班的学习，使审计人员不断更新知识，学习先进经验，提高执业能力。三是注重审计工作研究。学院支持审计通过专业研究提高内部审计工作的质量和水平，提高审计人员适应审计转型的业务能力。在全体审计人员的努力下，2011 年以来公开发表《高校建设项目全过程跟踪审计工作成效问题探讨》等论文 8 篇，其中核心期刊 5 篇，2013 年完成学院社会科学基金项目"高校建设项目全过程跟踪审计内涵与功效研究"。通过参与研究，对今后如何建立符合现代大学管理制度要求的审计工作模式等进行了有益探讨，对审计工作的健康持续发展起到了积极作用。

二、围绕中心，突出重点，切实履行审计监督职责

（1）推进预算执行与决算审计，促进科学发展。作为高职文科院校，1.8亿元的预算规模不大，但学院坚持预算执行与决算审计"一年一审"与"三年一审"相结合的审计方式：严格执行《学院预算执行和财务决算审计工作规定》，学院本级预算做到一年一审；结合学院内部控制管理情况，经学院领导班子研究决定，自 2012 年起系部处基层单位的预算执行做到三年一审，增强了预算执行审计的覆盖面和完整性。从审计结果来看，学院整体预算执行情况逐年增强，内部控制制度健全有效，财务核算符合国家统一会计制度规定；各二级预算单位能够很好地执行学院预算管理和财务管理有关规定，教育经费在教学管理、专业建设等方面有效发挥了保障作用。同时，针对财务管理中存在的问题，认真分析、提出建议，进一步促进和规范了学院的预算管理工作。预算执行和财务决算审计工作的开展，促进了学院加强预算管理，进一步优化了学院预算管理和财务管理环境。

（2）加强经济责任审计，增强依法行政意识。学院坚持以"加强对权力运行的监督和制约"和促进依法理财为目标，不断深化处级领导干部经济责

任审计。结合贯彻全国审计工作座谈会提出的"积极稳妥、量力而行、提高质量、防范风险"的经济责任审计工作的十六字方针，认真研究年度经济责任审计工作。在实施审计中，以《北京青年政治学院领导干部经济责任审计办法》为依据，结合被审责任人承担的相关责任，将单位财政财务收支、重大事项民主决策、个人遵守财经纪律等方面和其他经济问题作为审计的重点内容，几年来，完成了组织部门委托的处级领导干部的离任、调任经济责任审计，领导干部的财经法规意识和经济责任意识不断增强，内部审计在促进增收节支、推动廉政建设等方面发挥了积极作用。

（3）深化修缮工程审计，促进增收节支。学院尽管预算规模不大，但始终将修缮工程作为重大经济活动之一进行监督，规范财政项目管理，减少财务活动风险，财政资金效益有效体现。一是把握重点。自2010年起，对重点修缮工程项目从项目招标文件的审核、施工合同的签订、工程竣工决算等各阶段、各环节进行跟踪审计服务。二是规范一般。对10万元以上一般修缮项目坚持工程结算审计，无审计报告财务部门均不付款。

（4）规范基建工程审计，提高资金使用效益。2012年，学院启动了约1.2亿元人民币的教学综合楼建设工程项目，这对于北京市高校教育占地最少的北京青年政治学院来讲，是近年来较大的基建工程项目，学院领导非常重视，广大师生十分期待。为保证其顺利完成，通过公开招投标确定了金马威工程造价咨询公司对该项目进行全过程跟踪审计。三年来，其为工程项目前期准备、招标文件的审核、工程量清单和控制价的确定、施工等各类合同的签订、施工过程中的变更洽商等事项提供有效咨询服务，就项目前期和施工中存在的问题提出意见和建议，认真履行把好建设工程项目管理关口的职责，为学院基建工程项目提供准确、及时的审计服务，控制工程造价，维护学院利益。

（5）严格经济合同审核，防范经济风险。为维护学院经济利益和合法权益，审计室对50万元以上项目合同以及全部基建修缮工程合同，按照学院合同管理办法认真审核、严格把关。审核审签过程中，认真履行职责，从合同签订的主体、设备或工程项目清单、价款、违约责任以及与招投标文件的一致性等方面逐项进行认真审查。截至目前，无违约合同发生，有效规避了合同风险，较好履行了风险控制职能。

（6）开展科研经费审签，规范科研管理。充分发挥内部审计监督作用，对各类科研项目经费的使用、预算执行情况进行审计监督，确保科研项目资金安全并合理使用。

三、积极探索，创新理念，服务学院科学发展大局

（1）"三个意识"推动科学审计。按照《国家中长期教育改革和发展规划纲要》对教育审计的要求，本着教育审计"为防范学校经济风险服务、为提高教育资金使用效益服务、为解决教育改革和发展中出现的突出矛盾服务"的宗旨，引导审计人员树立服务意识，将监督寓于服务之中，在服务中实施监督，在监督中强化服务；引导审计人员树立风险意识，充分发挥内部审计"免疫系统"的作用，通过审计识别风险、防范风险、应对风险，变被动防御为积极控制；引导审计人员树立全局意识，善于从宏观层面科学确定审计重点，分析和评价审计问题，为加强学院宏观调控和管理提供参考依据。

（2）"三个渠道"推进审计公开。依据内部审计工作的相关规定，结合学院党委关于学院党务、校务公开的工作部署，注重把审计公开工作作为加强党风廉政建设、转变审计工作作风、狠抓工作落实的重要举措。一是审计报告院长和党委书记亲自审批，审计建议得到了很好落实，努力实现了每个审计项目的成果最大化。二是审计结果报告院长办公会，综合分析审计成果，在查实问题后对其进行定性、定量分析，从体制机制、规章制度等方面提出解决和预防问题的建议，避免了审计建议仅仅是停留在审计报告上。三是校园网公告。2012年，对开展的各类审计工作事项通过文件、会议、校园数字化平台等渠道进行审前和审后全面公开，通过公开促进了工作，树立了形象。

（3）"三个途径"提升审计质量。审计质量的高低决定了审计风险的大小，因此，加强审计质量管理、防控审计风险始终作为学院审计工作重点。一是审前培训。在各项目审计介入前，将审计依据、审计内容、审计范围、审计要求等通过业务培训全面宣传，相关单位密切配合，项目质量、绩效管理成效明显。二是借助独立性较强的社会中介审计机构对重大经济活动项目实施审计，避免了因行政干预而无法审计或审计结果不实的现象发生。三是借鉴全面质量管理理论中PDCA工作循环法的原理，审计人员按照规定的审计方法和程序实施审计，通过计划、控制、检查、分析和反馈来落实审计准则和审计规范，力求审计过程、审计行为、审计结果达到规定的质量标准，周而复始，建立起有效的审计质量控制循环机制和制度，切实保障和提高审计项目质量。

（本文系北京青年政治学院科学研究基金项目研究成果，作者为北京青年政治学院审计办公室高级会计师）

数字内容产业集群研究

高　诚

　　产业集群是现代产业发展最为显著的特征之一。它不仅构成当今世界产业经济的基本空间框架，还是一国或地区的竞争力之所在。① 数字内容产业实际上就是一个庞大的产业集群，涉及研发、生产、传输、交易、技术支持与服务诸多环节，其因具有柔性生产组织网络、社会关系网络等特性，更易采取集群发展模式。②

一、产业集群的基本内涵

　　产业集群是一种相关的产业活动在地理空间或特定区域的集中现象，也就是说，在一定的地理空间或特定区域，集中有大量具有关联的企业以及相关科研、服务与管理等支撑机构，共享包括专业人才、技术、信息和市场等产业要素，从而使产业与企业之间产生共生效应，形成强劲、持续的竞争力，进而获得规模经济和外部经济双重效益。

　　产业集群往往同一定的地理空间或特定区域相联系。地理空间或特定区域可大可小，既可以是相当大的地方区域，也可以是规模较小的产业园区或产业基地。产业集群，所在的区域通常称为产业园区。我们这里所指的产业集群，范围主要限定在产业园区。产业集群是产业园区的内在属性，而产业园区是产业集群的空间载体。

　　产业集群呈现一种网络结构。从制度经济学的视角来看，产业集群是介于市场和企业之间的组织形式，集群内的企业既相互竞争又密切合作，形成生产组织网络。从社会经济学的视角来看，产业集群的经济活动根植于一定区域的社会关系网络之中，必然受其影响。

　　产业集群是当今世界经济的发展潮流。从世界各国的经济发展和产业演化

---

① 王志敏. 从集聚到集群产业集群形成机制分析 [J]. 企业经济，2007 (2).
② 杨全城. 信息内容产业发展模式及政策支撑体系研究 [D]. 合肥：合肥工业大学，2011.

的过程来看，产业总是聚集在一定的地理空间或特定区域范围内发展和壮大，而不是在所有的地区均衡发展。① 在经济全球化的今天，全球产业集群化已是非常普遍的现象，有竞争力的产业大多是集群发展模式。它不仅成为区域经济发展的主导力量，是一个国家或地区经济持续增长的核心，也成为提高国家产业竞争的新生力量，呈现出旺盛的生命力。②

在考察产业发展的地区集中化现象时，人们往往不加区分地交替使用产业集群与产业集聚两个术语，认为产业集群与产业集聚两者之间没有本质区别。事实上，产业集群与产业集聚是既有内在联系又有本质区别的两个不同概念。产业集群是指大量专业化的产业及相关支撑机构在一定地域范围内柔性集聚，并植根于当地不断创新的社会文化环境中而结成的密集合作的网络，是在集聚基础上基于信息和知识联系的"创新链"机制。③ 而产业集聚是指同一类型或不同类型的产业及其相关支撑机构在一定地域范围内的集中、聚合，是一种基于产品链和增值链的简单劳动分工关系。④ 产业集群与产业集聚在集聚过程、集聚动力、产业链构成、内在关系、创新网络、知识传递、发展层次等方面不同⑤，本质区别就在于企业的柔性集聚。⑥ 就特定区域经济或产业发展来说，总是先有产业集聚，后有产业集群。产业集聚只是地域集约化经济的初级阶段，为产业集群提供基础，而产业集群则是地域集约化经济的更高级阶段。⑦

二、数字内容产业集群的特征

数字内容产业集群是关于数字内容产业的活动在地理空间或特定区域的集中现象，主要包括三方面的含义⑧：一是数字内容企业在一定区域范围内，为了适应市场竞争态势且获得单个企业所无法比拟的"集体"持续竞争优势，按照特定的经济技术关系，通过积极、广泛地融入相关竞争与合作网络，从而形成的一种介于市场和企业之间的产业组织形式。二是集群中的产业主体除了数字内容企业之外，还存在大量的如行业协会、大学和研究机构等组织机构。

---

① 刘友金. 产业集聚、集群与工程机械工业发展战略 [J]. 求索，2004 (8).
② 毕强，韩洁平，赵娜. 信息内容产业的发展机理与发展规律研究 [J]. 情报资料工作，2010 (2).
③ 王志敏. 从集聚到集群产业集群形成机制分析 [J]. 企业经济，2007 (2).
④ 吴义杰，何健. 产业集群的演化过程及形成机制 [J]. 甘肃社会科学，2010 (9).
⑤ 刘友金. 产业集聚、集群与工程机械工业发展战略 [J]. 求索，2004 (8).
⑥ 韩洁平. 数字内容产业成长机理及发展策略研究 [D]. 长春：吉林大学，2010.
⑦ 王永龙，郑胜利. 台商投资从集聚到集群的对策分析 [J]. 经济问题，2002 (9).
⑧ 杨全城. 信息内容产业发展模式及政策支撑体系研究 [D]. 合肥：合肥工业大学，2011.

三是产业集群内的各个行为主体在交互作用和协同创新过程中，建立起各种包含网络边界、网络运行规则等在内的相对稳定、能够促进创新的正式或非正式的关系网络。

根据产业集群网络节点性质不同，数字内容产业集群网络可以分为生产组织网络和社会关系网络。生产组织网络主要是指以集群内的市场主体如影视公司、广告公司、出版企业等内容企业以及设备公司、中介公司等为节点，以它们在市场中的竞争和合作关系为连线的一种网络。社会关系网络主要是以集群内的人员包括企业主、企业员工、集群管理和服务人员及其亲朋好友等为节点，基于血缘、亲缘、业缘和地缘等关系而形成的一种交往关系网络。① 数字内容产业生产组织网络和社会关系网络相互交织，构成数字内容产业特有的集群区域网络，成为介于市场交易和层级制之间的一种资源配置形式。数字内容产业因其生产组织网络和社会关系网络的特殊性，借助产业集群可以获得快速的发展，产业集群也就成为数字内容产业的一种有效发展模式。

这里研究的数字内容产业集群，主要是从网络的角度研究集群中的构成主体——包括企业、机构和各类人员——如何组成生产组织网络和社会关系网络来促进集群发展。一般来说，数字内容产业集群主要具有以下五点特征：

一是集群主体众多。数字内容产业集群表现为数量众多的集群主体即数字内容企业及相关机构在空间上的聚集。② 数字内容企业包括设计公司、广告公司、动漫企业、电影公司、广播电视公司、新媒体公司、出版企业、数据库企业及经纪公司等。集群主体除数字内容企业外，还有相关机构即非数字内容企业集群主体，包括地方政府、大学研究机构、金融部门、行业协会，以及劳动、教育、技术培训等社会服务机构。非数字内容企业集群主体在产业集群的发展中发挥着重要作用，是数字内容产业集群中不可缺少的主体。需要强调的是，由于内容同其载体的密不可分关系，数字内容产业集群尽管是以数字内容企业集聚为中心，但与相关的非数字内容企业往往不易区别。产业集群如果仅仅是由内容产品的再制造商组成的集群，如单纯生产光盘的生产商、单纯印刷书籍的印刷厂等组成的集群，则并不属于数字内容产业集群，而是一般制造业集群。③

---

① 颜炳祥. 中国汽车产业集群理论及实证的研究［D］. 上海：上海交通大学，2007.
② 李怡. 中国信息产业集群发展研究［D］. 上海：复旦大学，2005.
③ 杨全城. 信息内容产业发展模式及政策支撑体系研究［D］. 合肥：合肥工业大学，2011.

二是创意人才的集聚。数字内容产业的核心是信息创意，需要各种类型的创意人才。产业集群所在区域既是创意人员工作、生活的地方，同时也是数字内容生产、消费的地方，不同的思想在这里碰撞。因此，创意人才是吸引数字内容企业入驻的基石，数字内容产业集群是从创意人才集聚开始，然后才是内容企业的集聚。

三是多种子产业的聚集。数字内容产业是由软件、数字技术、图片设计、表演艺术、广告、广播、电影、出版、印刷等众多子产业构成的一个庞大产业集合，关联度强，具有强大的前后影响力和旁侧影响力。因此，数字内容产业集群往往不是单个产业的集聚，而是多个产业的集聚。

四是稳定而不失松散的网络。数字内容产品的生产组织模式，不是传统工业的大批量、流水线式生产，而往往是项目式的组织形式。集群企业在分工与协作的基础上，形成较为稳定的网络体系。这种稳定的网络体系能够活化集群资源，扩大信息交流，增强生产柔性，降低交易成本，同时又可促进创意的产生。[①] 但由于体现为项目式的生产组织模式，这种集群网络不会太过紧密，否则将损失多样性，从而遏制创意的来源。如电影的拍摄、动漫的制作、软件的开发等，都是以项目的形式组织生产，项目完成后解散生产组织。

五是与特定区域相依存。数字内容产业集群同特定区域特别是大城市如影随形。城市由于特有的文化潜质和历史积淀，便于数字内容企业获得丰富的内容资源，如拥有较为发达健全的城市信息基础设施，博物馆、图书馆等信息资料场所，剧院等文化场所，大学、科研机构等人才聚集场所，商业和各类信息中介等。此外，政府的政策支持也是一个重要的影响因素。实践表明，当今的演出业、网络业、娱乐业、出版业、影视业等数字内容产业集群，往往集中在大城市的城市中心区、大学科研机构、文化氛围浓厚的老工业区周围，以及政府打造的产业园区等区域。

三、数字内容产业集群的成因

在当今世界经济生活中，作为新兴产业的数字内容产业集群化趋势非常明显。伦敦、纽约、东京、新加坡、中国香港等经济中心城市已成为数字内容产业的集聚地[②]，纽约的 SOHO、米兰的秀场和日本三岛町数字内容产业园区等，都已成为地区发展与创新的新源泉、新动力。这些数字内容产业集群的共同特

---

① 盈利. 创意产业集群网络结构研究［D］. 北京：北京交通大学，2008.
② 韩洁平，毕强. 数字内容产业研究与发展［J］. 情报科学，2009（11）.

点就是区域内企业之间的专业化程度非常高，专业知识流动速度非常快，经济增长速度非常高。① 我国北京、上海、广州、深圳、贵阳、杭州、南京、长沙、武汉、大连、青岛、成都等大城市都纷纷设立了数字内容产业园区，大力发展数字内容产业。这些产业集聚区虽然初步形成了新的产业发展群落②，但是与境外地区相比，数字内容产业尚未形成规模，内容产业链不够完善，集群效应尚未充分发挥。

数字内容产业集群的形成，一般要经历萌芽、成长和成熟三个发展阶段。在萌芽阶段，由于已经具备人力资源、科技资源、区位优势等各种有利因素，少数企业进入特定区域，开始从事部分数字内容产品的生产和服务。但这些企业数量少且大多是独立经营，企业之间的相互支持与配合较少，中介服务机构和企业联合组织稀缺，产业链尚未形成，没有形成完善的本地分工网络，没有形成品牌或品牌没有号召力，而企业间的无序竞争也可能破坏集群的健康成长。③ 由于政府积极介入并采取引导措施，如制定有利于数字内容产业健康发展的政策法规④等，数字内容产业集群进入成长阶段。尽管在这一阶段企业之间的竞争更加激烈，但是产业集群开始步入行业内的分工和协作时期，企业之间实行差别化经营，即数字内容产业集群出现横向分工和纵向分工，产业规模不断扩大，市场份额稳步提高，品牌形象迅速提升，集群规模效益逐渐显现。⑤ 随着数字内容产业链体系的逐步配套和完整，相关企业彼此既竞争又合作，形成了较为复杂、稳定、密切的本地企业网络，数字内容产业集群进入成熟阶段。在这一阶段，数字内容产业集群生产与服务形成标准化，群内企业和群外企业的合作和联系日益频繁，集群作为整体融入全球价值链，集群内产品大量对外出口，群内企业创新能力增强，出现一些具有国际竞争力的龙头企业，对区域经济的影响作用增大。

那么数字内容产业集聚的原因究竟何在？

数字内容产业集群的形成与产业分工密切相关。许多学者认为，产业集群的产生是伴随着分工及专业化的发展而出现的。⑥ 没有产业分工，也就没有集群的产生。以数字传媒业为例，其不仅需要记者编辑，还需要信息技术支持，

① 盈利. 创意产业集群网络结构研究 [D]. 北京：北京交通大学，2008.
② 曹庆. 我国信息产业集群形成机制分析 [D]. 武汉：华中师范大学，2008.
③ 韩洁平. 数字内容产业成长机理及发展策略研究 [D]. 长春：吉林大学，2010.
④ 王朋飞. 产业集群发展阶段研究 [D]. 青岛：中国海洋大学，2006.
⑤ 贾明江，蔡继荣. 企业集群发展阶段的探讨 [J]. 软科学，2004（5）.
⑥ 林竞君. 网络、社会资本与集群生命周期 [M]. 上海：复旦大学出版社，2005.

也离不开广告设计，更需要分发渠道。这些环节自然而然向一起聚集，从而更加密切联系，共同发展。产业分工具有不断积累、自我繁殖的增长机制，可以内生一些新市场，促进成本收益比不断下降，促进经济活动的效率不断提升，进而促进数字内容产业集群的产生。① 从理论上讲，所有的形成因素可以独立促使数字内容产业集群的产生，但客观环境的复杂性决定了数字内容产业集群的形成并不是由某一因素引起，而是多种因素综合作用的结果。数字内容产业集群的形成，不仅受到规模经济、技术进步、社会资本的明显影响，还会直接或间接受到社会分工、政策引导、产业价值链及经济发展水平等因素的影响。

数字内容产业集群的形成与信息产业的发展密不可分。数字内容产业与信息产业是相互依存、相互促进的关系。一方面，信息产业通过数字化、信息化、网络化，为数字内容产业提供了技术保证，促进了数字内容产业集群的优化和升级；另一方面，数字内容产业的发展，为信息产业提供了不断扩大的市场，刺激了数字技术开发与应用，为信息产业提供了新的发展方向。实践证明，我国北京、上海、广州、深圳等地区都纷纷设立了数字内容产业园区，这与这些地区雄厚的信息产业基础是分不开的。这些地区的信息产业发展历史悠久，信息基础设施完善，信息获取能力较强，社会资本高度聚集，在资金、人才、技术和政策环境方面积累了先天性优势，为数字内容产业的发展提供了良好的发展空间。② 反过来，这些地区数字内容产业的日益繁荣，不断推动着信息产业的换代升级。

数字内容产业集群的形成与政府的关系极大。我国数字内容产业集群的产生有两种不同的类型，一种是自发形成即市场型数字内容产业集群（如北京中关村硅谷的形成），另一种是依靠政府推动即政府干预型的数字内容产业集群（如珠江三角洲信息产业群等）。但是，不管哪种数字内容产业集群，其成长与政府作用的发挥密不可分。北京中关村硅谷的形成初期，政府的作用极其微小，随着数字内容产业集群的不断发展壮大，政府才基于市场经济的原则去营造或提供良好的政策环境。上海、广州、深圳、贵阳等地区通过出台一系列优惠政策，吸引众多企业聚集在该区域，开始形成数字内容产业集群。③ 这些地区数字内容产业集群的产生，基本上也是中央政府和地方政府产业政策设计的结果。事实上，在数字内容产业集群的形成与发展过程中，地方政府积极营

---

① 王欣. 信息产业发展机理及测度理论与方法研究 [D]. 长春：吉林大学，2008.
② 郑宏丹. 现代信息产业与创新城市之间的互动机制分析 [D]. 北京：北京交通大学，2009.
③ 李怡，陈永飞. 信息产业集群的形成机制与演变规律 [J]. 经济问题探索，2006 (2).

造集群的创新环境，提供基础设施等公共物品，有效规范地方市场行为，成为数字内容产业集群的推动者甚至直接参与者，其影响比中央政府更为直接和明显。① 当然，即便是政府主导型的产业集群，也需要当地有相当规模的企业存在。

四、数字内容产业集群的优势

数字内容产业的集群化发展，促进了信息渠道的畅通，推动了知识共享平台的建立，不仅提供了大量多元化的知识，而且能够保证其有序合理地传递、储存和利用。② 产业集群的存在以及网络化的合作方式，是数字内容产业良好环境形成的基础。数字内容企业的集群化程度越高，相互之间的关系越紧密，越有利于创新的产生和传播。正是由于数字内容企业之间各种正式与非正式的合作和信息交流，引发了知识溢出，加快了对知识的学习与转化过程，才带来了创新灵感，从而能形成持续的创新动力。从国际范围的成功经验来看，美、日、韩等数字内容产业都是以集群的形式培育、发展、壮大起来的。③

产业集群是数字内容产业发展的有效模式，一般具有以下优势：

一是获取竞争优势。产业集群内的数字内容企业可以通过"抱团扎堆"的形式，克服数量多、规模小、独立生存能力弱的劣势，建立起基于地理位置的接近与长期交往信赖而形成的非契约"信任与合作"关系，用灵活多样的市场交易契约取代官僚性质的科层组织契约，通过技术、资本、市场等要素整合，形成一个聚集专业信息、专业人才和资本等要素的联合舰队，采取集体的互动和地理集聚，从而实现外部规模经济的目的，并通过知识的累积和信息的节约而体现出竞争优势。

二是降低运营成本。在一定地理区域内，数字内容产业由于产业链条较长，关联主体企业较多，相关服务机构也多，为产业分工和价值链整合创造了条件，不但可以将具有不同优势的企业联系起来，使数字内容产业链上每个环节的生产能力达到最优，进而实现产业整体生产能力最优，并且基于产业价值链的资源整合，可以有效降低产业各生产环节如包装、流通、库存、销售、协调等生产经营成本，获得企业集群生产的运营成本优势。

---

① 桂学文，曹庆. 我国信息产业集群形成模式的实证分析［J］. 情报科学，2007（11）.

② 符韶英，徐碧祥. 创意产业集群化初探［J］. 科技管理研究，2006（5）.

③ 杨全城，程铁军. 产业园区：信息内容产业发展的一种区域模式分析［J］. 江淮论坛，2011（3）.

三是促进企业创新。集群内企业具有空间地理的接近性和产业背景的共同性，易于建立起交流、互动、竞争与合作关系，彼此之间会受到竞争的隐形压力，迫使企业不断改进内容产品的设计、开发、包装、技术和管理等，推动产业技术创新和企业组织管理创新。同时，不同企业员工之间接触沟通的机会增多，有助于相互间的思想碰撞而产生创新思维，强化专业知识与技术的学习和传播，促进新工艺、新技术的迅速扩散。

四是催生新的企业。数字内容产业集群之所以有利于产生新的数字内容企业，主要有四个原因：其一是集群内的企业由于相互交流机会的增加，能够及时发现新的产品和服务的需求，从而获得更多发展机会的信息。其二是金融机构和投资者熟悉同一产业集群园区内的企业特性，尽管数字内容产业风险高、收益大，但敢于提供资金支持。其三是集群内企业的重组障碍较低，信息不对称现象较少，有利于催生新企业。其四是新创立的数字内容企业易于在园区内获得同行业的高素质劳动力、专业技能知识和合作团队，降低了新企业准入门槛，大大减少了风险。

五是品牌效应突出。品牌是数字内容产业竞争力的标志，是产业衍生品开发的基础。数字内容产业集群能够使企业围绕特定的数字内容产品产业链聚集，形成特色和优势，吸引该内容产品的关联企业、支撑企业等集聚，成为一种柔性生产综合体，易于形成"区域品牌"①。"区域品牌"是众多企业品牌精华的浓缩和提炼，具有很强的外部效应，是一种珍贵的无形资产。② 与单个企业品牌相比，"区域品牌"更形象、更直接、更具有广泛持续的品牌效应，是产业的区域特色。"区域品牌"有利于数字产业集群内企业开拓市场，也有利于区域招商引资，寻求合作伙伴。

五、数字内容产业集群动力分析

数字内容产业集群主体相互依存、相互竞争，是产业集群发展的推动力。数字内容产业集群主体间的这种作用力又可分为内在作用力和外在作用力。内在作用力主要是指集群内的企业与供应商、互补企业、竞争企业之间为满足市场需求而开展的竞争与合作关系。产业集群的外在作用力主要是指集群内的企业与政府、大学研究机构、金融机构、行业协会等之间通过供求关系、支撑产业、市场的潜在容量和产业规模等相联系，推动知识、信息和资源的交流。这

---

① 杨全城. 信息内容产业发展模式及政策支撑体系研究 [D]. 合肥：合肥工业大学，2011.
② 陈柳钦. 产业集群与产业竞争力 [J]. 南京社会科学，2005 (5).

种内在作用力有助于将信息资源有效配置转化为内生优势，而外在作用力则有助于构筑起数字内容产业集群的外部优势。

数字内容产业集群的内在作用力又可分为垂直联系和水平联系。垂直联系是指沿着数字内容产业链从供应商到用户的集群主体间的关系链。这种产业链关系的上端是内容企业和供应商的垂直联系，双方利用地理上的接近，减少彼此的生产、技术和运输成本。产业链的末端就是内容企业和用户之间的联系，内容企业为用户提供产品服务，用户为内容企业提供需求信息。水平联系是指同处于产业链某一环节上的内容企业之间的知识、信息传递和扩散，不仅表现为内容企业在产品与服务市场上的价格竞争，更重要的是表现为质量的竞争。竞争是数字内容产业集群内在作用力的主要表现形式。这种竞争是企业持续发展、不断创新的动力，不但会推动企业个体做大做强，而且会增强数字内容产业集群的整体竞争力。当然，合作也是数字内容产业集群内在作用力的表现形式。这种合作不仅存在于互补企业之间，在竞争企业之间也普遍存在，如在集体品牌的维护、产品的市场培育等方面。

数字内容产业集群的外在作用力因集群主体的信息不同而产生不同的作用力。政府、大学研究机构、金融机构等集群主体分别为企业提供政策、人才技术、资本及咨询培训等服务。政府虽然不直接进行内容生产，但是作为产业集群所在地的基础服务与制度的提供者，通过发放研发补助金、投资税收减免、政府采购合同、提供市场交易的协调与保障机制等措施，不断创造有利于产业集群的区域性经济与创新环境，对产业集群的发展起着积极作用。大学科研机构因其知识与人才的高度密集特征，不仅可以为数字内容企业提供新的知识、技术和专业设备，还可以源源不断地向数字内容企业输送高水平的专业人才。资金的支持对任何新兴产业都是重要的因素。数字内容企业所进行的市场推广风险极大，企业规模较小，因而能否获取金融机构的资金投入和资本支持，直接影响其生存和发展。行业协会在产业集群中主要起中介服务作用，也是数字内容产业集群形成不可或缺的重要因素。

数字内容产业集群的内在作用力和外在作用力，共同构成数字内容产业集群形成与发展的动力体系。通常的情形是，数字内容产业集群形成之初，基本上都是数字内容企业的自发行为，集群主体的内在作用力发挥主导作用。一旦某种类型的数字内容产业集群建立起来，就会不断吸引其他同类的资源聚集，集群主体间的外在作用力参与进来，产生增强机制，促进数字内容产业集群的进一步发展。

参考文献

［1］万晶. 文化产业集群形成研究［D］. 南昌：江西财经大学，2013.

［2］丁桂云. 河北省中小企业集群网络结构演进特征研究［D］. 天津：河北工业大学，2012.

［3］毛利青. 创意产业区发展的区域创新网络机制研究［D］. 上海：同济大学，2007.

［4］熊孜. 基于地理学视角的城市创意产业发展研究［D］. 长沙：湖南师范大学，2012.

［5］盛兆奇. 基于实物期权的文化创意行业投资决策分析［D］. 北京：中央民族大学，2012.

［6］王惠. 苏州设计产业及其空间布局研究［D］. 苏州：苏州科技学院，2011.

［7］王谡萍. 基于社会资本的创意产业集群治理研究［D］. 上海：东华大学，2011.

［8］鞠颂. 创意产业集群的知识创新研究［D］. 北京：北京交通大学，2010.

［9］曹如中，郭华，付永萍. 促进我国创意产业集群发展的战略思考［J］. 科技管理研究，2013（9）.

［10］张洁. 创意产业网络的结构特征及其演进机制研究［J］. 商业经济与管理，2012（3）.

［11］史征，李文兴. 不同层面文化产业集群发展的差异化轨迹与特征——以浙江为例［J］. 北京交通大学学报（社会科学版），2011（3）.

［12］华正伟. 我国创意产业集群与区域经济发展研究［D］. 长春：东北师范大学，2012.

［13］王莘萱. 我国渔港经济区产业集群发展研究［D］. 青岛：中国海洋大学，2011.

［14］余伟. 家具产业集群网络结构与性能研究［D］. 南京：南京林业大学，2010.

（本文系北京市教委面上项目研究成果，作者为北京青年政治学院科研处教授）

我国军工企业集团品牌建设基本框架研究

程宝元

一、引言

军工企业集团是国家安全的支柱，在国防建设和国民经济建设两大领域都发挥着不可或缺的关键作用。随着世界军工产业快速转型发展，尤其是随着产业整合和集中化、军民融合进程加速、出口贸易和市场竞争日趋激烈、国际化步伐加快等，依靠品牌经营已经成为军工企业集团发展中的必然要求，军工品牌价值的高低已经成为国防科技工业实力乃至国家竞争力强弱的重要体现。然而我国军工企业集团品牌建设的实际情况不容乐观，其特点可以概括为多、散、乱、弱。① 在整体上，品牌数量多，母品牌弱，子品牌散，有些甚至处于无序状态；在影响力上，缺乏国际著名品牌，强势品牌寥寥无几；在体系建设上，缺乏明确的品牌建设规划和具体措施，管理机构不健全，制度规范不完善，对子品牌基本处于放任自流状态；在品牌宣传和利用上，品牌经营意识比较淡薄，缺少通盘考虑和长远谋划。这种局面如果长期得不到改善，将会严重阻碍我国军工企业集团打造出真正意义上的强势品牌，进而影响到我国军工产业健康、快速、可持续发展能力的提高。②

针对上述问题，本项目重点就我国军工企业集团品牌建设的现状、问题，以及产生问题的原因进行调研和剖析，围绕品牌建设的理念、目标、阶段、措施和保障等方面，尝试搭建一个比较系统的军工企业集团品牌建设基本框架。在理论价值方面，通过品牌建设研究，构建品牌建设基本框架，一方面能够覆盖军工企业集团品牌建设全面工作，规范性地指导品牌管理工作的开展，为相关领域工作人员和初学者提供参考和指导；另一方面可使本项目从应用研究扩

---

① 中国红. 军工企业品牌五问 [J]. 中国军转民, 2003 (2).
② 袁媛. 军工企业品牌战略及定位研究 [J]. 经营管理者, 2013 (2).

大到基础研究范畴，为品牌理论方面的研究人员进一步改进完善该框架，或者开展品牌理论方面的深入研究提供基础性的理论研究框架。在应用价值方面，构建品牌建设基本框架，用于企业管理实践，一方面有利于军工企业集团加强品牌建设，大力发展民用产业和军民融合产业，促进保军转民，寓军于民；另一方面有利于军工企业集团提高品牌创新能力，加强技术研发和新产品推出，推进国家科技重大工程，对促进国家军工产业结构调整和产业链优化升级具有重要而深远的意义。①

二、我国军工企业集团品牌建设现状分析

（一）军工企业集团的发展情况

新中国成立以来，我国国防科技工业在"一五""二五"时期东部（主要是东北和华北地区）布局基础上，大体上经历了三次战略调整。第一次是从1964年至1980年，以备战和建设后方战略基地为目的，在大三线和小三线建设了一大批常规和尖端军事工业和科研机构，以及一大批重工业和基础产业；第二次是从1978年改革开放至20世纪末，以"保军、转民、脱困"为总体思路，对三线军工企业实施改革和推进企业转型；第三次是21世纪以来，以"军转民、民参军""军民互动、军地融合"为重点，建设"军民结合、寓军于民"的国防科技工业新体系。②

党的十六大以来，我国国防科技工业坚持中国特色的自主创新之路，相继突破了一大批具有自主知识产权的核心技术、关键技术和前沿技术，相继创造了"中国精度""中国高度""中国深度"等一系列振奋人心的发展成就，为国家安全和国防建设提供了坚实保障。与此同时，我国通过一系列改革调整发展，逐步形成了11家军工企业集团，后重组为10家，涉及核、航天、航空、船舶、兵器、军事电子6个方面，并对民用产业和国民经济发展起到巨大的辐射带动作用。党的十八大召开前，军工全行业的工业总产值、工业增加值和利润总额等主要经济指标均以较快速度增长，全面协调可持续发展的能力和后劲不断增强；形成独立完整的新型核工业体系、完备的航天防务装备研发生产体系，以及航空、兵器、电子信息与装备制造产业集群；积累了一批具有发展潜力和产业化前景的军民两用技术成果，发展了一批拥有军工背景的高科技园

① 朱继龙，李华. 军工企业急需加强品牌建设［J］. 国防科技工业，2006（10）.
② 贾小漫，刘存福. 面向军民融合的国防科技工业产业格局［A］//第十五届中国科协年会第14分会场：国防科技工业军民融合发展论坛论文集. 2013：1-5.

区；向民用产业转移了数万项军工技术和产品，涌现出一批在国际市场享有盛誉、具有较强国际竞争力的产品，极大提升了军工企业集团的品牌软实力。①

（二）加强品牌建设的重要性和紧迫性

军工企业集团品牌建设是一项有始无终的复杂系统工程，其实施效果将直接影响军工企业集团发展战略目标的实现、市场竞争能力的增强、民用产业的做强做优，以及军工强势品牌的打造。大力加强品牌建设，对我国军工企业集团真正融入市场经济并在竞争中求发展具有十分重要的现实意义，刻不容缓。

1. 推动军民融合深度发展的需要

党的十八大和十八届三中全会提出："加快推进国防和军队现代化""加强高新技术武器装备建设""坚持走中国特色军民融合式发展路子""推动军民融合深度发展"，在更广范围、更高层次、更深程度上，把国防和军队现代化建设与经济社会发展结合起来，为实现国防和军队现代化提供丰厚的资源支撑保障和可持续发展的后劲。② 这就要求军工企业集团更加深化地融入市场经济，发挥专业优势，打造强势品牌，发挥辐射作用。

2. 打造国防科技工业新体系的需要

2008 年中国的国防白皮书提出，"加速推进军工企业体制机制转变，初步建立小核心、大协作、寓军于民的国防科技工业新体系"，并"积极开展军民结合高技术产业的对外合作，大力开发高技术、高附加值的民品"，建立起中国特色的军民互动机制。③ 这就要求军工企业集团高度集中、突出发展高端民用和军民两用技术，打造高技术含量、高附加值的品牌，做强做大民用产业。④

3. 提高军工企业集团竞争力的需要

随着全球经济一体化和贸易国际化发展，强势品牌垄断趋势更加凸显，市场竞争激烈程度不断提高，特别是最近 10 年，我国大型企业集团纷纷进入品牌营销阶段，品牌竞争成为新的竞争焦点。这就要求军工企业集团进一步加强品牌建设与提升，并在国内外两个市场品牌竞争中脱颖而出，实现快速成长与发展。

① 翟边. 跨越的十年——十六大以来国防科技工业发展成就回眸 [J]. 国防科技工业, 2012 (10).

② 王宁夏. 加快民技军用发展步伐 为国防装备现代化服务 [J]. 国防科技工业, 2010 (5).

③ 罗慧, 王维. 国防科技工业新体系特点浅析 [J]. 军事经济研究, 2009 (9).

④ 林左鸣. 他山之石可以攻玉——世界军工产业转型的思考 [J]. 航空工业经济研究, 2008 (6).

（三）当前存在的主要问题

在 2013 年十大军工集团的企业品牌中，2 个入围中国品牌 500 强，3 个入围亚洲品牌 500 强，未入围世界品牌 500 强，这与军工企业集团所担负的政治与社会责任地位仍不相称。有学者认为，我国军工企业集团品牌建设主要存在以下问题：

一是品牌价值定位不够清晰，军工产品的质量技术优势尚未转化为品牌价值优势，品牌形象缺乏吸引力，品牌形象模糊，市场认知度不高。

二是品牌体系建设有待完善，品牌众多但无序庞杂，管理标准和规范缺失，不利于品牌识别和品牌资产积累，品牌优势无法体现。

三是品牌管理机构尚不健全，品牌管理职责不清晰，专职管理部门缺失，品牌建设工作力度不够。

四是品牌传播资源有待整合，各种产品品牌传播分散，整体传播策划较少，影响力有限。[①]

面对这些问题，只有全面实施品牌战略，加强品牌开发、管理、保护、利用，配套相关政策、资金、组织、人员，推动军工企业集团文化、产品与品牌协同发展，才能持续提升品牌价值，进一步提高竞争力。

三、我国军工企业集团品牌建设基本框架的设计

（一）基本框架的结构设计思路

本课题所提出的品牌建设基本框架是一个流程框架，而不是流程模型，即基本框架不解决或说明某一个具体的品牌建设问题，如品牌识别或者品牌传播工作如何开展；它关注的是各个任务之间的关系，特别是品牌建设与企业的价值链、管理、信息化的关系，从而为企业全面实施品牌战略提供框架性指导意见。

为了使所搭建的品牌建设基本框架符合军工企业集团民用产业发展实际，同时支撑品牌建设与企业价值链、企业管理和信息化的融合，本课题吸收钱学森的系统思维思想，运用自顶向下的设计方法，将品牌建设问题分解为相对简单的小问题，找出每个问题的关键和重点[②]；然后对每个问题进行定性描述，形成若干个任务单元；最后建立各个任务单元之间的关系，系统性地搭建军工企业集团品牌建设基本框架。

---

① 刘灿，聂昕阳. 试论军工企业的品牌战略定位与管理 [J]. 军事经济研究，2010 (7).
② 陈尧土，陆茵. eTOM 及其在通信运营企业的应用 [J]. 通信企业管理，2010 (3).

（二）基本框架中各个层次的设计

人们通常认为，企业的使命是为顾客创造价值，企业的价值链是企业的设计、生产、营销、运输等为顾客创造价值的一系列活动、功能及业务流程的集合，企业价值链的运行是一个从市场需求出发，通过业务运行满足并由资源配置实现的整体性过程。市场需求的响应、业务运行及资源配置的实施等，又由企业组织来支撑和保障。而品牌所代表的内涵，正是对企业为顾客创造价值的浓缩和体现。因此，对基本框架层次的设计需要包括企业价值链的主要任务，以及品牌和组织，如图1所示。

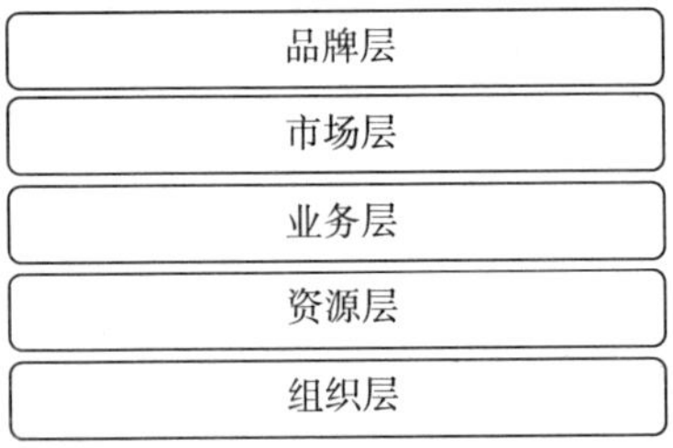

| 品牌层 |
| 市场层 |
| 业务层 |
| 资源层 |
| 组织层 |

图1　军工企业集团品牌建设基本框架的层次设计

（三）基本框架中各个模块的设计

我们刚刚提到，企业的使命是为顾客创造价值，并为此配置资源、开展业务、满足需求。而从企业管理的角度，企业的使命由若干个企业管理模块来实现。其中，企业的战略源于使命，负责将使命具体化，并分解为一组目标规划和计划；企业的资产是其使命的固化载体，这种资产包括物质资产和知识资产等；企业的运营负责将资产投入转化为产品（或服务）输出，实现价值创造和增值；企业的营销负责将这种价值带给顾客，从而实现顾客需求的满足，提供让顾客满意的体验。因此，对基本框架模块的设计需要包括企业管理的主要任务，如图2所示。

图2　军工企业集团品牌建设基本框架的模块设计

（四）基本框架的整体设计

为了能够将企业品牌建设融入价值链运行和管理，同时支撑后续信息化开发建设，笔者将基本框架的模块与层次结合起来进行整体设计。该基本框架包括 5 个层次、4 个模块、20 个任务单元。从模块上，其体现了品牌建设任务与企业管理任务的融合；从层次上，其体现了品牌管理与企业价值链的融合；从整体上，每一个任务单元都有对应的价值链任务和企业管理任务，同时与品牌建设任务相对应，便于实现三者的有机结合，如图 3 所示。

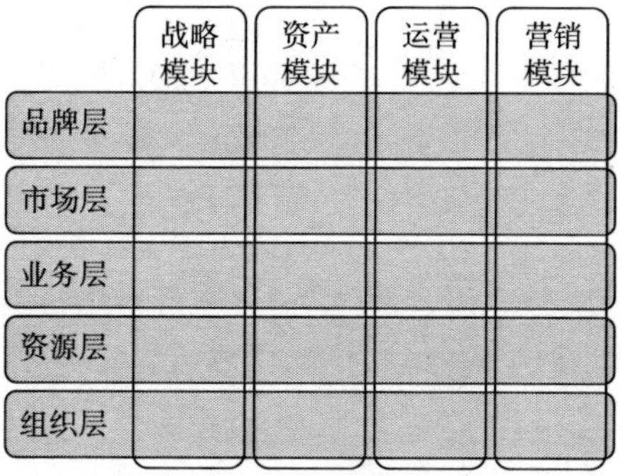

图3　军工企业集团品牌建设基本框架的整体设计

四、我国军工企业集团品牌建设基本框架的集成

（一）基本框架各个层次和模块的细化设计

为了清晰表述基本框架中各个单元的任务，笔者将军工企业集团品牌建设涉及的工作进行分解，对每一个具体任务逐一列入各个层次和模块，以便于按照不同层次和模块对其进行梳理，最终搭建一个任务界面清晰、相互关系明确、指导管理实践和流程开发的基本框架。

首先，从基本框架的层次来看：品牌层的主要任务包括品牌愿景、品牌定位、品牌策略、品牌评估、品牌创新、品牌识别、品牌架构、品牌传播、品牌销售、品牌维护等；市场层与品牌建设相关的主要任务包括营销理念、营销计划、营销网络建设、营销网络维护、产品策略、产品开发、营销策划、产品销售、售后服务等；业务层与品牌建设相关的主要任务包括业务规划、业务计划、业务能力建设、业务能力维护、业务模式、价值体系、客户关系管理、问题受理及改善等；资源层与品牌建设相关的主要任务包括资源规划、资源计划、供应商管理、供应链分析、生产条件准备、生产计划与实施、营销链管理、市场需求分析等；组织层与品牌建设相关的主要任务包括战略愿景、战略目标、战略规划、投融资管理、财务管理、合约管理、人力资源管理、流程与IT管理、质量与知识管理、媒体合作、信息披露、投资者关系、危机管理等。

然后，再从各个模块来看：战略模块的主要任务包括品牌战略、营销战略、业务战略、资源战略、战略管理等；资产模块的主要任务包括品牌资产、营销网络、业务能力、资源及其他相关资产的管理等；运营模块的主要任务包括品牌管理、产品组合、业务实现、生产运作、运营管理等；营销模块的主要任务包括品牌营销、产品营销、CRM与问题管理、营销链管理、公共关系管理等。

（二）基本框架的搭建

根据基本框架的整体设计，以及各个层次和模块的细化设计，笔者搭建了我国军工企业集团品牌建设基本框架，如图4所示。

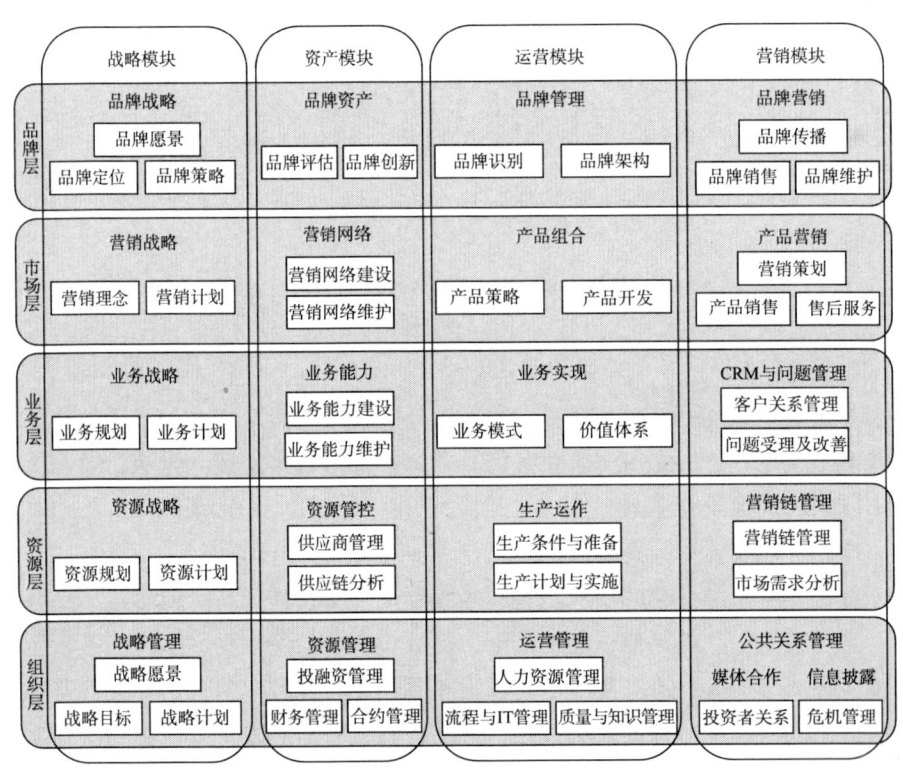

图4 军工企业集团品牌建设基本框架的搭建

该基本框架有如下特点：

一是将品牌战略与企业战略联系起来。以战略模块的五个层次为例，企业品牌战略的制定首先由营销战略来决定，同时又与企业的业务战略、资源战略密不可分，追根溯源还要遵从企业的战略愿景和发展目标。

二是将品牌建设任务与企业管理任务联系起来。以营销模块的五个层次为例，品牌传播是营销策划的核心部分之一，品牌的销售以产品的销售为载体，品牌的维护则以售后服务为牵引，并且伴随品牌和产品营销，还需要 CRM 与问题管理、营销链管理、公共关系管理等一系列相关工作的配套实施。

三是将品牌管理与企业的价值链管理联系起来。以运营模块的五个层次为例，企业推出的品牌架构以及对品牌的识别，都要遵从企业的产品策略和产品开发，其中心目的是通过某种业务模式或其组合，获得价值体系中的增值回报；同时，为了实现这个目的，企业要进行生产准备、生产计划与实施，并为之配备相应的人力资源，通过流程与 IT 提高效率，通过质量与知识管理加强品牌的内涵，并通过品牌的作用进一步加大这种增值回报。

四是为企业品牌管理信息化应用提供了框架性的基础。上述研究从整体上对企业的价值活动、管理活动、品牌活动的关系进行了描述，并通过五个层次、四个模块的分割，将这些关系进行了分组分层，初步形成了一个思路比较清晰的基本框架，为企业实施品牌管理信息化应用开发并与企业其他信息系统集成联动提供了基础。

五、我国军工企业集团加强品牌建设的对策建议

（一）摸清品牌情况

在实施品牌战略决策之前，首先需要开展全面细致的品牌调研活动，从而获得最为准确的实际情况，为决策提供重要依据。品牌调研的目的主要有以下几个方面：一是要摸清集团现有的产品体系及品牌资源现状，包括集团所属各单位的情况和投资参股企业的情况，非法使用或相近品牌的情况，以及这些品牌的市场地位等相关情况；二是要摸清集团各单位品牌建设工作的开展情况，包括与品牌建设相关的规划、措施，品牌建设的进展情况和效果，以及实施中存在的问题、成功的经验和典型案例等；三是要摸清品牌建设与生产经营之间的关系情况，包括品牌规划与其他相关规划之间的配套关系，以及品牌工作与生产经营工作之间的关系，存在哪些衔接不到位或协同性不足等情况；四是要摸清集团各单位对品牌建设的建议和想法，包括品牌战略制定和实施方面的建议，以及具体的工作思路、措施、对策方面的建议等。通过全面准确地掌握上述基本信息，为军工企业集团全面开展品牌建设工作提供决策依据。

（二）实施品牌战略

在摸清品牌建设情况后，可以进一步根据市场竞争环境、企业战略目标和

自身条件约束，审慎确立品牌战略，从而达到明确目标和统一思想、认识、行动的目的。一是实施战略性品牌分析，在充分摸底、外部调研及对标分析等基础上，明确军工企业集团现有品牌的市场地位和品牌资产状况，以及外部竞争环境和内部资源能力条件，为战略决策提供充分依据；二是制定品牌战略规划，进一步明确企业品牌的属性、结构、内容、范围、模式、识别界定等外部特征，以及品牌管理机制、延伸规划、管理规划、品牌文化等内涵特征，形成系统性的品牌建设和运行体系；三是实施品牌战略规划与企业其他战略职能规划的整合，包括研发规划、生产规划、销售规划、管理规划等，使各规划之间相互衔接配套，为形成战略合力和战略实施落地提供坚实保障；四是将品牌战略规划充分融入企业信息化与文化，特别是与企业客户关系管理等信息化应用系统充分融合，与企业识别系统等企业文化充分融合，并辅以大量必要的知识导入工作，使制定好的品牌战略规划成为企业的行为准则，落地生根，并最终转化为创造价值的能力。

（三）做好品牌营销

在推进品牌战略规划落地的过程中，最重要的环节是将企业的品牌通过营销活动推广出去，在完成产品服务输出、满足用户需要和体验的同时，树立良好的企业形象与产品或服务形象，提高品牌知名度、美誉度和忠诚度，持续保持和提高品牌竞争力。一是制定适当的品牌推广策略，根据调研摸底情况，对现有品牌按照导入期、成长期、全盛期、衰落期等不同发展阶段，结合市场竞争情况分别制定品牌推广策略。二是创造品牌宽度，通过各种品牌推广方法和营销传播渠道，让潜在用户了解产品服务、品牌内涵、品牌文化，在吸引更多用户的同时，努力提高品牌知名度和认知度，形成扩散和辐射效应。三是拓展品牌深度，通过更加深入的品牌推广策划，与用户实现更深层次的互动和体验，培养认可和共识，努力提高品牌美誉度和忠诚度，不断扩大用户群体，构建忠实用户群。四是做好品牌维护，在完成好上述任务的同时，做好品牌危机管理和问题处理，并结合市场反应不断对产品服务进行适应性调整或适当超前改进，使其始终符合用户群体的期望，不断积累和提升品牌资产。

（四）打造品牌优势

在完成好上述品牌建设任务活动的后续，军工企业集团还需要持续不断地提升品牌竞争力和优势，打造强势品牌，从而形成更大的用户集聚效应，持续提高品牌价值，并通过这种无形的价值为公司带来更大的盈利。一是加强质量管理，在不断丰富质量文化内涵的同时，将军工产品的高质量和高可靠性等固有优势转化为用户内生的信任和对军工品牌的支持，延伸品牌的质量内涵。二是实施创新管理，在保持和提高技术竞争优势的同时，不断将新的科学知识应用和高新技术成果转化为产品服务，或者对其进行升级，源源不断地向品牌注入活力，延伸品牌的技术内涵。三是传播企业文化，在传播和宣传企业品牌理念的同时，在用户群体中塑造共同的价值观念、生活态度、情感归属等，延伸品牌的文化内涵。四是履行社会责任，在完成政治责任使命的同时，积极服务于国民经济发展和民生改善，延伸品牌的社会责任内涵。通过以上努力，塑造品牌价值、文化和个性，不断打造品牌优势，提高品牌竞争力。

参考文献

[1] 中国红. 军工企业品牌五问 [J]. 中国军转民, 2003 (2).

[2] 袁媛. 军工企业品牌战略及定位研究 [J]. 经营管理者, 2013 (2).

[3] 朱继龙, 李华. 军工企业急需加强品牌建设 [J]. 国防科技工业, 2006 (10).

[4] 陈尧土, 陆茵. eTOM 及其在通信运营企业的应用 [J]. 通信企业管理, 2010 (3).

[5] 翟边. 跨越的十年——十六大以来国防科技工业发展成就回眸 [J]. 国防科技工业, 2012 (10).

[6] 王宁夏. 加快民技军用发展步伐为国防装备现代化服务 [J]. 国防科技工业, 2010 (5).

[7] 罗慧, 王维. 国防科技工业新体系特点浅析 [J]. 军事经济研究, 2009 (9).

[8] 林左鸣. 他山之石可以攻玉——世界军工产业转型的思考 [J]. 航空工业经济研究, 2008 (6).

[9] 刘灿, 聂昕阳. 试论军工企业的品牌战略定位与管理 [J]. 军事经济研究, 2010 (7).

（本文系北京青年政治学院科学研究基金项目研究成果，作者为北京青年政治学院管理系讲师）

上市公司的财务报表分析作用的研究

赵 晶

由于对外融资、自我经营及国家经济管理等方面的需要，上市公司必须披露自己的财务报表，目的是通过披露公司的财务数据来反映公司的财务状况、经营成果和现金流量等方面的情况，满足投资者、债权人和其他利益相关者等财务信息使用者对财务数据的使用要求，并接受财务信息使用者的监督。

随着市场经济和资本市场的发展，财务报表的披露对于上市公司是一种必选题。而对于投资者、债权人和财务报表其他利益相关者来说，财务报表分析到底意义何在？这也是本文要探讨的内容。

一、财务报表分析的含义

财务报表分析的内涵在学界是没有太大争议的，但是在外延方面存在一定的争论，主要体现在财务报表分析中财务数据的来源及范围方面。

1. 财务报表分析即财务分析，财务报表分析等同于财务分析

财务报表分析即财务分析，是通过寻找、收集和整理企业财务会计报告中的有关数据并进行分析、对比和研究，结合其他相关信息，对企业的财务状况、经营成果和现金流量情况进行综合比较和评价，发现企业经营中存在的问题，预测企业未来发展趋势，为科学决策提供依据，从而为财务信息使用者提供管理决策和控制依据的一项管理工作。

2. 财务报表分析只是财务分析的主体，财务报表分析不等同于财务分析

财务报表分析的范围比财务分析窄，财务分析中的财务数据来源是财务报表信息、管理会计信息、市场信息及其他相关财务会计信息，可见，财务分析不仅包括对财务报表上的财务数据的比较研究，还包括对管理会计信息、市场信息和其他相关财务会计信息的比较研究。财务报表分析是财务分析的主体组成部分，但是财务报表分析不同于财务分析。从时间来看，财务分析是随着经济发展和现代企业发展而逐步广泛应用的，而财务报表分析则更多是随着资本

市场和证券市场的发展而广泛应用的，财务分析广泛应用的时间早于财务报表分析。从空间来看，财务报表分析的数据来源主要为财务报表反映的财务数据；而财务分析的财务数据来源除了财务报表信息之外，还有管理会计信息、市场信息和其他相关财务会计信息，财务分析的范围广于财务报表分析。

通常来讲，我们把财务数据主要来源于财务报表的财务分析称为狭义的财务报表分析，而把财务数据来源于财务报表信息、管理会计信息、市场信息和其他相关财务会计信息的财务分析称为广义的财务报表分析。本文采用狭义财务报表分析。

二、财务报表分析的作用

在论述财务报表分析的作用之前要正确理解三个概念，分别是财务报表分析客体、财务报表分析主体和财务报表分析服务主体。财务报表分析客体即需要分析的数据、信息和内容，是财务报表分析的客观对象；财务报表分析主体即利用财务数据进行分析、比较和研究工作，得出财务报表分析成果的主观能动者；财务报表分析服务主体即分析所得成果的使用者，是财务报表分析成果的使用者。不同的财务报表分析服务对象与上市公司的相关利益关系不一样，所关心的方面和所需要的信息也都有所差别，导致不同的财务报表分析主体分析的侧重点不一样，因此，所用到的财务报表分析客体有着很大的不同。财务报表分析客体的选取范围、财务报表分析主体的分析目的和财务报表分析服务对象所关心的问题共同决定了财务报表分析的目的，并且财务报表分析的作用受到财务报表分析客体、财务报表分析主体和财务报表分析服务对象的影响和制约。

财务报表分析从分析客体来看，是来自财务报表的数据、信息和指标，主要包括以盈利能力数据指标、偿债能力数据指标、营运能力数据指标及发展能力数据指标为主的财务会计数据指标；财务报表分析从分析主体来看，有投资者、债权人、经营者，以及包括国家管理机关、与上市公司经营有关的公司企业和客户在内的财务报表其他利益相关者等；财务报表分析从服务对象来看和分析主体大致一样，有投资者、债权人、经营者，以及包括国家管理机关、与上市公司经营有关的公司企业和客户在内的财务报表其他利益相关者等。

对上市公司进行财务报表分析的作用体现在以下几个方面。

1. 财务报表分析对于上市公司投资者的作用

上市公司的投资者包括公司大股东、战略投资者及中小股民。上市公司的盈利能力是投资者投入资本能够保值增值的根本，所以财务报表分析对于投资者最主要的作用是反映公司的盈利能力。同时，为了避免投入的资本不贬值，投资者还应分析公司的所有者权益结构和营运能力。经过财务报表分析，上市公司有较强的盈利能力、合理的所有者权益结构和良好的营运能力，投资者才会保持甚至追加投资来使其资本保值增值，否则投资者会撤出投资以避免其资本贬值。

对大股东、战略投资者及中小股民而言，财务报表分析的另一个主要作用是对上市公司经营者的经营业绩进行评价，通过行使股东权利制约影响公司经营者的决策，从而改善和解决公司经营中存在的不足和出现的问题，使公司能够更好地运营，从而使投资者投入的资金能够更好地保值增值。

2. 财务报表分析对于上市公司债权人的作用

上市公司债权人包括对其贷款的银行和其他金融机构、购买上市公司债券的单位与个人等。债权人将资金贷放给上市公司的目的是取得资金所带来的利息收益，为了保证正常的收益和本金安全，债权人要分析研究上市公司违约的可能性、现金流断裂的可能性和清算破产的可能性。

债权人对资金的要求是在及时收回本金的同时得到一定的收益，并且承担和收益大致相当的风险。所以，财务报表分析对于债权人的作用包括三方面内容：一是判断能否及时收回本金；二是能否取得应有的利息收益；三是看承担的风险是否和利息收益相匹配。而这三方面的内容需要对上市公司财务报表中偿债能力指标、盈利能力指标和现金流指标等方面进行分析。

3. 财务报表分析对于上市公司经营者的作用

上市公司经营者主要指包括董事长、总经理及其他高管在内的管理人员。财务报表分析对经营者的作用呈现出系统性、综合性和多方面性，这与财务报表分析对投资人和债权人的作用有所差异。首先，经营者非常关心公司的盈利能力，这既是经营者所承担的角色所决定的，又是经营者运营公司的根本目标；并且，在对公司盈利能力的分析中经营者关心的不仅包括盈利结果，更多关心的是公司盈利的过程和原因。上市公司经营者通过对盈利能力、偿债能力、营运能力及发展能力的分析，可以客观认识公司运营中存在的不足和出现的问题，通过正确的决策，在保证盈利的同时，使公司盈利能力持续增长且走上良性发展的道路。

4. 财务报表分析对于上市公司财务报表其他利益相关者的作用

财务报表其他利益相关者是指包括国家管理机关、与上市公司经营有关的公司企业和客户在内的其他财务会计信息使用者。与上市公司经营有关的公司企业和客户关心上市公司的财务状况，进行财务报表分析是出于对自身利益的保护。财务报表其他利益相关者通过对公司偿债能力、支付能力和交易状况进行分析，可以了解公司的财务状况、信用状况和经营状况等，从而为与上市公司合作进行正确的决策。

国家管理机关主要指财政、税务、工商、审计、证监会、银监会和保监会等行政部门。财务报表分析对于国家管理机关的作用主要体现在三方面：一是通过行政管理手段维护市场经济、资本市场和证券市场的正常秩序；二是通过检查手段保障国家经济政策法规在上市公司合理合法地执行；三是通过监督手段保证上市公司以财务会计信息为主的信息披露的真实性、准确性和及时性，从而为国家宏观经济决策的执行、各项法律法规的制定和市场经济秩序的调整提供真实、准确、及时的数据和信息。

三、财务报表分析的意义

在市场经济、资本市场和证券市场日益规范的今天，上市公司进行财务报告的披露既是国家法律法规的制度要求，也是投资者、债权人、经营者和财务报表其他利益相关者等财务信息使用者对其进行监督评价的要求，更是上市公司规范经营、适应市场的自我救赎。

因此，在要求上市公司应该真实、准确、及时地进行财务报表披露的同时，投资者、债权人、经营者和财务报表其他利益相关者等财务信息使用者也应该利用财务报表进行科学合理的财务分析研究来满足自己的投资、经营和管理需要，更好地发挥财务报表分析的作用。

参考文献

[1] 余玉苗. 我国上市公司注册会计师审计关系研究 [J]. 审计研究，2000 (5).

[2] 方飞虎，施梅仙. 谈企业财务报表分析的误区 [J]. 财会月刊，2002 (9).

[3] 李心合. 公司财务分析：框架与超越 [J]. 财经问题研究，2006 (10).

（本文系北京青年政治学院科学研究基金项目研究成果，作者为北京青年政治学院管理系讲师）

高职院校科研项目负责人制下的
财务管理问题研究

李金博

高职院校科研项目按经费来源一般分为三类：主管部门以预算方式下达的科研项目称为纵向科研项目，其他单位或部门提供经费的项目称为横向科研项目，院校利用自有资金立项的科研项目称为校内科研项目。虽然经费来源分为以上三种形式，但科研项目立项申请时一般都是由项目申请者根据有关部门、单位的要求进行申报，然后经过审核后批准正式立项，此时项目申报人也就成为项目负责人。

高职院校科研项目的项目负责人参与了项目的申报、立项、执行、结项、绩效考评等全过程，并对项目的最终结果负责，是项目的实际管理者和执行者，科研项目实行项目负责人制也就顺理成章了。

高职院校科研项目的相关人员有以下几类：一是出资者，即实际给高职院校科研项目提供经费的机构或个人；二是项目团队，是完成项目目标的团体，这个团体的负责人就是高职院校项目的项目负责人；三是高职院校科研管理部门，对科研项目内容进行管理；四是高职院校财务管理部门，对科研项目的经费执行的是否合理、合法、合规进行监督；五是科研成果的使用者，科研成果是否有用要看是否有人使用。

一、高职院校科研项目财务管理存在的难点

（1）从观念上轻视财务管理。高职院校科研项目往往是重实施而轻管理，重业务管理而轻财务管理。一些项目负责人认为，我做的是科研，财务上的问题与我无关，我只要出了成果，你管我具体怎么把这些钱给花了呢。一些项目负责人认为，科研项目是我申请来的，经费当然应该由我自由支配，财务人员又不懂科研问题，凭什么对我使用经费进行限制，进行财务监管属于外行管内行。科研高职院校项目管理部门则认为，我是学校的科研管理部门，科研上的事情都

应该属于我管理，财务人员只要做好服务就行了，不应该插手科研领域的事情。

（2）项目经费支出的非线性与财务管理要求的矛盾。科研项目是一项具有创造性的工作，并不能完全按照时间来定义项目的各个阶段；而且高职院校科研项目的项目负责人一般都不是专职的科研人员，大部分是利用业余时间进行科学研究的教师或工作人员，没有大块的时间来搞科研，这使得项目经费支出也是非线性的。然而出资人大都会要求按项目的时间完成支出进度，支出进度不能落后于项目进度。

（3）科研经费腐败的存在。高职院校科研经费归科研项目负责人支配，由于科研项目负责人自身思想修养的问题，一小部分项目负责人利用虚假发票、虚假业务等方式骗取科研经费，达到自己占有的目的。还有一小部分项目负责人则认为科研经费是自己做科研应得的报酬，将科研经费以人员经费、报销票据等方式发给自己和项目团队成员，项目支出中充斥的都是一些与项目无关的东西。

（4）项目预算不细致，项目经费支出计划性较差。一般项目的计划和控制往往是理性行为，容易计划和控制；计划的目标是清晰具体的，项目结果往往是可以预见的。而对于科研项目来说，由于其创造性、复杂性和不确定性，项目的结果难以预料，有些科研项目可能结果就是失败的，项目经费的计划就更差了；有些项目可能都已经结项，但项目经费并没有支出多少。

（5）科研管理制度不健全。每一类科研项目都有其项目管理办法，由于项目管理办法是按类制定的，就不可能制定得特别细致，这就要求项目单位、项目管理部门再制定更细的可以具体执行的制度。由于管理的缺失，一些高职院校并没有行之有效的科研管理制度，存在以下几种情况：一是没有制定相应的制度，或没有对旧制度进行修订；二是制定的制度有歧义，存在许多不确定因素；三是多项制度之间存在不一致的情况。

（6）不重视项目完成后的效果。由于人员和经费的原因，出资人并不能对所有高职院校科研项目进行绩效考核，大部分项目负责人只要写出结项报告就算完成项目了，甚至部分项目的经费没有全部使用完，也不再退回，对于项目的完成情况、项目经费的使用情况也没有说明。

二、高职院校科研项目难点解决的思路

（1）加强科研政策的宣讲。项目负责人一般都具有高学历、高职称等特点，除了在本领域学识渊博外，在其他知识领域也具有相当的知识，是知书达理的人，许多方面的问题都是由于沟通不够造成的。高职院校科研经费是由出

资人出资，由项目负责人具体执行，是纳入高职院校预算的经费。出资人出资的科研项目不仅看重项目负责人的科研能力，同样要考虑项目执行单位即高职院校的管理能力，项目负责人如果在一个管理较差的单位就很难得到科研经费。出资人对科研经费的支出是有相应的管理制度来约束的，项目单位的财务部门就是代替出资人对科研经费进行管理的部门。因此，必须提高项目负责人对科研经费性质的认识。

（2）加强科研项目预算管理。科研项目预算是实现科研项目财务目标的基础，只有制定出切实可行的科研项目预算，才能更好地实现科研项目的财务目标。科研项目预算执行难的原因除了科研项目经费非线性，还有一个原因是项目预算做得不太合理，科研项目负责人制定项目预算时存在"拍脑袋"的现象，或只是估计，科研项目支出难就是一定的了。这就要求财务管理部门靠前管理，财务管理部门参与项目负责人的预算制定，规划项目预算，增强预算的可执行性；从项目的申报、立项、合同签订、中期检查、项目结项、绩效考评全过程监督项目经费的执行，严格预算支出内容和支付金额。

（3）压缩科研腐败空间。制度是根本。根据法律、法规和上级有关政策并结合本单位实际，制定出适合本单位的制度，规范高职院校科研项目的经费支出情况，是防止科研腐败的重要保证。这就需要对原有制度进行清理，对于缺失的制度，重新进行制定；对于部分已经不符合实际或有歧义的制度，组织有关部门和人员进行修订，使之符合现有情况。对于多项制度不一致的情况，则需要按一定的原则进行修改，有法律规定的按法律规定修改，有上级制度按上级制度修改，主管部门的制度优于非主管部门的制度。利用高职院校现有的一卡通网络，监管项目在单位内部的经费支出，利用公务卡系统监管项目在外部支出的经费，加强合同管理，建立有效的合同签署机制，从部门防止虚假合同的出现，有效地防止虚假业务的发生。利用国税局、地税局的查询网络及查询电话，防止虚假发票的存在。

（4）建立有效的监督机制。要加强项目负责人和相关管理部门的沟通协调，建立一个由项目负责人、科研管理部门、财务管理部门、纪检监查部门组成的网络，既有利于项目负责人与其他三个部门的沟通，又有利于科研管理部门对项目和项目负责人业务上的监管和支持，财务部门对项目经费的管理和对项目负责人、项目团队的服务，以及纪检监查部门对项目负责人、科研管理部门、财务管理部门的监督。

（5）加强科研项目绩效考核。对于项目后管理，就需要高职院校真正负起责任来，建立起科学规范的绩效考评体系。对于出资人不能进行绩效考评的科研项目，高职院校可对其进行绩效考评，如由于人员的问题无法完成，可引入外部审计人员，对项目经费的执行及项目的全过程进行审计。

三、结语

随着国民经济的不断向好和国家财力的不断增强，高职院校的科研经费将越来越多，高职院校科研项目经费管理中存在的问题也会发生一些变化，但加强高职院校科研项目经费的管理是长期的，科研项目经费管理水平的提高将促进科研项目水平的提高。

参考文献

[1] 杨洪. 高校科研项目管理存在问题及对策研究 [J]. 高教学刊, 2015 (16).

[2] 孙静. 财务管理视角下高校科研项目管理研究 [J]. 财会通讯, 2015 (13).

[3] 迟鸿燕. 浅谈科研项目管理的重要性 [J]. 知识经济, 2015 (10).

[4] 蒋艳萍, 吕建秋, 田兴国, 等. 从制度建设谈广东高校横向科研项目管理现状与对策 [J]. 科技管理研究, 2015 (5).

[5] 张哲. 核行业科研项目管理信息化研究 [J]. 中国管理信息化, 2015 (5).

[6] 付红艳. 全生命周期视觉下基于平衡计分卡的高校科研项目管理体系研究 [J]. 教育财会研究, 2015 (1).

[7] 王川. 科研项目管理视角下的技术增加值理论 [J]. 科研管理, 2015 (S1).

[8] 邹丽阳, 王碗. 协同创新视角下高职院校科研项目管理研究——以常州市高职院校为例 [J]. 职教通讯, 2014 (35).

[9] 姜孝均. 高职院校的教学科研项目管理与推进 [J]. 当代教育实践与教学研究, 2014 (12).

[10] 卢玲伟, 丁柳杨. 高校院系科研项目管理工作初探 [J]. 办公室业务, 2014 (21).

[11] 梅东滨, 崔惠绒, 伊日贵. 加强科研机构科研项目管理的探讨 [J]. 当代经济, 2014 (14).

[12] 张京先, 刘晓煜. 科研项目管理应重点关注的几个问题及建议 [J]. 中国乡镇企业会计, 2014 (7).

[13] 卜亚清, 叶爱英. 加强科研项目管理的措施 [J]. 黑龙江科学, 2014 (6).

（本文系北京青年政治学院科学研究基金项目研究成果，作者为北京青年政治学院财务处讲师）

我国对口支援的基本内涵、历史演进及对策思考

高　诚

自新中国成立尤其是改革开放以来，我国对口支援实施范围和规模逐渐扩大，内容不断丰富，为加速缩小我国地区之间的贫富差距、促进全国各地区共同富裕、及时完成重大工程及重大灾区的灾后重建等都起到了切实有效的作用。

一、我国对口支援的基本内涵

对口支援，是基于中华民族的优良传统、中国社会主义制度的优越性和现实国情，在中国特定政治生态中孕育、发展和不断完善的一项具有中国特色的政策模式。

不同研究者给出了对口支援不同的定义。一是认为对口支援是指在上级政府的统一领导下，组织和安排经济发达地区和各政府部门对指定的欠发达地区或民族地区给予人、财、物方面的帮助和支持。[①] 二是指出对口支援就是结对支援，是社会主义制度优越性和大协作精神的体现，是区域、行业乃至部门间开展合作与交流的有效形式，通常泛指国家在制定宏观政策时为支持某一区域或某一行业，采取不同区域或行业之间结对形成支援关系，使双方区域或行业的优势得到有效发挥。在对口支援中，提倡优势互补、互惠互利、长期合作、共同发展。[②] 三是认为中国特色的对口支援其实就是经济发达地区对上级指定的欠发达地区或民族地区给予人、财、物方面的帮助和支持，是一种基于财政平衡视角下的政府行为。[③] 四是认为对口支援是指由政府启动，在区域、行业

[①] 王玮. 中国能引入横向财政平衡机制吗？——兼论"对口支援"的改革 [J]. 财贸研究，2010（2）.

[②] 赵明刚. 中国特色对口支援模式研究 [J]. 社会主义研究，2011（2）.

[③] 伍文中. 从对口支援到横向财政转移支付：文献综述及未来研究趋势 [J]. 财经论丛，2012（1）.

乃至部门间建立起长期的、稳定的、相互协作的帮扶关系，利用支援方的物质财富和智力资源，促进受援方得到发展的一项援助制度，是我国社会主义制度优越性和大协作精神的具体体现。①

综上所述，本文认为，对口支援通常泛指在中国特定的政治生态环境中，经济发达或实力较强的一方对经济落后或实力较弱的一方实施援助的一种政策性行为，是区域、行业乃至部门间开展跨边界合作与交流的有效形式。

从对口支援的定义来看，对口支援的主体是经济发达的部门或地区或者区域；客体是经中央指定的欠发达的地区或民族地区以及某一行业；目的是给予欠发达地区或民族地区或行业人、财、物方面的帮助和支持，使受援方得到发展，双方优势得到有效发挥。

为何要实施对口支援？一方面，这是中央与地方秉持共同政治伦理价值和现实战略性的需要；另一方面，通过对口支援，可以帮助经济落后地区特别是少数民族地区走出贫困恶性循环，推动少数民族经济和社会发展，促进区域协调发展、民族团结。当然，也有人认为，我国对口支援制度本质上具有横向转移支付的雏形，是中央政府缓解财政压力的需要。

从我国对口支援的实践发展来看，根据受援客体的不同，对口支援已形成功能不同、各具特色的三种形式。一是边疆地区对口支援。这是针对民族边疆地区开展的常规性支援，是历史最悠久、支援规模最大、支援时间最长的政策模式。其中，西藏、内蒙古、云南、宁夏、新疆、青海、甘肃、广西、贵州是主要受援方，而北京、上海、广东、山东、浙江、辽宁、湖北等是主要援助方。由于我国边疆地区的少数民族众多，其发展长期落后于国内其他地区，为了维护国家的边境稳定，促进少数民族地区的发展，实现民族大团结和共同繁荣，中央政府组织号召全国各地支援这些地区。二是灾害损失严重地区对口支援。这是针对重大灾区的紧急性人道支援应急政策行为。我国是个幅员辽阔、地质灾害多发的国家，如1976年发生的唐山大地震、2008年的四川汶川大地震对当地人民群众的生产和生活的打击都是毁灭性的。为了加快灾区救援和灾后恢复重建工作步伐，中央决定举全国之力支援灾区恢复重建。三是重大工程对口支援。这是针对重大工程实施的定向性支援。其中最典型的就是三峡工程。三峡工程的实施需要完成大量的移民安置工作，然而库区原有经济已经遭到严重破坏，留置居民的生活和生产活动受到极大影响，因此单靠当地政府的

---

① 郑刚. 建立教育对口支援长效机制的政策分析 [J]. 中国教育学刊, 2012 (7).

努力是远远不够的，必须充分发挥社会主义国家集中力量办大事的政治优势，通过中央和全国其他省市的联合支援才能解决好问题。

我国对口支援经过 30 年的实践发展，在援助规模、范围与领域等方面都发生了重大变化。援助规模不断扩大，由"结对子"演变为"举国行动"。实施主体不断增多，由个别省市指定实施扩大为广泛发动社会各界积极参与。援助组织日趋成熟，形成了跨地区、跨行业、多层次的工作网络。援助内容日渐丰富，从单纯经济支援向人才、文教、民生延伸。援助功能渐趋成熟，从"输血型"向"造血型"功能转变。

二、我国对口支援的历史演进

对口支援是在中国政治环境中产生、发展和不断完善的一项具有中国特色的政策工具。它已从救助贫困、输血扶贫的政府行为逐渐演变为发展经济、造血解困的政府推动和市场运作结合的共同行为。

新中国成立以后，中央为解决城乡之间、区域之间发展不平衡和全国资源分布不均衡问题，缩小各民族间经济差距，在"全国一盘棋"思想的指导下，依靠计划经济体制对各种资源进行全国性调配，采取高度集中的各种帮扶措施。

20 世纪 50 年代至 70 年代，对口支援主要发生在城市支援农村、沿海支持内地两个领域。对口支援作为工农结合、城乡结合、厂社协作的一种新形式，在城市与农村之间得到广泛应用。与此同时，省际较大范围的协作与支援工作也开始铺开，主要体现为上海、天津等东部沿海发达地区对陕西、新疆、内蒙古等西部落后地区和边疆省区的援助。

1960 年 3 月 20 日，《山西日报》发表了以"厂厂包社对口支援——论工业支援农业技术改造的新形势"为题的社论，首次提出了对口支援概念，认为对口支援是一种工农结合、城乡结合、厂社协作的新形式。

1979 年，中共中央在北京召开全国边防工作会议，第一次明确提出对口支援政策，要求组织内地发达省市实行对口支援边境地区和少数民族地区，并结成相互支援小组，专门制订计划，开展物资、技术支援协作。

20 世纪 80 年代，全国性的政策支持、财政资金支持及经济发达地区与民族地区的对口支援全面铺开。1980 年，中央召开全国西藏工作座谈会。1982 年，国家计委、民委召开"经济发达省市同少数民族地区对口支援和经济技术协作工作座谈会"。1983 年，国务院明确，由国家经委、计委、民委共同负责对口支援。1984 年，全国经济技术协作和对口支援会议召开。同一年，中央召开的第二次西藏工作座谈会决定实施"国家直接投资项目、中央政府财政补贴、全国人民对口支援"的全方位支援西藏建设的新格局。1986 年，国务院成立扶贫开发领导小组，安排专项资金，制定优惠政策，进一步扩大协作规模，增强帮扶力度。

20 世纪 90 年代以来，对口支援进入新的发展阶段。1992 年，国务院对《关于进一步开展对口支援的请示》做出专门批复，确定国家计委牵头，归口统一领导，组织协调，对口支援提到新的发展高度。1994 年，《国家八七扶贫攻坚计划》提出，要集中人力、物力、财力，动员社会各界力量做好扶贫工作。1994 年，中央第三次西藏工作座谈会做出"分片负责、对口支援、定期轮换"的重大战略决策。

进入 21 世纪以来，中央和地方对口支援西藏、新疆等省区的力度逐步加大。党中央始终高度重视新疆、西藏工作，立足这些地区改革发展稳定面临的新形势、新任务、新挑战，强调新疆、西藏工作在党和国家工作全局中具有特殊重要的战略地位，对工作做出了新部署。为推进新疆社会稳定和长治久安，缩小新疆同内地省区的发展差距，党中央、国务院自 2010 年以来分别召开了两次中央新疆工作座谈会和四次全国对口支援新疆工作会议，对推进新疆跨越式发展和长治久安做出了战略部署。由此，推动了新一轮对口支援高潮。

与此同时，中央在一些重大灾难（如四川汶川大地震）和重大工程（如三峡工程）中，明确对口支援关系，统筹资金安排，确定支援任务。

三、我国对口支援的对策思考

我国对口支援已实施了近 30 年，也存在一些问题值得思考。

一是要正确认识对口支援中政府与市场的作用。对口支援是项系统工程，需要充分发挥政府、市场和企业各自的优势和长处。目前，对口支援方案一般都是由中央政府和对口支援省市以及受援地方政府用行政手段制订计划并组织实施，带有明显的传统计划经济的特征。对口支援实施的主体大多是各级地方政府和国有企业，往往视其为国家交与的政治任务。在对口支援的过程中，援助方即发达地区地方政府存在重政府作用、轻市场机制的现象，没有认真考虑援助项目的投资效益和效率；而受援方则存在以争取资金物资为主、以解决眼前困难为主、单纯追求项目数量等问题。双方不同程度地存在形式主义、走过场现象，导致资源配置效率低下，难免重蹈计划经济的覆辙。市场机制和政府机制是调节和推动现代社会经济发展的"两只手"，在各自的领域内能够成功地发挥资源优化配置的作用。做好对口支援工作，既离不开政府的支持、规划和引导，同时也离不开市场在资源配置中的基础性地位。在实施对口支援政策时，我们既要通过政府引导、鼓励和支持各地区搭建区域经济协作和技术、人才合作的良好平台，开展多层次、多形式、多领域的区域合作，同时也要充分利用市场的力量，引导产业由东部沿海地区向中西部地区有序转移，促进生产要素在区域间的自由流动和合理配置，把外生援助转化为落后地区自我发展的内生机制，逐步改变我国经济发展不平衡的局面，最终实现全面协调可持续的发展目标。

二要形成多层次参与对口支援的协同机制。对口支援政策的有效实施，需要有组织完善、设计精细、有的放矢的一整套政策工具作为保障框架。为了使对口支援政策能够发挥最大效益，必须辅以相关的协同机制建设作为保证。由于缺乏必要的协同机制，对口支援政策工具之间缺乏相互配合而形不成合力效应，没有建立起一套严格的项目论证、筛选、审批的决策程序，有的只是一些扶贫资金、支农资金和西部开发转移资金等，尽管在受援地区投入了大笔资金，建设了一大批工程，实施了一批批项目，但未能达到预期的效果。为避免出现对口支援的"割裂"现象，必须增强对口支援相关法律制度的严谨性，搭建以制度化方式探索沟通协调机制，建立政府、部门和企业广泛参与、互促共进的工作格局，建立政府主导、社会参与、市场反馈的多主体模式，完善支受双方、社会公众和社会媒介整体参与的监督、评估机制，减少实施过程中的随意性和不确定性，促进资金、项目在受援地区的分配体系改革，从而提高对口支援的社会效益和经济效益。

三要把"输血"和"造血"功能恰当地结合起来。受援地区由于受各种不利因素的制约，长期以来不仅交通、通信、电力、水利等基础设施建设滞后，而且缺乏支撑经济持续发展的自生能力，如果不解决这些欠发达地区自我发展能力不足的困境，很可能会陷入"贫穷—援助—贫穷"的恶性循环陷阱而不能自拔。因此，援助方不仅要通过横向财政转移支付等手段帮助受援地区兴建民生工程、基础设施等"输血"项目，同时要立足受援地区长远发展，注重培育受援方的内生动力，坚持"硬件"与"软件"结合、"输血"与"造血"并重，把短时的"输血项目"和长期的"造血项目"相统一，充分发挥自身在人才、技术、管理等方面的优势，通过社会事业、产业发展、干部人才和就业保障等一系列措施，建立人才、技术、管理、资金等工作的体制机制，加大教师培训、干部交流、人才输送的力度，帮助受援地区兴建自己的企业，大力发展地方经济，逐步增强这些地区自身的经济发展能力，增强受援方的"自身造血"功能和自我发展能力。

四要建立科学有效的评估机制。政策评估是政策实施过程中极其重要的一个环节。建立健全政策评估机制，可以及时发现政策执行过程中出现的问题，从而为政府部门修正政策提供参考，使政策能够发挥最大效用。我国现行的对口支援政策更多表现为一种应急机制，还缺乏制度上的规范和制约。特别是由于对口支援多是中央政府下达给地方政府的政治任务，地方政府在时间紧、任务重的背景下，在政策出台和项目的选定上难免会出现顾此失彼的情形，导致一些项目的前期开发程序不规范，实施过程不严谨，后续工作不给力，"形象工程"和"政绩工程"较严重。对口支援能否产生效果以及产生多大的效果取决于这些政策的科学性。规范、有效的评估机制是优化对口支援工作的重要保障。因此，我们必须建立一套针对科学有效的对口支援工作的评估体系，对援助项目进行科学管理，最大限度地发挥援建资金的效用，提高对口支援工作的质量。

参考文献

[1] 伍文中. 从对口支援到横向财政转移支付：文献综述及未来研究趋势 [J]. 财经论丛, 2012 (1).

[2] 高忠伦, 穆江龙. 全国对口支援下新疆经济社会发展的思考 [J]. 当代经济, 2011 (1).

[3] 赵明刚. 中国特色对口支援模式研究 [J]. 社会主义研究, 2011 (2).

[4] 黄艳芳. 对口支援运行机制探析 [J]. 经济视角（中旬）, 2011 (6).

[5] 王颖, 董垒. 我国灾后地方政府对口支援模式初探——以各省市援建汶川地震灾区为例 [J]. 当代世界与社会主义, 2010 (1).

[6] 刘铁. 从对口支援到对口合作的演变论地方政府的行为逻辑——基于汶川地震灾后恢复重建对口支援的考察 [J]. 农村经济, 2010 (4).

[7] 俞晓晶. 从对口支援到长效合作：基于两阶段博弈的分析 [J]. 经济体制改革, 2010 (5).

[8] 莫代山. 发达地区对口支援欠发达民族地区政策实施绩效及对策研究——以湖北省武汉市对口帮扶来凤县为例 [J]. 西南民族大学学报（人文社科版）, 2010 (11).

［9］李庆滑．我国省际对口支援的实践、理论与制度完善［J］．中共浙江省委党校学报，
    2010（5）．

［10］钟开斌．对口支援灾区：起源与形成［J］．经济社会体制比较，2011（6）．

（本文系北京市社会科学基金项目研究成果，作者为北京青年政治学院科研处教授）

文学学科

"儿童本位主义"和本体性

——20世纪80年代的少儿电影理论与批评

彭笑远　周金凯

在新中国的历史上，1978年12月召开的中共十一届三中全会是新中国成立以来党和国家历史上具有深远意义的伟大转折，开创了我国社会主义事业发展的新时期。1978年12月18日至22日，中共十一届三中全会在北京举行，此后，中国开始全面的改革开放。进入20世纪80年代之后，中国的少儿电影创作和理论批评都获得了大丰收。这是因为"80年代对于中国的少年儿童电影具有特殊的意义：经过总结经验教训、更新观念，尤其是一批年富力强、有较多人生阅历和生活积累的编导进入儿童电影的创作队伍。他们富有激情，厚积薄发，使得80年代的中国少年儿童电影进入了一个繁荣发展的辉煌时期。这是中国少年儿童电影创作的第一个繁荣时期。这个时期的繁荣和辉煌体现在：出现了一大批优秀少年儿童影片；成立了专门拍摄儿童影片的中国儿童电影制片厂；基本形成了一支少年儿童电影创作队伍；在理论界和评论界能够听到专门针对少年儿童电影的声音。在这10年的期间里共拍摄了104部少年儿童电影，在1987年一年中拍摄了12部少年儿童影片，第一次达到了每个月能够给少年儿童提供一部新影片的指标。影片无论在观念的更新、题材的拓展、样式的多样等方面都取得了令人瞩目的成绩"①。

因此，本文即从历史和艺术的维度出发，回眸20世纪80年代的少儿电影创作和理论批评，从其发生和发展的内外因素出发进行总结。

一

首先，从外部环境来说，20世纪80年代的少儿电影创作有了专门的创作机构——中国儿童电影制片厂。1981年3月，中共中央发出"全党全社会都要关心少年儿童的健康成长"的庄严号召，文化部决定创建一家专为少年儿

---

① 张之路. 中国少年儿童电影史论［M］. 北京：中国电影出版社，2005：74.

童拍摄影片的专业电影厂。1981年6月1日，在政府和各界人士的关怀和支持下，中国儿童电影制片厂成立。当时的厂名是北京儿童电影制片厂。中国儿童电影制片厂成立后，不但拍摄出一大批优秀的少年儿童影片，还团结聚集培养了一支优秀的少年儿童电影创作队伍，在少年儿童电影理论上也有所建树。中国儿童电影制片厂为繁荣发展中国的少年儿童电影事业发挥了重大的作用。

除了中国儿童电影制片厂的成立对少儿电影创作的积极促进作用外，中国儿童少年电影学会的成立也十分重要，因为这关系到少儿电影创作出来后的理论总结与批评鉴赏。据《电影艺术》1985年第2期上记者佟雪的《中国儿童少年电影学会成立》报道："经过一段时间的酝酿、筹备，中国儿童少年电影学会于1984年12月11日在北京官园中国儿童活动中心宣告成立。"据《电影艺术》1985年第6期上记者雪鸥的《祝"童牛"茁壮成长——首届儿童少年电影"童牛奖"评选侧记》报道，1985年，中国儿童少年电影学会受文化部、教育部、共青团中央、全国妇联委托，举办了中国儿童少年电影"童牛奖"。"童牛奖"暂定两年评选一次，1985年首评1983、1984两个年度生产的儿童片。以上这些举措均积极地介入少儿电影创作中，对于及时总结和反思少儿电影创作的成败得失具有重要的价值。同时，改革开放之后，中国的社会生活从"以阶级斗争为纲"转向了"以经济建设为主"，整个文化艺术界的环境和氛围变得更加宽松、自由，各种西方文化艺术思想传入中国，中国的文化艺术界经历着各种各样的变化，中国少儿电影理论与批评界自然也有了一个新的变化。

因此，20世纪80年代的少儿电影逐渐摆脱了以往"影以载道"的传统，开始向电影的本体和受众转变，特别强调少儿电影的"情趣"，也就是以儿童为本位的少儿电影创作理念。例如，电影评论家秦裕权在《谈谈"儿童情趣"》一文中特别提出了"儿童情趣"这样一个概念，他认为："儿童情趣是儿童的心灵、性格、语言、体态、动作的美的一种体现。儿童情趣，是一种揭示出了儿童的心理特点，展示出了孩子们的心灵秘密，刻画出了儿童的性格特色的东西；是一种能够表达出孩子们的美好感情、善良愿望和纯朴稚气、天真可爱的神情的东西；是一种能够展现出绚丽多彩的儿童世界，能使小观众感到亲切、熟悉、有趣的东西；是一种能激起小观众的欢乐情绪和活泼而广阔的想象的东西；是一种甚至也能把成年人带回到童年的情趣中去的东西……儿童情趣就蕴藏在儿童身上和他们的生活之中，一部作品富于儿童情趣是真实、生动地描绘了儿童生活的必然结果。但是，这并不是说儿童情趣是俯拾即是的，并不是随便截取一段儿童生活就能得到儿童情趣，它需要创作者熟悉和把握住儿童生活的各方面的特点，并进行挖掘、提炼，还需要有精心的艺术构思、新颖的表现手法……"为了说明这一观点，作者连续举出多个例子，如图文并茂的、适合学龄前儿童阅读的作品《三只小猫》，通过对三只小猫活泼、可爱、有趣的描写，反映出学龄前儿童本身的天真、稚拙、可爱的本色。再如峨眉电影制片厂和香港综艺影片公司合作拍摄的影片《熊猫历险记》，影片之所以富于儿童情趣，主要在于有一个别出心裁的构思和赋予了小熊猫鲜明的"性格"特色。这只小熊猫会开口说话，就像一个真正的小男孩一样，既能自己嘀咕，也能和别人对话，符合孩子们愿意和小动物说话的心理，并且满足了孩子们的这一愿望。影片中的小熊猫具有鲜明、有趣的"性格"特色，和孩子们的性格很相仿，容易引起孩子们的共鸣。最后，作者总结道："我们提倡的儿童情趣，我们要求儿童影片中具有的儿童情趣，是有思想和感情倾向性的。它本身就应该具有善和美的因素，同时，它又能引起小观众的更大的兴趣，去接受更多更深刻的、有益的内容。儿童情趣是整个作品的思想、艺术内容的血肉和色彩，而不是外在的或孤立的附加物。"[1]

正是在这样的思潮的影响下，20 世纪 80 年代的少儿电影特别注重少儿的"儿童本位主义"，强调少儿电影的创作不能成为成年人的传声筒，而要成为少年儿童喜闻乐见的艺术形式，因此，关于少儿电影的主题、儿童心理和审美观的研究就凸显出来。例如，汪天云在《主题·儿童心理·审美观——近年儿童电影小议》一文中，从三个方面论述了少儿电影。第一点，关于少儿电影的题材和主题。作者认为，儿童文学的作家、编剧和导演必须意识到其面临的一个重大职责——不断开拓儿童们喜爱的题材，提高孩子们对电影的鉴赏能力，这实质上是提高民族未来的智力和审美水平。作者把 20 世纪 80 年代以来的近 20 部少儿题材电影分为三类：第一类是描写儿童的转变（或由落后而先进，或由自私而团结），如《小海》《绿色钱包》《宝贝》《大虎》等均属此类；第二类是写做好人好事（包括大人做好事——关心孩子），如《四个小伙伴》《泉水叮咚》《闪光的彩球》等；第三类为光荣传统教育，如《鹿鸣翠谷》《赛虎》《将军扶我上战马》等片可谓代表，但是这些题材还是显得单调了一些。少儿电影的题材范围还可以进一步扩大，成功的例子有《飞来的仙鹤》《应声阿哥》《小刺猬奏鸣曲》《红象》等，而题材的新颖也有利于主题

---

① 秦裕权. 谈谈"儿童情趣"［J］. 电影新作，1983（4）.

不落窠臼。第二点，关于儿童电影与儿童心理。作者认为，既然是儿童片，那么出现在银幕上的一切应该是小观众们所感兴趣的，因为他们无法接受节奏缓慢、线条复杂、人物众多、故事冗长的作品，更不喜欢听了一遍又一遍的枯燥乏味的说教，而喜欢不断变化的具体事物。儿童观众和成人观众的最大区别就在于儿童去看一部电影时主要是感受，而不像大人那样做理性的分析。因此，影片具有鲜明的形象性和强烈的动作性成为儿童片至关重要的特征。与此同时，儿童心理上更容易接受轻松、明朗、快乐、有趣的信息，过于深奥、详尽的心理分析只会使小观众们感到茫然。所以，儿童片的关键并不在于影片的主人公是孩子还是成人，而在于如何适合儿童心理，简言之，也就是如何来"讲"这个故事。儿童片的全部特殊性就在于它的表现方法上的特殊性。第三点，关于儿童审美观的问题。在作者看来，儿童审美观的核心内容很难用几句话来概括，对于儿童来说，他们纯洁的心灵就像一张毫无瑕疵的白纸，成功的光辉投下的任何色彩都是美的，善占了主要比例，除了善以外还应该有真。真与善构成了孩子们心中的美感，这两者的矛盾产生了震撼童心的喜剧和悲剧。所以，以前有人以为给儿童的作品总该是明亮、优美、和谐的，其实不然，光有正面的"善"是不够的，还得把"真"的内容反映出来。①

二

除了以上侧重少儿电影创作的"儿童本位主义"外，20 世纪 80 年代的少儿电影创作和理论与批评还特别重视少儿电影的本体性研究。改革开放之后，中国的文艺理论批评逐步从社会历史批评转向了"文本"批评，即重视"文本"自身的艺术特点与规律的研究，少儿电影界的研究亦是如此。

李约拿的《儿童片随想录》一文，是新时期以来较早的一篇探讨儿童片本体特性的文章，作者从以下几个方面进行了论述："一、儿童片的对象：儿童片的服务对象，无疑主要是儿童。只有很好地研究服务对象的特殊性，才能很好地去服务。要了解儿童，则又必须认真研究儿童教育学、儿童心理学，掌握儿童心理发展的特点。……由此而设想，我们的儿童片，是否也能分为低幼片、儿童片、少年片，从而科学地对这三方面电影样式进行缜密的研究和探讨。我以为，在现今各门类科学都朝着纵深、精微方面发展的时代，为提高儿童片质量，我们应该有这三方面的明显分工。……文艺有三大作用：认识、教

---

① 汪天云. 主题·儿童心理·审美观——近年儿童电影小议 [J]. 上海师范大学学报（哲学社会科学版），1984（2）.

育、审美。我们的儿童片往往十分注重教育，而忽视认识和审美作用，这实际上是不懂得儿童心理的表现。……因此，严格遵循儿童心理发展的规律，很好地研究儿童片的现状和生产应是我国电影理论界认真研究的一个科学命题。目前的国产儿童片，之所以出现一些'说教式'的成人语言，往往就是没有很好注意服务对象的心理特点、艺术吸引能力和艺术欣赏的习惯，因而就显得生硬、不真实。""二、表现力的出新。我国的儿童片有着深厚的现实主义传统。……在恢复现实主义传统上是否还有出新呢？是否依据电影特性能从别的艺术表现手法上，借鉴一些东西，来丰富儿童片的艺术表现力呢？……因此，如果让儿童片用现实生活与童话相结合的形式出现，一定会受到儿童的欢迎。""三、想象力的开拓。……如果我们的儿童片，也充满这么富于儿童情趣的电影细节，这么富于想象力的生活场景，必将赢得更多的小观众。""四、题材的多样化。儿童片的题材，我以为是大有可为的。除需要反映当前四化建设中儿童现实生活外，我们还有很多领域没有去涉及。""五、儿童写、儿童评。……在全国儿童片的评奖活动中，我们是否走专家与儿童评奖相结合的路子，这似乎能更客观反映儿童的喜好，更充分反映他们的愿望。"①

相对于拍给成年人看的电影而言，少儿电影的创作实践和理论与批评总结相对是贫乏的，这对少儿电影的进一步发展是不利的。因此，及时地总结前人创作少儿电影的成败得失，对于今后的创作者来说至关重要。所以，新时期以来，对少儿电影导演和作品的研究主要始于 20 世纪 80 年代，其中黄健中在《电影艺术》1980 年第 6 期上发表的《崔嵬和他的儿童世界》是非常重要、非常有价值的一篇文章，对于我们今天的少儿电影导演和创作都富有启发意义。

黄健中在文中特别提到了崔嵬导演在儿童影片的理论和实践中留下的极其宝贵的经验。对于这些经验，黄健中总结为以下几点：第一，选择儿童演员的艺术。崔嵬强调为儿童片选儿童演员时，尤其要注意演员即角色，而不是演员表演角色。因为儿童演员只能表现本色。对于选择来的小演员，他很少看他们的朗诵和表演，偶尔看看也仅仅是从中了解孩子们的机灵程度，而不是"表演"的才能。崔嵬还认为，选择儿童演员和选择成年演员的方法不同。选择成年演员要考查他们的艺术素质、表演才能；而选择儿童演员则应该侧重考查他们生活中的性格和角色的性格是否一致。崔嵬导演最后选中的三个小演员——安吉斯、吴克勤、李小燕，都是一眼看中的，因为这些小演员符合他的

---

① 李约拿. 儿童片随想录［J］. 电影艺术，1983（6）.

要求。第二，是游戏，不是表演。在实际拍摄中，崔嵬导演拍摄的第一场戏就是大堤上嘎子和胖墩摔跤的戏，两天的时间，小演员安吉斯和吴克勤在"游戏"中出色地拍摄了一场重场戏。崔嵬导演巧妙地解除了小演员头上"表演"的紧箍咒。事后黄健中问为什么先拍这场戏，崔嵬导演说，道理很简单，我们要让他们去游戏，而不是让他们去表演。他们一旦觉得拍电影是一件很好玩的事，就会产生浓厚的兴趣，就会很容易进入规定情景中。崔嵬导演几乎不给小演员排戏，更多的是强调现场的即兴表演，即给小演员们创造最真实的环境气氛，然后在不知不觉中把他们引导到剧中的规定情境里，诱发他们第一次最真挚的情感。第三，形象的塑造。崔嵬导演经常强调，儿童影片中儿童形象的塑造除了时代的真实、地区的真实以外，还要注意儿童的真实。他反对儿童影片中的儿童说"大人话"、办"大人事"，失去儿童应有的性格特征；同时，他也反对为了追求儿童化，把故事搞成像小孩"过家家"那样的儿戏，或者让儿童装腔作势、矫揉造作地牙牙学语。他认为这两种都不真实。第四，你的观众是孩子——关于表现手段和蒙太奇的运用。儿童影片的表现手段和蒙太奇的运用应该和成年人影片有所不同。儿童借助形态、色彩、声音，即一般的感觉进行思维。因此，必须以儿童所能直接感受的具体形象对他们进行教育。具体的形象越鲜明越生动，在视觉艺术里就越能唤起儿童鲜明的情绪。崔嵬常说，儿童影片区别于成年人影片的特点不仅在于它表现什么，而更重要的是在于怎么表现。他喜欢看"小人书"，因为"小人书"和儿童影片很有缘，它既有电影镜头的分切，也有电影的构图。好的"小人书"画面本身就是生动的语言，所以儿童在学龄前接触书本都是从"小人书"开始的。这些都说明崔嵬导演在儿童影片创作中更重视视觉形象的魅力。①

　　除了导演的论述外，研究者的论述亦从不同角度切入少儿电影本体，并从理论上予以总结，如秦裕权的《儿童电影的"小年"——一九八三年的儿童片琐议》一文，作者从1983年的四部儿童电影——《扶我上战马的人》《小刺猬奏鸣曲》《熊猫历险记》《候补队员》入手，肯定了这四部儿童电影的优点，即特别引人注目的是儿童形象的创造和小演员的运用。导演和摄影师不再要求小演员机械地按照自己的安排去做戏，而是努力去追随和适应儿童形象和小演员的特点，从而使儿童形象不再是扭捏、造作、呆板、木然的，而显示出各自活泼可爱的特色。同时，作者也指出了这四部电影具有的缺点，即儿童电

---

① 黄健中. 崔嵬和他的儿童世界 [J]. 电影艺术, 1980 (6).

影中成年人形象的塑造还仍然是一个有待努力解决的重要课题。作为艺术作品，儿童片中不仅要努力塑造好儿童形象，而且同样要努力塑造好成年人的形象，成年人形象塑造的成败不仅会影响一部儿童片的艺术完整性和思想深度，而且会影响小观众对生活、对社会、对长辈们的认识，会影响影片社会效果。除此之外，儿童片还应该讲究悬念和情节。①

李约拿从"电影性"的角度对儿童电影《候补队员》进行了分析，这是新时期以来较早从"电影性"来分析儿童电影的。李约拿在《向儿童生活靠拢——〈候补队员〉电影性漫谈》一文中指出，《候补队员》是潇湘电影制片厂拍摄的第二部儿童影片。作者认为，这部影片的魅力，很重要一点就在于编导在艺术上的追求是"向儿童生活靠拢"。而本片的编导在总体构思上考虑到了生活的真实性，所以使得这部儿童片减少了一些说教味。导演较准确地把握住影片的焦点，即候补队员刘可子朝正式队员前进。这就是人物的行动性。同时，编导牢牢扣住了可子要强的个性特征。影片还大量地运用跟摇镜头，使得画面显得特别真实，而且能让观众在与摄影机一同移动的时候产生一种身临其境的感觉。影片中还有一些富于诗意的蒙太奇处理，如天安门前放五彩缤纷的风筝的画面，借喻宋老师去向黄教练报告刘可子进步的喜悦心情。而影片在色彩的运用上也是十分注意的，好的电影声音的运用，也就是影片在运用自然音响方面也是成功的，如街道嘈杂的声音、课堂上的杂音，这些声音糅进画面中，正好再现了学校生活的真实场景。电影对白语言往往在人物行动中进行，这使对白十分自然、简练，如在无轨电车上可子和团团的对白很符合孩子当时的口气。正因为发挥了电影各部门的作用，注意了电影性，才让观众深信不疑刘可子、根根是真实地生活在孩子们中间的，因此，这部儿童影片才产生出清新感、亲近感和美感，才具有了一定程度的电影魅力。然而《候补队员》虽然是一部在电影性上较有追求的儿童片，但也有不足之处。影片除刘可子、根根的形象能给人留下较深印象之外，宋萍老师、黄教练、可子妈等人物形象就显得很单薄、雷同。影片反映学校生活的深度、揭示少年儿童心灵的深度也是不够的。在反映时代气息上，多从电影技巧上去追求并不是上策，上乘之策还是从少年儿童内心世界的揭示上去反映时代特征。②

少儿电影"战争题材"研究也是此期出现的一个新的研究领域，因为新中国成立后，中国少儿电影中有很多表现少儿战争的影片，但相关的研究较

---

① 秦裕权. 儿童电影的"小年"——一九八三年的儿童片琐议 [J]. 电影艺术，1984 (6).

② 李约拿. 向儿童生活靠拢——《候补队员》电影性漫谈 [J]. 电影艺术，1984 (6).

少，至 20 世纪 80 年代开始出现了相关的研究。例如，曹勃亚《孩子眼中的情感世界——影片〈我只流三次泪〉观后》就是此期研究少儿战争电影的一篇代表作。作者指出，在中国少儿电影史中，战争题材的电影一直是一种重要的类型片，特别是 1949 年新中国成立后，反映中国少年儿童参与中国新民主主义革命战争的影片多了起来，更涌现出不少佳片，如《小兵张嘎》《鸡毛信》《闪闪的红星》等。在和平时期，表现军人孩子的影片《我只流三次泪》从一个新的角度揭示了新时期下军人孩子的心理世界，给人以新的冲击和启示。《我只流三次泪》由中国儿童电影制片厂摄制，王兴东、王浙滨编剧，斯琴高娃导演，本片主要展示了 20 世纪 80 年代军人儿子透明的、美好的、多彩的内心世界，在真挚、深切的父子思念之情中，从容不迫地展示了孩子眼中的军人、战争、社会和人生，以及战争给军人儿子所带来的特有的悲欢离合。

曹勃亚的这篇影评最大的亮点就在于揭示了本片在中国战争题材儿童片中的价值与意义："在某种意义上讲，儿童与战争的题材并非新话。《小兵张嘎》《鸡毛信》等儿童故事片都曾真实地再现了那个时代儿童的勇敢、机智和爱憎分明的情感。然而马悦却不能像张嘎子们那样，和父亲在同一环境下生活战斗，他离硝烟弥漫战场上的父亲是那样的遥远，维系他们的只能是情感和心理的交融。因此，写现实社会中活生生的人，写人性，写人情，着力于心灵的解剖，向人们（孩子和成人）内在的、外在的情感世界推进，开掘他们心中美的情感的本质，洋溢他们生命情感的活力，给观众以强烈的感情冲击，既是编导美学意识的追求和探索，也是影片张扬孩子内心情感世界的审美走向的必然，它的和谐统一显示出编导深厚的艺术功力。"①

综上所述，20 世纪 80 年代的少儿电影创作取得了较高的成就，与之相对应的少儿电影理论与批评不仅及时总结了创作的成败得失，还提出了 80 年代的两个重要命题：一个是少儿电影的"儿童本位主义"，即强调少儿电影的创作要以儿童的接受为本，而不是其他的标准。这种强调，一方面凸显了少儿电影的对象意识，另一方面也为少儿电影减压，去除掉了过去少儿电影所承载的一些过多的教化与训育的内容。另一个是少儿电影的本体性研究，这种研究包括了对之前优秀少儿电影导演及其作品的深入细致研究，也包括了从电影视听语言入手对电影本体的研究，而这些理论总结对于今后的少儿电影创作具有重

---

① 曹勃亚. 孩子眼中的情感世界——影片《我只流三次泪》观后 [J]. 电影艺术，1988（6）.

要的示范意义。

参考文献

[1] 张之路. 中国少年儿童电影史论 [M]. 北京：中国电影出版社，2005.
[2] 林阿绵. 中国儿童电影编年纪事 [M]. 北京：中国电影出版社，2012.

（本文系北京市社会科学基金项目研究成果，作者彭笑远为北京青年政治学院社科部副教授，周金凯为北京青年政治学院英语系讲师）

论陆游闲适诗创作的精神渊源

李建英

　　钱钟书先生在《宋诗选注》里指出："陆游的作品主要有两方面：一方面是悲愤激昂，要为国家报仇雪耻，恢复丧失的疆土，解放沦陷的人民；一方面是闲适细腻，咀嚼出日常生活的深永的滋味，熨贴出当前景物的曲折的情状。"① 陆游的闲适诗，主要是指与其悲愤激昂的爱国诗相对的心境比较闲适的诗歌，包括表现其归隐躬耕的闲情逸致的，田园诗、山水诗中表现闲适情调的，表现日常起居生活和文人闲适生活的，以及表现亲情与家乡父老之情的诗歌。这些诗歌在精神上往往表现出洁身自好、安贫乐道、怡然自足等特点。

　　闲适诗在陆游近万首诗中占了约2/3 的比例，也取得了很高的艺术成就。陆游的闲适诗，总体来看，在内容和艺术风格方面都集前人之大成，同时又具有自己鲜明的特点。其闲适诗描写了多样化的内容，题材之广泛，描写之细腻深入，超过前人。作为一名爱国诗人，在其大量的闲适诗中仍隐含有壮志难酬的苦闷。作为宋代的诗人和文人，陆游闲适诗带有浓厚的时代特色，表现出宋代文人士大夫的精神气质及优雅生活情趣。

　　陆游的闲适诗能取得如此高的成就，与其自觉而广泛地对前人的学习相关。在中国古代诗歌史上，可以说没有任何一个诗人像陆游那样广泛地学习前人，熔铸各家之长。赵仁珪《宋诗纵横》曰："《诗经》之风雅，屈原之浪漫，陶渊明之淳朴，王维之静穆，岑参之恣肆，李白之壮浪，杜甫之沉郁，梅尧臣之古淡，苏轼之飘逸，黄庭坚之学力，曾几之规矩，吕本中之流转，都能在陆诗中找到痕迹。"② 在精神气质上，对陆游闲适诗创作影响较大的诗人主要有陶渊明、杜甫、白居易和苏轼。

---

① 钱钟书. 宋诗选注 ［M］. 北京：生活·读书·新知三联书店，2002：172.
② 赵仁珪. 宋诗纵横 ［M］. 北京：中华书局，1994：227.

一、陆游对陶渊明的学习

陆游的闲适诗，从精神渊源来看，首推陶渊明。陆游倾心于陶渊明，从青少年时就开始了。陆游在《跋渊明集》中说："吾年十三四时，侍先少傅居城南小隐，偶见藤床上有渊明诗，因取读之，欣然会心。日且暮，家人呼食，读诗方乐，至夜，卒不就食。"① 陆游在十三四岁时就能对平淡的陶诗"欣然会心"，可见其天性中有一种和陶渊明"质性自然"相同的气质。陆游早年曾以陶渊明《读山海经》"孟夏草木长，绕屋树扶疏"为韵写了《和陈鲁山十诗》，可见对陶诗的喜爱。陆游中年时曾一度抛开陶渊明，而当后来一次又一次地遭受打击，一次又一次地失望时，尤其是淳熙八年（1181）为臣僚所伤而罢官之后，陆游又转向了陶渊明，并且日益与陶渊明亲近了。该年，陆游作《小园》四首，描写自己"卧读陶诗未终卷，又乘微雨去锄瓜"的生活。

淳熙十三年（1186），陆游62岁，除朝奉大夫知严州。短暂的3年游宦之后，淳熙十六年（1189）冬，65岁的陆游为谏议大夫何澹所劾，罢官返故里。此后20年的时间，除嘉泰二年（1202）在78岁时以元官提举佑神观兼实录院同修撰兼同修国史入都修史之外，其余时间陆游基本上都在家乡山阴度过。陆游在深刻地思考人生进退出处的问题后，决意不复仕宦，而专心地沉浸到淳朴的乡村生活中。陆游过着和陶渊明一样的躬耕田园的生活，陶渊明的精神深深融于陆游的思想中。陆游在诗中反复写有对陶诗的喜爱和对陶渊明的认同："数行褚帖临窗学，一卷陶诗傍枕开。"② "柴荆终日无来客，赖有陶诗伴日长。"③"归舟莫恨无人语，手把陶诗侧卧看。"④ 他和陶渊明一样深深体会到离开官场的轻松与快乐，觉"今是而昨非"："身外极知皆梦事，世间随处有危机。故山松菊今何似，晚矣渊明悟昨非。"⑤ "酒徒莫笑生涯别，久矣渊明悟昨非。"⑥ 陶渊明成了陆游的精神寄托，陆游作诗时常常抽取陶诗中的一些典型意象作为诗歌的标题，如《吾庐》《北窗》《东篱》《荷锄》等。"爱吾庐"的

---

① 陆游. 陆游集·渭南文集 [M]. 北京：中华书局，1976：2252.
② 出自陆游《初夏野兴三首其三》。钱仲联. 剑南诗稿校注 [M]. 上海：上海古籍出版社，2005：2802（说明：后文所引陆游诗均出自该版本，只标注页数）.
③ 《二月一日作》，第2996页。
④ 《冬至初至法云》，第3229页。
⑤ 《昼卧》，第668页。
⑥ 《偷闲》，第827页。

意象不断出现在陆诗中："不成筹国论，且复爱吾庐。"① "平生济时意，却作爱吾庐。"② "如今更何憾，终作爱吾庐。"③ "此身犹是幻，况复爱吾庐。"④ 在这些诗句中，我们可以看到陆游在精神上与陶渊明的契合。虽然陆游的主导思想是儒家的积极入世，但在官场上起起落落20年之后，诗人已清楚地看到自己的理想是不可能实现的。仕途的挫折与对田园生活的向往使他转向了陶渊明，陶渊明淡泊宁静、不慕权贵、安贫乐道、顺应自然等精神深深影响了陆游。

在唅咏学习陶诗的过程中，陶渊明的人格已深深地影响到陆游。陆游追慕陶渊明蔑视权贵、独守幽贞的凛然气节："高情守幽贞，大节凛介刚。乃知渊明意，不为泛酒觞。折嗅三叹息，岁晚弥芬芳。"⑤ "君子尚大节，又甚恶不情。……去圣虽已远，江左见渊明。我读饮酒诗，朱弦有遗声。"⑥ 陆游以陶渊明的品格自勉："学诗当学陶，学书当学颜。正复不能到，趣乡已可观。养气要使完，处身要使端。勿谓在屋漏，人见汝肺肝。节义实大闲，忠孝后代看。汝虽老将死，更勉未死间。"⑦ 陆游还学习陶渊明乐天知命、安贫乐道的精神，在贫困的生活中，将陶渊明作为自己的精神支柱："陶令常耽酒，庞翁不出家。安贫炊麦饭，省事嚼茶芽。"⑧ "籴米归迟午未炊，家人窃闵乃翁饥。不知弄笔东窗下，正和渊明乞食诗。"⑨ "宁乞陶翁食，难餔楚客糟。"⑩

陆游的田园诗，继承了陶渊明对自然意趣的体会和委运顺化的思想。田园，在陶渊明笔下意味着返璞归真、摒弃矫饰。陶渊明弃官归隐，在田园中追求符合天性的人生，从大自然中体悟真意，其田园诗"不以观赏田园之美为目的，而以表现领悟自然、适其天性的乐趣为宗旨"⑪。陆游的田园诗，也继承了陶渊明对自然意趣的领会，表现出对自然之道的体悟。如其《小园》：

> 小园烟草接邻家，桑柘阴阴一径斜。卧读陶诗未终卷，又乘微雨去锄瓜。

---

① 《早春四首其一》，第1876页。
② 《夜分复起读书》，第2104页。
③ 《致仕后述怀六首其二》，第2499页。
④ 《省事三首其二》，第2566页。
⑤ 《陶渊明云三径就荒松菊犹存盖以菊配松也余读而感之因赋此诗》，第1473页。
⑥ 《杂兴十首以贫坚志士节病长高人情为韵其十》，第3100页。
⑦ 《自勉》，第3888页。
⑧ 《即事》，第2257页。
⑨ 《贫甚戏作绝句其八》，第3580页。
⑩ 《雨欲作步至浦口》，第3809页。
⑪ 葛晓音. 诗国高潮与盛唐文化［M］. 北京：北京大学出版社，1998：120.

诗人在小园中读诗、锄瓜，顺应自然的节奏，体味躬耕生活的朴素自然，感受大自然的美好，与陶渊明在《归园田居》中所写的躬耕生活十分相似。而诗人的心境也和陶渊明一样，是"衣沾不足惜，但使愿无违"①。还有一首作于淳熙十一年（1184）的《小园》：

> 松菊仅三亩，作园真强名。驯禽惊不去，熟果坠无声。倦就盘陀坐，闲拈即栗行。茅亭亦疏豁，凭槛看春耕。

此诗是陆游 60 岁时在山阴三山别业所作，这时诗人被赵汝愚劾落奉祠，已是第 5 个年头。诗人在驯禽的悠闲自在、熟果的无声坠地中体味自然之静谧与化迁，而自己对生活的态度也是顺应自然："倦就盘陀坐，闲拈即栗行。"

在田园诗中，陆游写到了自己朴实自然的生活和淡泊宁静的心态，这种生活蕴含着陶渊明所说的"真意"。如《舍北行饭》：

> 饭饱逍遥信所之，芰塘蔬圃遍游嬉。梧楸凋落风高后，瓜瓠轮囷雨足时。犬喜人归迎野路，鹊营巢稳占低枝。晚来懒复呼童子，自掩柴门上蓽筊。

饭后随意而行，所见之芰塘蔬圃、梧楸凋落、瓜瓠轮囷，莫不顺应物候，犬喜人归，鹊营巢稳，万物各得其所，诗人信步而行，天晚而归，自掩柴门，生活简朴而温馨，内心宁静而充实。再如另一首《小园》：

> 新作小溪园，牵藤迳缚门。钓船横北渚，樵路接东村。静坐依林樾，慵眠傍竹根。还家日已夕，栖雀闹黄昏。

"静坐依林樾，慵眠傍竹根"的生活悠闲而自在，不刻意追求什么，而生活的真谛在"栖雀闹黄昏"的群动群息中已了悟于心。

二、陆游对杜甫、白居易、苏轼的学习

陶渊明之后，对闲适诗做进一步开拓的是杜甫，杜甫发展了陶渊明写山水田园、亲情乡邻之情的闲适诗，将陶诗中爱生活、人情味浓厚的特点进一步发扬光大，其闲适诗更加充满了热情的特点。至中唐白居易明确提出写"闲适诗"，大大发展了日常生活闲适诗。北宋苏轼继承白居易闲适诗的特点，将闲适诗发展得更为丰富多彩。陆游的闲适诗，继承了杜甫、白居易和苏轼一路发

---

① 出自陶渊明《归园田居其三》。陶渊明集 [C]．逯钦立，校注．北京：中华书局，1995：42．

展下来的闲适精神。

陆游对杜甫、白居易和苏轼的学习，在诗中多有表述。陆游在诗文中多次谈到对杜甫的看法，据徐丹丽统计，《剑南诗稿》中有 29 处提到了杜甫①，《渭南文集》中则更多。陆游论杜，看起来着重其忠君爱国之情怀与诗歌思想内容之博大精深。突出的言论，如《读杜诗》中的"后世但作诗人看，使我抚几空嗟咨"，《游锦屏山谒少陵祠堂》中的"文章垂世自一事，忠义凛凛令人思"，《白鹤馆夜坐》中的"中间李与杜，独招湘水魂"，等等。这些言论有借别人之酒杯，浇自己之块垒之感。从创作的实际情形来看，杜甫重人情、爱自然、爱生活的仁者情怀显然也极大地影响了陆游。

陆游对白居易的学习，从陆游自己的表述来看，诗集中有《读乐天诗》《冬日读白集，爱其"贫坚志士节，病长高人情"之句，作古风》十首，以及《杂兴十首以"贫坚志士节，病长高人情"为韵》《白乐天诗云："倦倚绣床愁不动，缓垂绿带髻鬟低。辽阳春尽无消息，夜合花前日又西。"好事者画为倦绣图。此花以五六月开山中，多于茨棘，人殊不贵之，为赋小诗以寄感叹》，另有"闭门谁共处，枕藉乐天诗"之类的句子，都可见陆游对白诗的喜欢。

陆游对苏轼极为景仰。在《施司谏注东坡诗序》②里，陆游谈到东坡诗"援据闳博，指趣深远"，很难作注。范成大曾几次让陆游作一书，以明发东坡之意，陆游自谢不能，可见陆游对东坡诗的深入理解。《渭南文集》中有《跋东坡诗草》《跋东坡祭陈令举文》《跋东坡七夕词后》等，都是对东坡具体作品的赞赏，可见陆游对东坡作品的熟悉。陆游在《玉局观拜东坡先生海外画像》和《眉州披风榭拜东坡先生遗像》两诗里，则对东坡一生的经历、创作及东坡之仙姿风神做了总体描绘，让人可以想象陆游对东坡的倾慕神往之情：

> 商周去不还，盛哉汉唐宋。苏公本天人，谪堕为世用。太平极嘉祐，珠玉始包贡。公车三千牍，字字炭飞动，气力倒犀象，律吕谐鸾凤。天骥西极来，矫矫不受鞚。飞腾上台阁，废放落云梦。至宝不侵蚀，终亦老侍从。晚途迁海表，万里天宇空，岂惟骑鲸鱼，遂欲跨蠛蜋。心空物莫挠，气老笔愈纵。粃糠郊祀歌，远友清庙颂。我生虽后公，妙句得吟讽。整衣拜遗像，千古尊正统。（《玉局观拜东坡先生海外画像》）

---

① 徐丹丽. 论"放翁前身少陵老"的真正内涵［J］. 杜甫研究学刊，2005（1）.
② 陆游. 陆游集·渭南文集［M］. 北京：中华书局，1976：2106.

蜿蜒回顾山有情，平铺十里江无声。孕奇蓄秀当此地，郁然千载诗书城。高台老仙谁所写，仰视眉宇寒峥嵘。百年醉魂吹不醒，飘飘风袖筇枝横。尔来逢迎厌俗子，龙章凤姿我眼明。北屏南海均梦而，谪堕本自白玉京。惜哉画史未造极，不作散发骑长鲸。故乡归来要有日，安得春江变酒从公倾？（《眉州披风榭拜东坡先生遗像》）

陆游对杜甫、白居易和苏轼的学习是多方面的，此处只从闲适精神方面来看陆游对这几位诗人的继承。

首先，陆游继承了这几位诗人热爱生活、从日常生活中发现美的人生态度。杜甫、白居易和苏轼都充满了对生活的强烈热爱，强烈关注日常生活。他们能在平凡琐碎的生活中发现乐趣，发现生活真谛，获得心灵的享受。在他们的诗歌中，大自然的花开花落、鸟飞鱼跃，日常生活中的小事，喝一杯酒、饮一杯茶、吃一顿饭，甚至是洗一次脚、睡一个午觉，都能引起他们的兴趣，激发起他们的诗情，从而将其表现在诗歌中。杜甫笔下那"自去自来梁上燕，相亲相近水中鸥。老妻画纸为棋局，稚子敲针作钓钩"①"舍南舍北皆春水，但见群鸥日日来"②"风含翠筱娟娟净，雨裹红蕖冉冉香"③"黄四娘家花满蹊，千朵万朵压枝低。留连戏蝶时时舞，自在娇莺恰恰啼"④"昼引老妻乘小艇，晴看稚子浴清江"⑤ 等充满生机的景物与淳朴闲适的生活，由衷地流露出诗人"热爱现实人生的赤子之情和民胞物与的博大襟怀"⑥。

白居易的闲适诗，"主要写诗人自己在闲暇时间里，转换身份、摆落仕宦的束缚，从事自我喜爱的活动。这些活动通常也不是能够强烈震撼读者心扉的大事件，只是招客宴饮，或者'置却人间事，闲从野老游'，或者远离世间喧闹在山亭下棋钓鱼，甚或无事可做只是吃饭和睡觉，他都认真地将闲暇生活的安排和感受写入诗里，而这种感受往往又是他对人生的真实体验，所以是具体的，生动的"⑦。仅从诗题来看，像《沐浴》《春眠》《睡起晏坐》《烹葵》《食笋》《卧小斋》《惜小园花》《食饱》这类写个人生活和感受的诗歌，在白

① 出自杜甫《江村》．仇兆鳌．杜诗详注［M］．北京：中华书局，1979：746．

② 出自杜甫《客至》．仇兆鳌．杜诗详注［M］．北京：中华书局，1979：793．

③ 出自杜甫《狂夫》．仇兆鳌．杜诗详注［M］．北京：中华书局，1979：743．

④ 出自杜甫《江上独步寻花七绝句其六》．仇兆鳌．杜诗详注［M］．北京：中华书局，1979：818．

⑤ 出自杜甫《进艇》．仇兆鳌．杜诗详注［M］．北京：中华书局，1979：819．

⑥ 蓝旭．论杜甫诗中的自适主题［J］．文学遗产，1995（5）．

⑦ 毛妍君．白居易闲适诗研究［D］．西安：陕西师范大学，2006：120．

居易诗集中比比皆是。

至于苏轼，"他能用极富人情味的观点来对待各种生活，并从各种生活中发现美好，发现哲理，发现生命和生活的真谛。他能充分享受顺境时的日常生活，并能从中发现美。日常生活在苏轼看来并不单调，他从不避讳物质享乐，包括口腹之乐、饮酒之乐、品茶之乐、丝竹之乐、沐浴之乐以至声色之乐。当然，他更注重的是精神之乐和翰墨之乐"①。读他的《旦起理发》——"老栉从我久，齿疏含清风。一洗耳目明，习习万窍通"、《夜卧濯足》——"况有松风声，釜鬲鸣飕飕。瓦盎深及膝，时复冷暖投"，读他的"长江绕郭知鱼美，好竹连山觉笋香"②"活水还须活火烹，自临钓石取深清。大瓢贮月归春瓮，小勺分江入夜瓶"③，只觉活色生香，美味无穷。

陆游的闲适诗中，这样的生活情趣有增无减，对生活的热爱洋溢在诗歌中，弥漫着一层温馨的情趣。王士禛《带经堂诗话》曰："务观闲适，写村林茅舍、农田耕渔、花石琴酒事，每逐月日，记寒暑。读其诗如读其年谱也。"④在这"年谱"中，有"焚香细读斜川集，候火亲烹顾渚茶"⑤的读书烹茶之闲适，有"把酒梅花下，不觉日既夕。花香袭襟袂，歌声上空碧。我亦落乌巾，倚树吹玉笛"⑥的赏花饮酒之潇洒，有"青菘绿韭古嘉蔬，莼丝菰白名三吴。台心短黄奉天厨，熊蹯驼峰美不如"⑦的饮食之美，让人深深感受到陆游对生活的热爱之情。

其次，陆游继承了这几位诗人尤其是杜甫和苏轼人情味浓厚的特点。杜甫和苏轼的闲适诗中充满了浓浓的人情味。他们对于家人、朋友、乡邻，都充满了热爱与关怀之情。人伦之情，许多诗人都写到过，但如果说在诗中大量表现这方面的至情至性者，当数杜甫和苏轼最为突出。杜甫被梁启超誉为"情圣"，诗中写亲情的名篇如《月夜》《月夜忆舍弟》，以及《乾元中寓同谷县作歌七首》其三、其四等，都感人至深；写友情，则有《春日忆李白》《梦李白》《不见》《寄李十二白二十韵》等；至于诗人与邻人的感情，在《羌村三首》《客至》《遭田父泥饮美严中丞》等诗篇中都有生动的表现。苏轼和杜甫

---

① 赵仁珪."诗人情味"最动人 [J]. 求索，2002（2）.
② 出自苏轼《初到黄州》. 苏轼诗集 [M]. 孔凡礼，点校. 北京：中华书局，1982：1031.
③ 出自苏轼《汲江煎茶》. 苏轼诗集 [M]. 孔凡礼，点校. 北京：中华书局，1982：2362.
④ 王士禛. 带经堂诗话卷一 [M]. 清乾隆间刻本.
⑤ 《斋中弄笔偶书示子聿》，第2604页.
⑥ 《大醉梅花下走笔赋此》，第744页.
⑦ 《菜羹》，第3437页.

一样，若把他称为"情圣"也不为过。苏轼对弟弟苏辙、妻子王弗、爱妾朝云的深挚感情，发为诗词，脍炙人口；对于儿孙子侄，充满慈爱与关心；对于下层人民和老百姓，皆视为朋友，苏轼说自己眼中所见，无一个不是好人。赵仁珪将苏轼称为最伟大的"人情主义"者，这指出了苏轼最突出的特点。

陆游的闲适诗，写亲情、乡邻之情的，随手可拾，内容丰富，真切动人。"学经妻问生疏字，尝酒儿斟潋滟杯"[①] 的与家人相处的欢乐，"喜见吾家玉雪儿，今朝竹马绕廊嬉。也知笠泽家风在，十岁能吟病起诗"[②] 的做父亲的欣慰，"薄暮耕樵归，共话衡门下"[③] 的与乡邻的相见语依依，"同尝春韭秋崧味，共听朝猿夜鹤声"[④] 的与邻居的情同手足，都让我们看到陆游十足的人情味儿。真正伟大的诗人必然是情感丰富的人，叶嘉莹先生论诗，即非常强调诗人发自内心的真实情感。只有发自内心的情感才能打动别人，伪装出来的情是不动人的。情感是多方面的，像杜甫、苏轼和陆游，他们怀有典型的儒家所提倡的"仁者"情怀，爱亲人，爱邻人，从而推开来，以至天下百姓。丰富而真挚的情感基石正是他们能成为伟大诗人的原因之一。

最后，陆游继承了这几位诗人在苦难中寻求超脱的精神。杜甫一生漂泊无依，经常衣食不继，历经磨难和艰辛，但仍对生活充满热爱，表现出面对苦难的坚强。苏轼一生仕途坎坷，曾一度陷入牢狱，晚年又远谪广东、海南等蛮荒之地，但苏轼笑对人生，在苦难中完成了对自己的超越，唱出了乐观旷达之歌。正如赵仁珪所说："苏轼还善于以旷者的胸怀、达人的修养、哲人的睿智来对待逆境中的苦难生活，并能在对苦难生活的咀嚼中，在对痛苦经历的体验中，在对不公遭遇的抗争中，在对黑暗政治的揭露中，把这些人类有时很难抗拒的苦难人生发掘出来，展示出来，把它撕成碎片，加以咀嚼，并在反复的咀嚼中，经过品味、体悟、分析、整合，从而使这些痛苦也变成一种美——一种悲剧美；从而使人体验出除了愉悦美之外，还有一种更深沉的、更震撼人心的悲剧美。"[⑤] 白居易虽不像杜甫和苏轼那样经历苦难，但也仕途受挫，遭受打击，他同样能用知足保和的心理来调适自己，使自己能达观地对待生活。陆游从他们身上学习到对待挫折的乐观旷达精神，在打击和困难中仍能爱生活、享

---

① 《闲意》，第 729 页。
② 《喜小儿病愈》，第 1471 页。
③ 《村居》，第 3551 页。
④ 《示邻曲》，第 3487 页。
⑤ 赵仁珪.《诗人情味》最动人 [J]. 求索，2002（2）.

受生活，但这种享受不是醉生梦死，而是从精神上超越现实政治和生活带来的苦难和打击，从而从容地、审美化地对待生活，创作出带给人愉悦的精神享受的闲适诗歌。

参考文献

［1］钱钟书. 宋诗选注［M］. 北京：生活·读书·新知三联书店，2002.

［2］赵仁珪. 宋诗纵横［M］. 北京：中华书局，1994.

［3］葛晓音. 诗国高潮与盛唐文化［M］. 北京：北京大学出版社，1998.

［4］徐丹丽. 论"放翁前身少陵老"的真正内涵［J］. 杜甫研究学刊，2005（1）.

［5］蓝旭. 论杜甫诗中的自适主题［J］. 文学遗产，1995（5）.

［6］毛妍君. 白居易闲适诗研究［D］. 西安：陕西师范大学，2006.

［7］赵仁珪."诗人情味"最动人［J］. 求索，2002（2）.

（本文系北京市教委科研计划项目研究成果，作者为北京青年政治学院国际学院副教授）

网络媒体中类型小说的叙事传播研究

雷丽平

作为大众文化的典型代表，好莱坞生产的电影、电视剧之所以能在世界范围内被广泛接受，除了本身优秀的叙事技巧之外，还因为其包含了一种普世的、符合大众基本伦理的人之常情的价值观。这也是我们网络类型小说创作和文化传播要解决的一个重要问题。

网络类型小说可以作为话语和价值观对话的场所，也可以被当作艺术趣味、社会理想在其中进行抵触、妥协的公共领域来加以研究。西方马克思主义代表人物哈贝马斯认为："道德必须在公共交往过程本身中确立下来。"他引用曼宁的话总结道："合法性不是来源于先定的个人意愿，而是个人意愿的形成过程，亦即话语过程本身……合法的决定并不代表所有人的意愿，而是所有人讨论的结果。赋予结果以合法性的，是意愿的形成过程，而不是已经形成的意愿的总和。"① 也就是说，哈贝马斯认为，"公共领域"的建设不是由哪个集团和个人占据的媒体最有力，也不是哪个人说的话就是真理来决定的，而首先取决于交往是否在一个具有公共性的领域，这个公共领域是具有理性的、合法性交往模式的。

用哈贝马斯的"公共领域"概念来考察网络类型小说现象，也是十分贴切的。网络类型小说的创作、欣赏、讨论就是现代社会"公共领域"的重要组成部分。在审美范畴，它是我们普通读者形式趣味和社会理想、人的情感的交叉点。它的生产和交流包含着公众性和交流的互动性。每一个独立的个体如何在心灵上取得沟通，哪些因素加强或阻碍了他们在这些领域的交流？哈贝马斯认为，要治愈文化割裂及其文化与生活分裂的状态，只有"从改善美感经验的地位入手，尤其是当美感经验无法以表达趣味判断为主的时候"。他认为，现在应该把美感"用来探索某种感性的历史经验"，即让"这种美感经验

---

① ［德］哈贝马斯. 公共领域的结构转型 ［M］. 曹卫东，王晓珏，等，译. 北京：学林出版社，1999：23.

和人类生存之间发生联系"，才能使其"变成语言游戏规则的一部分，而语言游戏规则就不再是美学批评了"，美感经验参与了"认识过程和规范的期待"①，美感经验改变了在那些不同阶段彼此相互指涉的流行模式。哈贝马斯想从艺术中得到的东西及从艺术中汲取的经验，其实就是试图去填平认识、道德和政治话语之间所存在的鸿沟，从而开辟经验统合之路。

在某种意义上，我们可以将网络类型小说看作一个大众意愿形成的过程，是一个话语交换的领域。网络类型小说的生产作为一种艺术活动，是社会精神活动的一种，它本身既是一个独立的活动形式，同时又从属于整个社会精神活动的范畴，作为社会深层神话的集体无意识内核在网络类型小说中的显现是很明显的。

在交流形式上，网络类型小说与其他公共领域的交流模式（如电视节目、政治经济、新闻报道等）不一样，它存在于感性、形象中。它有更多的读者追求和利润谋取，有更少的人为干预和事先的构思。它具有更多的参与性和整合性。英国文化研究者莫利说："公共领域的体制，其核心是由被报纸及后来大众传媒放大的交流网组成的。这个网络使由艺术爱好者组成的公众得以参与文化的再生产，也使作为国家市民的观众得以参与以公共舆论为中介的社会整合。"②

当代网络小说的类型化体现了当代文化的多元化，是当今时代和社会精神生活的表征，也是符合当今消费时代的文化产品，大多数类型作品只是被消费一次，而且好多作品在创作的时候作者心里是有读者的，更有些作者是为迎合大众的心理来写作的，符合消费者的阅读兴趣、趣味，就像量体裁衣、专门定做一样。

通过对网络类型小说做系统的、整体性的研究，我们可以发现，有些主题被持续关注，有些社会功能是固定的，一些英雄的塑造是特定的，有些场景或者小道具是反复出现的，某些故事结构是可以预期的。从中可以看出，某种类型的小说是有固定模式的，这种模式可以被看作类型的仪式，它们有共同的社会功能和形式惯例。某种意义上，类型是一个形式趣味与社会观念的统一王国。

---

① ［法］让—弗朗索瓦·利奥塔. 后现代状况：关于知识的报告 ［M］. 岛子，译. 长沙：湖南美术出版社，1996：196.

② ［英］莫利. 电视、观众与文化研究 ［M］//陆扬，王毅选. 大众文化与传媒. 上海：上海三联书店，2001：94.

一、网络类型小说表现的内容、方式、叙事模式

目前，网络类型小说在创作和欣赏上已经形成了一整套明显的、较为固定的模式，其特征如下。

（1）作品中创造的是集体神话，塑造的是理想中的当代英雄，描写和表现的是当代社会大众的心理情结。这里说的社会大众的心理情结是指困扰人类的情感困境和带有永恒意义的"迷思"（myth）。

网络类型小说是符合社会主流价值观和大众文化心理愿望的。网络类型小说表现的是人类的种种生存问题，表达的是各种社会心理情结，通过非写实、梦幻、强化等艺术手法，类型小说塑造了许多当代英雄形象。这些英雄有的是现实生活中的强者，在事业、爱情上都得意；有的是幻想中的英雄，回到历史的某个瞬间呼风唤雨，除暴安良，比如《诛仙》中的主人公张小凡；还有能赢得多人爱情的美人，比如《步步惊心》中的主人公若曦。网络类型小说中的英雄是集体体验、集体选择的理想形象，即当下现实生活中的男性英雄主人公大多属于"高富帅"，女性英雄主人公大多属于"白富美"。

（2）使用模式化叙事体系，创造定型化人物。网络类型小说在叙事形态、人物塑造等方面都采用程式化手法。这种手法的传播好处是方便网络作家创作，也方便读者阅读。

每一种网络类型小说都有较为固定的艺术形式系统。读者在文学网站的栏目频道进行选择时会根据自己的喜好选择相应类型的小说来阅读，每一种类型的叙事方式、人物形象、环境描写、情感风格等都有一些基本的套路，这些是读者非常熟悉、创作者严格遵守的基本套路，如言情小说中的灰姑娘、仙侠小说中的英雄、惊悚小说中的奇险情境等。

（3）非写实主义手法的应用。网络类型小说着重使用的是非写实主义手法，这不仅体现为模式化的叙事体系、定型化的人物塑造，不同社会心理情结在不同类型的小说中被不同程度地关注，还表现为夸张的人物塑造、变形或奇险的生活环境。与《阿Q正传》《围城》《芙蓉镇》等写实主义文学相比较，就可以看出非写实主义小说的特征：叙事的程式化；人物的类型化；唯美、变形的环境描写；语言的大众化。

（4）网络类型小说在过去十几年中是不断发展变化的，不仅遵从既有的模式，同时还创造、改变、综合现有的模式。如2006年以来比较受欢迎的穿越小说，就是在结合了历史、玄幻等小说的基础上新创造出来的。

在类型小说中，最为紧张的是"成规"和"创新"之间的矛盾关系。类型小说的主要经验就是对那些大众耳熟能详的艺术形式的吸收与借鉴、模仿。但是，样式陈旧、观念保守的类型小说也会遭到大众的厌烦，所以，网络类型小说要做到有新意、创新，才能满足大众追逐新鲜感觉的要求。这样，类型小说的创新就成为一个十分辩证的行为，创作者首先要熟悉类型小说的特点，在类型化的基础上进行创新，否则就会天马行空而没有任何约束，那么在类型小说的创作中离失败也就不远了。

二、网络类型小说传播的社会价值功能——当代神话与白日梦

类型小说为什么长盛不衰，传播久远，为什么几种类型模式就可以集中那么多故事？为什么同样类型模式的故事反复得到大众的喜爱，这是不是只是网站盈利的单面输入？通过研究我们可以看到，类型小说不仅仅是现代文化的产物，同时，它是有自己的内在文化传承的，类型小说在深层表现了现代人的心理矛盾和价值崇尚，显示了大众的心理密码，在这个意义上，网络类型小说可以说是当代神话。

说到神话，这是人类远古以来就有的文化现象。"在古希腊语里，'神话'（mythos）表示任何真实的或不真实的故事或情节……神话体系是曾经被特定的文化群落认为是真实的，并流传下来的故事体系。它为社会的习俗惯例和被认可的约束人们行为的准则提供依据；也用来解释超自然的神的意象和行为的观点。"①

我们说网络类型小说是神话，就是说它是现代社会的"史诗"，它的作用与盘古开天辟地、大禹治水、女娲补天这类神话故事对人类心灵的慰藉作用是相同的。它要为当今社会把脉，要回答"做人要做这样的人"的问题，要为人们的行为准则提供依据。今天我们说类型小说是神话，虽然它与远古的神话在故事和英雄形象的塑造上有很大的不同，但其达到的功能和社会、心理作用是相同的，处理的都是困扰人类的根本问题、人类的迷思。

网络类型小说中超凡的想象力还与人们摆脱现实生活的真实处境有关。神话（或白日梦）想象世界的方式，不仅是我们理解世界的方式，也是我们表达自己的重要方式，这不仅可以弥补现实生活中的不足，还承担着心理代偿功能。于是，现实生活中的壮志未酬者，能够在玄幻虚拟的时空小说中成就一番

---

① ［美］M. H. 艾布拉姆斯. 欧美文学术语词典［M］. 朱金鹏，朱荔，译. 北京：北京大学出版社，1990：199.

伟业；现实生活中的情感不得意者，能够在虚拟的言情小说中收获一段浪漫美好的爱情；现实生活单调乏味者，能够在臆造的悬念小说中去遭遇一连串的惊险与意外；现实生活单一，而想象的世界无限；现实世界苍白，而想象的世界却丰富多彩。

　　这种研究思路不是仅仅局限于通过作品表层去分析作品的深层意义。类型小说的神话研究是在探寻现代艺术与我们深层心理的关系。弗莱说："神话的典型形式成为文学的惯例和类型。"① 弗莱的学说受到奥地利心理学家古斯塔夫·荣格的影响。

　　卡尔·古斯塔夫·荣格（1875—1961）是弗洛伊德的学生，他与老师都很重视人的深层心理中无意识的研究及潜意识在每个人的意识和人格中的作用。荣格提出集体无意识学说，其中最重要的概念可能是原型。荣格认为："原始意象即原型——无论是神怪、是人，还是一个过程——都总是在历史进程中反复出现的一个现象，在创造性幻想得到自由表现的地方，也会见到这种形象。因为它基本上是神话的形象。我们再仔细审视，就会发现这类意象赋予我们祖先的无数典型经验以形式。因此，我们可以说，它们是许许多多同类经验留下的痕迹。"② 原型是人类经验的积累，现代文学作品中的大量意象不是随机产生的，是与人类神话意象息息相关的。荣格也说道："生活中的一些重大问题，例如性的追逐，总是和集体无意识的原始意象有关。原始意象是我们在现实生活中碰到问题时相对应的平衡和补偿因素。这是毫不奇怪的，因为这种意象是几千年生存斗争和适应的经验的沉积物。生活中每种意义巨大的经验、意义深远的冲突，都会重新唤起这种意象所积累的珍贵贮藏。"③ 这种影响尤其突出地表现在两个方面：一是一些意象的反复出现，像英雄与恶霸、善恶、忠奸等；二是通过人物形象和叙事所表现出来的价值观，即回答我们现在需要做什么样的人，也就是当今我们需要什么样的英雄和崇尚的时代精神是什么。网络小说中的英雄是新世纪的英雄形象，他们无畏、顽强、不惧艰险，勇敢地面对暴力和邪恶，这是背负起责任的现代人典范。

　　网络类型小说中的现代英雄对读者有强烈的吸引力，得到大家的普遍认

　　① ［美］M. H. 艾布拉姆斯. 欧美文学术语词典［M］. 朱金鹏，朱荔，译. 北京：北京大学出版社，1990：202.

　　② ［奥］荣格. 论分析心理学与诗歌的关系［A］//荣格文集. 冯川，苏克，译. 北京：改革出版社，1997：213.

　　③ Carl G. Jung. The Collected Works of Jung Vol. 6［M］. Routledge & Kegan Paul, Ltd. London, p. 373.

可，因为这是现代生活与以往累积经验冲突、挤压的结果。传统意象在我们的创作中以原型的形式发挥着作用，在创作者那里作为记忆印痕转化为文学作品。这种记忆印痕丰富了当代文学表现的领域，使文学更加色彩缤纷，既有现实生活的影子，又有幻想的天境、冥界；既有都市丽人，又有民间故事。

网络类型小说中有很多是幻想型的，如玄幻、架空、穿越等类小说常常被当作童话、白日梦来看。在谈到"白日梦"时，弗洛伊德认为："幸福的人从不幻想，只有感到不满足的人才幻想。未能满足自己的愿望，是幻想产生的动力，每个幻想包含着一个愿望的实现，并且使令人不满意的现实好些。"①

网络类型小说独特的"第二世界"的建立，使我们疏离了日常生活的刻板、重复，作家充分展开幻想，重新建立了一个象征、想象的世界，完成了个体理想世界的建构，在这里我们的欲望、渴求得以宣泄、心灵得以释放。网络小说的这种"虚拟性""幻想性"与网络虚拟空间不谋而合，在这里，技术与文学实现了一场亲密无间的合作，网络小说不同于传统小说描写现实的真实性，表现出幻想、开放、创造、狂欢的特点，表现出大胆、奇特、天马行空的想象力的蓬勃释放，曲折离奇的情节满足了读者的审美快感。同时，这也造成了网络小说作者只重视情节曲折离奇，而较少关注小说思想深度、语言欠推敲锤炼，导致网络小说的娱乐化、快餐化、消遣化的特征。这也是目前网络小说精品较少的原因。

同时，类型小说并不是一成不变的，其在社会观念上随着社会生活的改变，不是对社会做彻底的否定，主要追随大众文化价值取向的转变而转变；在形式上注重读者的趣味，吸收现有的艺术经验。有时，其也表现一些思想道德准则边缘的人物性格和行为方式，挑战既定道德观念和欣赏习惯，促使社会确立新的规范，因此，类型小说在社会变革中往往能够起到话语交流、倾听、对话、妥协的作用，反映着大众的情愫。

总之，通过以上分析，我们可以看到，网络类型小说在审美传播方面具有大众化的特点，不管在传播形式还是在内容表现方面，都符合大众深层心理审美诉求，反映了当今人们的心理渴望，是值得研究和尊重的。

（本文系北京市社会科学基金项目研究成果，作者为北京青年政治学院传播系副教授）

---

① 陆扬. 精神分析文论［M］. 济南：山东教育出版社，1998.

在被骗与骗之间彰显人性的深度

——论《油漆未干》中人物哈格医生的塑造

雷丽平

2014 年 5 月 29 日，北京人民艺术剧院上演了《油漆未干》，这部作品曾经在 2004 年、2007 年先后两次上演过。该剧严格遵守"三一律"，此次上演一则因为其高超的艺术水平，再则也是为了纪念北京人艺创始人之一欧阳山尊的百年诞辰。

《油漆未干》这部戏是法国剧作家勒内·福舒瓦写的一部三幕世态喜剧，在这部作品中给人印象最深的是刻画了一个性格多面的主人公哈格医生。卡西尔在《人论》中说到人的情感具有"丰富性、微妙性、多样性和多面性"① 的特点，《油漆未干》中对哈格医生的塑造确实做到了这一点。

接下来，本文就来分析作者是如何塑造这一人物形象的。

一、在不知情下被骗

哈格医生本来是乡间的一名医生，过着平凡的生活，生活中没有大起大伏的波澜，小富即安。然而在某一天，他平凡的生活突然起了变化。早晨，他接到从伦敦寄来的一封电报，说是有个叫但文波的人中午要来拜访他。之后，有个制作假画的骗子达伦来到他家，说是克里斯宾（多年前住在哈格医生家的艺术家）的朋友，首先替克里斯宾还了欠哈格医生的 20 镑钱，接着骗走了克里斯宾留在哈格医生家的两幅珍贵油画。之后，一名自称罗森的画商也来到哈格医生家，他也自称是克里斯宾的朋友，替克里斯宾还了钱，还想花 200 镑买走克里斯宾全部的画。此时的哈格医生对两人的还钱充满了感激，还低价卖给达伦两幅克里斯宾的油画。然而这两个人实则是不折不扣的骗子，也就是说哈格医生在不知情的情况下被这两个骗子骗了。这时候，我们是体谅他的，对那两个骗子是厌恶的。

---

① ［德］恩斯特·卡西尔. 人论 ［M］. 甘阳，译. 上海：上海译文出版社，1985：15.

二、在金钱面前变得贪婪

对于哈格医生的塑造，观众在这个时候会感觉比较同情。那么作者对于他接下来在金钱面前的反应是如何刻画的呢？

之后，伦敦《英国艺术月刊》权威批评家但文波来了，他揭穿了两个奸商的诡计，希望哈格医生看清事实的真相。虽然哈格医生自己被骗过，但剧作家的高明之处在于，在哈格医生知道了事实真相之后对他性格的进一步刻画。在得知克里斯宾的画每张价值高达 2000 镑之后，哈格医生开始变得贪婪起来，自私的本性越来越凸显出来，人性的多面性体现得更加充分。

他从但文波处知道还有 7 张克里斯宾的画留在自己的家中，就一个个盘问自己家里的人是否见过那些画。首先是对女佣关尼，关尼说没见过。接着是对小女儿苏珊，苏珊说在自家后花园小屋里见过 10 张或 8 张克里斯宾的画，自己和男朋友布鲁斯看过。这时我们来看哈格医生的反应，他马上说："那一定是给布鲁斯偷去了！我要打电话给警察局把他抓起来。（一把拿起电话）"这真是亟不可待，为了能发财，他明明知道布鲁斯和他的小女儿苏珊是男女朋友的关系，他都在所不惜，可见贪欲已经把人情关系都盖过了。

之后，当他太太说是自己把克里斯宾的那些画全部烧毁之后，哈格医生说："值 2000 镑一张呀！我的好太太，你应该跪下来求上帝饶恕你。"从这里我们就可以看出来，哈格医生对金钱的欲望与对上帝的信仰都齐平了，在他的精神世界，对于金钱的占有欲是多么强烈！

三、主动地偷画、骗画、抢画

当所有的希望破灭时，他突然想到克里斯宾当年给关尼画过一幅画像，为了得到关尼的画像，发一笔财，我们来看他的行动。从之前的被骗到主动地骗人，关尼的画像成为重要的转折点。剧作家通过哈格医生为了得到这幅画像的种种表现，完成了对他性格深层心理的塑造，在戏中具体表现为偷画、骗画、抢画。

1. 偷画

他派大女儿艾达去厨房查看关尼的画像还在不在，他明明知道关尼的画像是属于关尼所有，但他给自己找理由，说："哦，当然，做事不能不讲良心。我们得好好想一想。按理说……那张画应该是我们的财产。关尼是我们雇的佣人，我们每个月都给她 30 先令工钱，不是吗？那她就没有权利在干活的时候，让人家画像呀！"这真是强词夺理，之后当哈格太太让大女儿艾达去偷关尼的画像时，站在一边的哈格医生也是听之任之的。哈格太太对艾达说："你把她（关尼）的屋子捣乱，把窗帘扯下来，把床铺弄翻，到时候就告诉她是小偷干的。"此时的哈格医生是沉默的，这代表了他对太太意见的支持，为了得到关尼的画像，哈格医生夫妇已经不择手段了。

当关尼来到客厅准备午饭时，哈格医生夫妇唱起了双簧，他们一方面让大女儿艾达去厨房偷关尼的画像，另一方面想尽办法要让关尼留在客厅，不让关尼回厨房。当关尼想去厨房取平时哈格医生喜欢的酸菜时，这对夫妇更是百般阻挠。但事不凑巧，新来的女佣在厨房不愿意出去，艾达想偷画像的行动不能顺利实现。当艾达再次照哈格太太的指点把新来的女佣人支开，想偷走关尼的画像时，关尼回到了厨房，哈格医生、太太及艾达想要的画像仍然没有偷到手。

2. 骗画

在偷画不成之后，哈格医生又进行了骗画的招数。也正如哈格太太所说："唉，这一下我们只好从头再来了。"也正是在这个时候，从伦敦又来了一个电话，哈格医生接过之后跟大家说："他们愿意出 2500 镑，来买克里斯宾那幅'古石桥'，（一个绝望的回响）一点破损都没有的，（歇斯底里地）听见吗？一点破损都没有的。"这个电话可以说是再一次刺激了哈格医生，他发财的梦想又一次被点燃。

在吃过午饭之后，哈格医生就到处去找达伦，希望找回被骗走了的那两张画，但最终也没能追回。哈格医生回到家说："我跑了一下午，到处都找遍了，终于在埃克林顿旅馆找到那个骗子了！那些画早就被他存到银行保险库里去了。"

当哈格太太告诉他说："阿瑟，你出去以后又有 3 个长途电话、7 封电报，都是从伦敦来的。"哈格医生说："我没工夫去管那些电报和电话了。（举起颤抖的手，悲哀地）唉，今天早上我还是一个安分守己的乡下医生，过着和平安静的生活，可是瞧我现在……"虽然知道自己这样做不对，但这个小人物在欲望面前不能克制自己的冲动，这里通过"颤抖的手"把他真实的内心情感表达了出来。这里运用了喜剧的手法，极具夸张的色彩，此次扮演哈格医生的老演员王劲松对这个人物的塑造可以说是炉火纯青，他把哈格医生可笑的性格演绎得惟妙惟肖，在生动处人们不时发出会心的微笑。

在感慨之余，他仍放不下自己的贪欲。哈格医生意识到留在自己家中的关尼画像可能是唯一发财的希望了，他对妻子说："我们无论如何不能让关尼把那张画像带走！现在我们能得到手的只有那一张了。"接下来，他就开始上演了骗取关尼画像的一出戏。

当关尼给他准备好了食物时，他说："不用，我吃不下，（把发抖的手伸到关尼面前）瞧！"他利用"发抖的手"骗取关尼的信任，当关尼以为是伦敦来的那些人惹得哈格医生不舒服时，哈格医生说是壁炉上边艾达挂画的那个印子让他不舒服，他想说服关尼把自己的画像留下来，挂在留有印子的地方。他假惺惺地说："我们现在有两个关尼了，一个是真的，另外一个是画上的，假如让两个关尼都离开了我们，那可太难过了，是不是？关尼，您最好把这幅像留在这儿。"他还说好给关尼10镑的价钱作为报酬。最可笑的是哈格医生明明知道关尼画像的价值，却说着冠冕堂皇的谎言，欺骗关尼，说什么这是"公开、光明、正大"的。在这里，真实与谎言之间形成尖锐的冲突与对比，让人性的复杂与对立彰显得淋漓尽致。

3. 抢画

之后，看骗画不成，哈格医生使出了最后的招数，那就是像一个强盗似的去直接抢画。

在最后一幕，当达伦、罗森、但文波又来到哈格医生家时，他们都看到了关尼的画像。但文波确认这是一幅真迹，他看着画像说："啊！正是这一幅，这幅画表现出女性的纯真和高贵，（一膝跪在椅子上）柔和而有力量，这种艺术的美，只有……只有……简直是无可比拟。"之后画商罗森就想买下这张画，他与哈格医生讨价还价，一开始罗森说愿意出1400镑来买它，哈格医生在没有征得关尼同意的情况下，把价格抬高到7000镑。最后，两个人以4700镑成交。在做这笔买卖时，哈格医生一直留心地关注着厨房的门，他心里知道这是犯罪，在买卖谈成之后，迫不及待地对罗森说："快，快拿现钱给我。"这简直就是在画像主人不知情状况下的明抢。当罗森给他支票时，哈格医生"瞧一瞧厨房门，签了字"，他一直害怕关尼进来揭穿这一切。

在这出戏马上快要结束的时候，关尼从厨房出来告别，她看到罗森拿着自己的画像，就质问罗森："您有什么权力拿走这幅画？"当得知哈格医生背着自己把画像卖给罗森时，她把哈格医生强塞给自己的10镑钱还给他，说："钱在这儿，拿回去！我并没有答应卖给您。我想好了，我决定不离开它。您居然背着我卖掉它，我从来没有见过这样不害臊的。"此时的哈格医生看到暗地里做手脚不行时，就明目张胆地说："这个家是我的，所以在这里的东西都是属于我的，您不过是我的佣人。"这简直就是强盗逻辑。关尼据理力争之后，哈格医生理屈词穷，他看硬的不行，就来软的，他把关尼单独留下来，告诉了关尼画像的真实价格，希望关尼和自己分财产，但关尼不同意。接下来，当哈格医生知道关尼的箱子里还保留着克里斯宾的17张画时，喜悦之情溢于言表，他认为这都应该是属于自己的，在没有征得关尼同意的前提下就贸然打开了箱子的盖儿，当关尼俯身向箱子，在几件衣服下拿出一大卷用绳子捆得好好的画布时，哈格医生迫不及待地从她手里将画抢过来，这同强盗已经没什么区别了。当最后知道关尼是克里斯宾合法的妻子时，哈格医生只好从哈格太太手里把画拿过来扔还给关尼。

通过以上分析，我们可以看到哈格医生人性的多面性，在金钱面前，这个小人物丰富的内心充分展现了出来。从一天中最初的被骗，到后来的偷画、骗画、抢画，剧作家为我们塑造了一个性格多面的哈格医生。

参考文献

[1] 王育生. 精巧的《油漆未干》[N]. 戏剧报，1983－05－01.

[2] 王岩. 寻求人性真实 呼唤艺术醒觉——观话剧《油漆未干》[J]. 戏剧文学，2005 (7).

[3] 张怀久. 跌宕起伏 摇曳多姿——罗斯《油漆未干的门》赏析 [J]. 名作欣赏，1996 (1).

[4] 徐馨. 话剧《油漆未干》直逼人性深处 [N]. 人民日报，2004－06－30.

（本文系北京市社会科学基金项目研究成果，作者为北京青年政治学院传播系副教授）

出版与文学的互动而生

——文学研究会与商务印书馆关系管窥

李秀萍

为最大限度还原文学史自身的丰富性，需要拓宽研究空间，对原本被遮蔽的大量文本之外的文学现象进行重新审视，努力发掘文学史形成过程中那些非文本因素的价值与意义。本着这一立场，反观中国现代文学生产体制的形成，我们发现，现代出版业在中国现代文化和现代文学产生、发展过程中所发挥的作用和影响值得特别关注。本文所探讨的是作为中国现代文学史上影响最大的文学社团之一的文学研究会与商务印书馆之间互动共生的密切关系。

一

关于出版与现代文学的关系，有研究者进行过这样的总结：现代出版参与了中国现代文学的生产，出版与文学互动而生。出版利用技术、资金和发行网络将语言符号的文学作品物化为一种纸质媒介形式，实现向社会的传播，成为一种社会存在物。出版对文学有培育、扶持和推动作用，同时，出版的发展壮大还成为一种文化产业。近代出版的出现以机器印刷技术为基础，以书、报、刊为载体，影响深远、广泛、持久。一般而言，文学作品先由报刊发表，再由出版社出版，文学作品和出版相互依存，密不可分。[①]

一些出版社对现代文学的发展产生过深远影响，如商务印书馆、泰东书局、北新书局、开明书店和文化生活出版社等。出版社实力强弱决定着影响程度的深浅，其中，商务印书馆的作用显然是最大的。文学研究会的《小说月报》和文学研究会丛书系列中的大部分都是由商务印书馆出版的。商务印书馆对现代文学的帮助和推动，主要是通过出版方式开创了一种现代文化，培养了大量的现代文学作家和读者。

文学研究会自成立以来，在规模扩展、影响范围上都远远超出同时期的其

---

① 王本朝. 中国现代文学制度［M］. 重庆：西南师范大学出版社，2002：88.

他文学社团，甚至名噪一时的创造社也无法望其项背。绵延 11 年之久的存在时间，多种刊物的长期稳定出版，丛书的不断推出，多位知名作家的培养，以及文学理论上的稳健发展，更使它在文学史上得以傲视群雄。这种优势得以形成的原因是多方面的，其中，庞大的出版基地的支持无疑是最为重要的因素之一。

雄厚的资金实力、发达的发行网络使《小说月报》得以维持最长的时间，在新文学发展史上产生了巨大影响。而商务印书馆民营企业的经营形式，也使它保持着较为纯粹的民间色彩，为新文学的发展提供了相对宽松的环境和舞台。

二

作为民营出版企业，商务印书馆的诞生和现代经营意识的逐渐形成，都离不开上海特殊的社会经济环境。由于租界的存在，到 20 世纪二三十年代，上海成为全国经济最发达的城市，成为全国金融、商贸、交通、通信及工业中心，并成为远东第一大城市、东方第一大港。强大的经济实力，使它拥有了全国最发达的新闻出版产业，五四时期影响最大的新文化、新文学刊物——《新青年》《小说月报》《创造季刊》都是在上海出版、发行的。"新文学在北京兴起之后，其中心地位逐渐为上海所取代，而这一过程的完成，基本是在二十年代进行的。"① 促成这一历史现象的，除了 20 世纪 20 年代南北政治、经济和文化格局的变动和差异外，具有广泛社会影响和社会组织力量的文化出版机构——商务印书馆的文化组织作用，是根本原因之一。

当时的上海已经成为全国经济最繁荣的城市，随着经济体制的变化，政治与文化也发生改变。大量人才的涌入，使职员阶层成为书刊市场新的扩大了的消费群体，发达的资讯为报刊的信息提供了保证，遍布全国的发行网络延伸了市场，商务印书馆就在这样的历史文化语境中发展起来。②

商务印书馆成立于 1897 年 2 月 10 日，创办者是夏瑞芳、鲍咸恩、鲍咸昌、高凤池。他们都是基督徒，毕业于教会学校并且受雇于教会出版社——美华印书馆。1900 年，商务兼并了一家日本印刷厂——修文书局，扩充了设备。1903 年，其成立编译所，延请参加过百日维新的前清翰林张元济担任所长。

① 杨扬. 商务印书馆一百年 [M]. 北京：商务印书馆，1998：459，284—285.
② 谢菊. 转折时期的中国文学——1921—1931 年间的《小说月报》研究 [D]. 上海：复旦大学，2002.

张元济的理想在于通过出版扶助教育，开启民智，改造社会，这种志向无疑提升了商务经营活动的文化品位。

商务创业时资本仅为 4000 元；1903 年，与日本资金堂合资，资本增到 20 万元；1905 年，经过几次增股投资，扩大到 100 万元；1913 年，为 150 万元；1914 年，在成功引进多项先进技术，羽翼渐丰后，遂取消与日本的合资，成功收回日股，扩股到 200 万元；到 1922 年，资本达到 500 万元。25 年间，其资本增长 1250 倍，平均年增长 50 倍。①

据汪敬虞《中国现代工业史资料》第 2 辑的统计，1913 年我国万元资本以上的私营厂矿共 549 家，总资本为 12028 万元，平均资本 21.5 万元。商务当时以 150 万元的资本总额，成为全国出版界当之无愧的龙头企业。而旧中国海关的外籍税务司编写的《海关十年报告》中，则称它是目前全亚洲最大的出版企业。② 商务员工最多时达到 4000 人以上，加上全国各地 38 处分馆和支店，总人数超过 5000 人。商务不仅资金雄厚，规模庞大，而且组织精良，管理严密，成为当时许多有志青年向往加盟的企业，后来在新文学出版界享有盛誉的张静庐先生当时"唯一的希望是进商务印书馆当练习生"③。

除了进军教育领域，商务还通过出版和发行期刊实现出版物的多样化。其于 1903 年 5 月创办半月刊《绣像小说》，1904 年创办《东方杂志》，1910 年 7 月创办《小说月报》；之后，又分别创办《少年杂志》《学生杂志》《英文杂志》《妇女杂志》。从这些杂志的名称我们就可以看出，它们各自都有特定的读者群体，这与杂志也就是期刊的产生有关。"民初的文学期刊几乎全都是从报纸副刊演变过来的。"而副刊的产生"是报纸进化之中的产物，是为了吸引更多的读者的手段，是为了争取士大夫们阅读报纸和满足他们的创作欲望的一个方式"。这种副刊意识"来自中国的传统，但是，又得到了时代的强化和确认"④。通过期刊的渠道，将已经发表过的片段汇印成书，随后出版，成为商务的一种行之有效的出版策略。

三

20 世纪 20 年代，已经具备一定规模与实力的商务面临机遇与挑战共存的

---

① 汪守本. 回顾昔日辉煌，再创明日辉煌［J］. 出版参考，1997（10）.

② 徐雪筠，等. 中国近代社会经济发展概况 1882—1931［M］. 上海：上海社会科学院出版社，1985：173.

③ 张静庐. 在出版界二十年（影印本）［M］. 上海：上海书店，1984：90.

④ 汤哲声. 蜕变中的蝴蝶——论民初小说创作的价值取向［J］. 文学评论，2001（2）：32.

局面：五四新文化运动为出版业带来了生机与活力，新出版社竞相成立，新出版物不断涌现，商业化与新文化共生互动，使 20 年代成为中国现代出版史上最活跃的时期。但随之而来的也有市场竞争的加剧，商务原有的经营意识不能顺应时代的发展，致使期刊的销量逐渐下滑，商务也招致"过于保守"的批评。张元济等人深感："时事变迁，吾辈脑筋陈腐，亦应归于淘汰。"因此，为摆脱这种不利局面，重新掌握市场主动权，商务开始锐意改革，首先将目光锁定于当时新文化运动的领袖之一——胡适。1921 年，商务资深高层人士高梦旦亲自前往北京请来胡适，力邀其担任编译所所长。胡适经过多方调查考虑，最终推荐了自己的老师王云五。1922 年 1 月，王云五正式上任，担任编译所所长，着手改组商务，推行科学管理，引进大批新人，开启了商务启用现代资本主义企业经营管理方式的新时代。这些重大经营管理政策的调整，对《小说月报》等期刊及丛书的出版发行无疑有着重要的影响。

《小说月报》的改革就是在商务的支持下进行的。由于时代的原因，五四新文化运动吸引了大批读者，《小说月报》的销量日益下滑，商务着手对其进行革新。在物色新的编辑人选时，他们看中了年轻有为的茅盾。据茅盾回忆："一九一九年十一月初，身兼《小说月报》和《妇女杂志》主编的王莼农忽然来找我，说是《小说月报》明年起将用三分之一的篇幅提倡新文学，拟名为'小说新潮'栏，请我主持这一栏的实际编辑事务。"① 这种在一个杂志中辟出一个专栏刊登与整个刊物风格迥异的作品的做法持续了一年，显然，这种融新旧于一炉的做法两面不讨好，既得罪了礼拜六派，也未能吸引新青年。因此，1920 年 11 月，王莼农辞职，茅盾正式担任《小说月报》主编。

《小说月报》革新后第一个要解决的问题就是稿源。商务应允了茅盾提出的摒弃现存全部稿件（主要是礼拜六派的文稿）、赋予主编编辑全权等条件，同时提出：次年 1 月号的稿子必须准期出版。这就意味着两星期后必须开始发排工作。茅盾为了解决创作稿件的不足，给之前曾向该刊投稿的王剑三写快信，告知刊物完全革新的消息，请他并约熟人写稿。他当时并不知道王剑三就是新文学作家王统照。很快，他意外地收到了郑振铎的来信，说他和朋友们愿意供稿，并提到他们正在组织一个团体——文学研究会，发起人为周作人等，邀请茅盾参加。这封信给了茅盾极大的鼓舞，他立即拟写了《本月刊特别启事》五则，说明《小说月报》从第 12 卷 1 号起将完全革新，增加海外文坛消

---

① 茅盾. 我走过的道路 [M]. 北京：人民文学出版社，1997：156—160，183—184.

息、文艺丛谈、书报评论等新栏目，其中，启事第五则是排版时临时加入的。《小说月报》从第11卷11号付印时，文学研究会发起人名单及宣言、章程等仍在酝酿中。12月中旬，郑振铎寄来文学研究会宣言、简章、发起人名单，以及冰心、叶绍钧、许地山、瞿世英、王统照等人的创作，刚刚赶上第12卷1期最后一批发稿，就将宣言等以附录形式刊出。此即《小说月报》革新及文学研究会成立的过程。

在这里，值得关注的有这样几个方面：首先，1920年11月初，张元济、高梦旦曾在北京与郑振铎等人见面，郑等要求商务出版一份新杂志，由他们主编，但张等则希望改组《小说月报》，意见未能统一；郑等表示要先成立文学研究会，再办新刊物，而张等则回到上海，着手《小说月报》的革新工作。由此可见，在这件事上，商务掌握着主动权，从根本上决定着刊物的性质和归属。茅盾也清楚地意识到这一点："改组后的《小说月报》一开始就自己说明它并非同人杂志。它只是出版商的刊物。我任主编也是在演独角戏，稿件去取，只我一人负责。"①

其次，文学研究会作家的创作解救了《小说月报》革新后的燃眉之急，而《小说月报》也以刊物的形式将文学研究会作家的文学作品和理论主张以文本的形式固定下来，传播出去，使其具有了社会影响力，这是近现代社会报刊与文学之间建立的含有经济因素在内的新型关系的体现。

这种新型关系带来的直接后果就是《小说月报》的焕发生机：一方面，文学研究会群体新鲜血液的鼎力加盟，使其实现了思想文化意蕴的更新，无论创作还是理论文章都展现着勃勃生气；另一方面，身为现代出版业龙头的商务，以自己雄厚的资金、技术与发行网络，为新文学的生产传播提供了充裕的基础和条件。

四

陈原在《商务印书馆创业百年随想》中，对商务雄厚的出版发行实力有过这样的描述：

> 它不单是一个出版社，而且是一个多媒体。作为主体的出版机构，拥有编译所、发行所和印刷所……它的发行所不但开办了国内和海外几十家分支机构，还有征集了十万订户的通讯现购处；它的印刷所不单拥有当时

① 茅盾. 我走过的道路［M］. 北京：人民文学出版社，1997：156—160，183—184.

最先进的印刷设备，还拥有最先进的技术和技术力量。

注重发展分支机构、扩大发行范围是商务的成功秘诀之一。在开办初期，其就建立了发行所专营批发、零售。开业3年后，其着手在各地建立代销处，在各地建立分馆、支馆、分销处，各分支馆都由总馆派人前往经营，听从总馆指挥。

建立一个分支机构就增加了一个批零兼营的据点，开拓出一片市场。各分支机构向附近城市的书店发展特约经销处，在批发折扣方面给予优惠，以便借其他书店的人力、物力和店铺做自己的生意。这样，就构成了一个自己的发行网络，便于收集市场信息，扩大批发，防止拖滞欠账。其就近向外地书店批发本版书，并直接向附近各市县发行教科书。众多分支机构、代销处的建立，使商务版书籍的发行范围不断扩大，成为商务事业发展的有力支柱。

各大出版机构的决策层都把发行环节视为企业发展的龙头。据《张元济日记》记载，早在民国初期，商务就推行了寄售这种购销形式，而且在每个城市只物色一家书店寄售，防止太多太滥。其在1918年3月和12月的日记中，均提到发展特约经销处的具体规定。

张元济还很注重新书预订工作，注意运用这种形式开拓市场，通过预订，让读者分期付款。他在《印行四部丛刊启例》中提及了该做法的益处——"既可以出书迅速，使读者先睹为快，亦复分年纳价，使购者置重若轻"。这种做法对当代出版发行工作仍有启发意义。另外，其还注重批发折扣，由《张元济日记》可知，民国初年书籍定价为出版成本的4倍，一般按对折批发。商务版图书在本馆门市零售，可按8折至7折优待读者，这些举措，对于商务的发展构成推动，也影响到以后其他同类企业的运行方式，《小说月报》也曾经学习这种方法，并且享受到这种规范而发达的发行网络的优势。

商务发行所多采用集中备货的方式，让分支机构勤进勤添。这就使脱销与积压的风险都由发行所来承担，而发行所则采取不断重印、适量备货的办法化解风险。据汪家熔先生统计，1916—1922年商务每年度的销售额与年底存货额的比率，平均为1:1.6，即每销货1元，有1.6元的备货。较为充分的备货，保证了分支机构的添货需要，防止了脱销。为便于对分支机构进行业务指导，保持信息交流的顺畅，商务还先后编印了《同舟》《馆务通讯》《通讯录》《同行月刊》等内部业务刊物，管理的规范可见一斑。

除注重分支机构的建设外，商务总部的组织建设也很规范，四个部所上设有总务处，领导着北京和香港地区的两个附属印刷厂以及各省的分馆和学校、东方图书馆等附属机构。商务的本部设在宝山路，那里有管理处和编译所、印刷所和装订部，发行所设在河南路，有自己的出版机构，与遍及全国的 36 个分馆和 1000 个以上的销售点保持着联系。

如此庞大的发行网络，使《小说月报》可以拥有全国的影响，甚至延及海外，而这样规模巨大的发行网络对于现代文学传播与接受的发展，也构成了有力的推动。

然而值得注意的是，虽然文学研究会借由《小说月报》受益于商务发达的出版发行网络与雄厚的资金技术支持，但是身为商业出版企业的商务，对于胸怀新文学建设宏志的文学研究会而言，仍有许多限制和束缚，《小说月报》仍旧要受控于商务印书馆，如在改变刊物名称、刊登广告、主编换人等方面，甚至在刊物内容方面，都要受到制约。因此，文学研究会一直将《小说月报》视为"代用会刊"，在努力巩固这一影响深远的阵地同时，积极致力于自己的会刊建设。而《文学旬刊》的推出，标志着文学研究会真正拥有了自己独立的媒介基地。

（本文系北京市教委一般项目研究成果，作者为北京青年政治学院社科部教授）

教育学学科

软件外包服务专业"3＋2"中高职衔接人才培养模式研究

王红霞

一、引言

根据北京市教委《关于继续开展中高等职业教育衔接办学工作试点的通知》（京教职成〔2013〕3号）和《关于"3＋2"中高职衔接办学试点人才培养方案制定中相关问题的通知》（京教函〔2012〕379号）文件精神，采用"3＋2"中高职衔接人才培养模式，能够建立中职和高职两校联合负责的运行管理机制，更新教学管理观念，改变传统的教学管理方式，建立符合中高职衔接教育特点的、以工作过程为导向的教育、教学体系和质量监控体系。

通过对文思海辉、中软国际等大型外包公司的调研得知，目前软件外包服务人才缺口很大，且基础薄弱，经验匮乏。通过"3＋2"中高职衔接人才培养模式建立相互交流与合作机制，能够促进教育、教学的沟通与研讨，合理调配校际间教学资源、实训基地的使用，为课程的实施创造良好的保障条件。通过开展校际、校内等多种方式的学习、育人的活动，能够最终提升学生的专业知识、技能与综合素质，为进一步升学或就业奠定良好基础。

二、软件外包服务人才需求状况

近几年，软件外包服务专业是比较热门的专业，是不少理工科考生的首选。同时，软件外包服务专业毕业生在理论基础方面比较扎实，按理说也应当是用人单位的首选。然而不少用人单位反映，软件外包服务专业毕业生虽然了解的知识很多，但同时也存在动手能力差、缺乏团队精神和交流沟通能力差等问题。

经过调研发现，目前计算机专业人才存在的主要问题有三点：缺乏独立解决问题的能力；对工具和方法的应用不熟，经验不足；缺乏基本的抽象分析问题能力。

根据计算机专业毕业生所从事工作的性质来划分，大致上可以将人才分为以下三类：

（1）从事研究型工作的专门人才。他们主要（在攻读更高学位后）从事计算机基础理论、新一代计算机及其软件核心技术与产品等方面的研究工作；对他们的基本要求是创新意识和创新能力。

（2）从事工程型工作的专门人才。他们主要从事计算机软硬件产品的工程性开发和实现工作；对他们的主要要求是技术原理的熟练应用（包括创造性应用）、在性能等诸因素和代价之间的权衡、职业道德、社会责任感、团队精神等。

（3）从事应用型（信息化类型）工作的专门人才。他们主要从事企业与政府信息系统的建设、管理、运行、维护的技术工作，以及在计算机与软件企业中从事脚本程序开发、网页设计、软件测试、售前售后服务等工作；对他们的要求是熟悉计算机应用程序设计、网页设计与维护、软件测试技术等。

而作为高职院校的计算机专业，培养的毕业生应该是符合第三类要求的人才。

社会对软件外包服务专业的需求呈金字塔结构。例如，教育部关于紧缺人才的报告称，截至 2009 年，我国需要高级软件人才 10 万人、中级软件人才 30 万人、初级软件人才 49 万人。但是，目前市场上软件从业人员的结构呈橄榄型。由此表明，实际的人才供应情况还不能完全满足企业和社会的人才需求。2014 年，软件开发行业的人才缺口依然是较为明显的，这与 IT 行业的发展形势有不可分割的联系。2013 年最新 IT 行业权威数据研究报告《2012 年中国 IT 产业研究报告》统计，2012 年中国 IT 产业占 GDP 的比重为 6.3%，比上一年提升了 0.4 个百分点，行业的迅速扩张和发展需要更多的 IT 人才；作为 IT 领域的大军，软件工程师们能切下的"蛋糕"自然也不小。

通过对文思海辉和中软国际两大专业做外包公司的调研得知，目前软件外包服务人才缺口很大；而且通过对其他几家企业的访谈发现，虽然每年各高校（包括重点大学、本科、专科、民办高校等）输送出大量计算机相关专业的毕业生，企业却招不到合适的员工，有 3 年以上工作经验的更加匮乏。一边是大量毕业即失业的大学生，另一边是企业巨大的人才缺口，造成这种矛盾的原因究竟是什么呢？这应该引起企业及学校的高度重视。

对于这种现状，目前的普遍认识是：当前软件基层人数少的根本原因，不是软件企业不需要基本的软件设计程序员，而是学校不能培养出符合软件发展要求、毕业即可立即上岗的软件工作人员。因此，笔者得出结论，计算机人才培养也应当是金字塔结构，与社会需求的金字塔结构相匹配，进一步满足社会需求，降低企业的再培养成本，从而最终提高金字塔各个层次学生的对口就业率。

三、"3+2"中高职衔接人才培养模式

认真贯彻市教委《关于继续开展中高等职业教育衔接办学工作试点的通知》（京教职成〔2013〕3号）和《关于"3+2"中高职衔接办学试点人才培养方案制定中相关问题的通知》（京教函〔2012〕379号）的文件精神，建立两校联合负责的运行管理机制。更新教学管理观念，改变传统的教学管理方式，建立符合中高职衔接教育特点的、以工作过程为导向的教育、教学体系和质量监控体系。建立相互交流与合作机制，加强教育、教学的沟通与研讨，合理调配校际间教学资源、实训基地的使用，为课程的实施创造良好的保障条件。通过开展校际、校内等多种方式的学习、育人的活动，提升学生的专业知识、技能与综合素质。

（一）衔接思想

1. 统一目标，完善体系

中高职的人才培养目标需要高度统一，为顺利完成中高职专业课程体系的衔接奠定基础。无论中职还是高职，人才培养目标始终不能脱离"职业"二字。二者人才培养的规格有所区别，中职培养的是经验性人才，而高职培养的是一线策略性高技能人才，但最终都是围绕职业目标而展开的，在制定培养目标时可以统一成：培养德智体全面发展，具有较高综合素质和较强社会适应能力；了解信息行业发展，具有较为扎实的计算机应用和实践能力；具有一定的职业素养和职业操守；具有一定的可持续发展的能力，能服务区域经济和社会发展需要的中高级专门人才。

2. 能力为本，模块进阶

建立中高职紧密合作机制，基于职业能力培养，执行模块化进阶式的课程体系，有效实施"宽口径、活模块、厚基础"的教学模式。可以根据专业特点，将中高职总体的课程体系划分为初、中、高三大进阶模块，中职主修初级、中级模块，高职主修高级模块，并通过校企合作模式提高实训技能。课程间形成高度整合，一步一个台阶，促使中职学生的职业能力得到最大的提升，

最终通过职业认证来检验学生的能力水平。根据能力本位划分的多个模块，可以根据实践需要分成公共基础模块、专业基础模块、专业核心模块和综合实践模块等。同时，根据培养目标，界定好哪些内容由中职完成，哪些内容由高职完成，以保证课程内容不重复、不交叉、不断档、不遗漏、前后续接，并可以根据实际模块的设定情况编写统一的教材。

（二）衔接运行管理办法

1. 组织教育教学研讨会

每学期召开 1～2 次教育教学工作研讨会，研讨项目实施过程中的问题和对策。双方学校学生管理部门沟通学生素质教育情况，教师针对衔接课程，共同进行课程总体设计及教法考法交流，以确保教学内容的顺利实施。

2. 组织相互听课活动

每学期遴选 1～2 门课程进行校际间相互听课，以促进教师团队对不同学校教学特点的了解和学习。

3. 组织学科与技能竞赛

在不同阶段组织由双方学校学生共同参与的学科竞赛和技能比赛，增加融合度和促进学生综合能力的提高。

4. 定期组织学生交流活动

两校相同专业建立结伴拉手班级，定期组织两校学生进行学习交流和组织中职学生参加高职相关专业社团活动体验。

（三）中高职转段分流办法

根据市教委关于《"3＋2"中高职衔接办学试点人才培养方案制定中相关问题的通知》的精神，按照"对于试点班的就读学生，原则上在第五学期末安排转段分流测试"的要求，转段分流测试采取两校联合考评、择优录取的方式进行。学生要同时符合基本学习成绩、综合德育素质评价和转段考试的要求，才能进入高职阶段学习。

1. 基本学习成绩

前五学期所有考试考查课程成绩全部合格；通过全国计算机等级（一级）考试；考取本专业人才培养方案规定的职业资格证书；原则上通过英语口语（初级）考试。

2. 综合德育素质评价

综合德育素质评价不合格的学生（如受过记过及以上处分且未撤销的），不能进入高职阶段学习。

基本学习成绩与综合德育素质评价由中职学校负责，在第五学期末完成。

3. 转段考试

第六学期开学后一周内，经中职学校推荐，高职学校进行转段考试，根据考核成绩择优录取。转段考试考纲和考试试卷由两校协商制定。

4. 淘汰率

总体淘汰不超过5%。未通过转段考试的学生或放弃继续升入高职学习的学生，由中职学校负责安排半年的顶岗实习，并完成中职阶段的所有课程学习，成绩合格准予毕业，由中职学校推荐就业。对于升入高职学习的学生，由高职学校负责安排顶岗实习，完成高职阶段所有课程学习，成绩合格准予毕业，由高职学校负责推荐就业。

5. 考核评价（包括转段测试）

学业考评要求具有对教师教学和学生学习的导向作用，对学生的学业考核评价多元化，要体现本专业培养目标的要求：既考评职业道德素养、专业知识，又考评完成专业典型职业活动的操作能力。在职业道德素养评价中，还要特别注重对操作过程的规范性和工作态度严谨与否的评价。考核评价应包括过程性评价与综合性评价，应根据各门课程的性质制定考核办法，凡有操作技能要求的课程都应对学生的操作技能进行考核，并在最终的课程学习成绩评价中占不少于50%的比例。具体考核与评价方法在课程标准中体现。技能大赛、成果展示等成绩可作为考核成绩的一部分。

四、结语

根据学生实际情况建立中高职紧密合作机制，是一种创新性人才培养模式。具体而言，基于职业能力培养，执行模块化进阶式的课程体系，有效实施"宽口径、活模块、厚基础"的教学模式。可以根据专业特点将中高职总体的课程体系划分为初、中、高三大进阶模块，中职主修初级、中级模块，高职主修高级模块，并通过校企合作模式提高实训技能。中高职院校发挥集成优势与行业企业密切合作；按照综合素质和职业能力递进的规律研究制定衔接课程体系框架和课程内容。专业定位应适应首都经济社会发展重点支柱产业的需求，符合技能要求较高、培养周期相对较长的要求。双方院校应发挥各自优势进行系统专业设计，以期培养出合格的大学生，并最终形成完善可行的中高职衔接人才培养模式。

参考文献

［1］朱雪梅. 我国中职与高职衔接研究述评［J］. 职业技术教育，2011（7）.

［2］聂晓. 中高职衔接"三二分段"人才培养模式探索与创新［J］. 职教论坛，2012（7）.

［3］黄彬，焦小英，林世俊. 中高职课程衔接存在的问题及其解决路径［J］. 职业技术教育，2012（35）.

（本文系北京青年政治学院教育教学建设项目、北京市社会科学界联合会青年社科人才资助项目研究成果，作者为北京青年政治学院计算机系副教授）

我国大学章程建设的动因和模式选择

李 雯

大学章程是现代大学制度的基石和载体，是大学内部各项规章制度的"纲领"和"顶层设计"，体现了遵循大学内在逻辑，实现依法办学、自主管理的治理模式。2011 年，教育部颁布了《高等学校章程制定暂行办法》，以政府规章形式引导、促进高等学校开展章程建设，我国各级各类高等院校在教育部及地方教育行政部门的组织下陆续开展了大学章程的制定工作。从我国大学章程建设的现状来看，明确大学章程的性质，回看其建设历程，进一步分析把握我国大学在建设章程过程中的动力因素，才能有针对性地对章程建设进行模式选择。

一、大学章程的性质

大学是人类社会的历史产物，是人类文化与精神的现实与存在。近代大学产生于西欧的中世纪，"最早的大学是由教师和学生组成的社团，一般要取得教皇或皇帝给予的特许状"[①]。中世纪大学的特许状，赋予大学开设课程、聘请教师、制定学术标准的权利，同时授予大学教师居住权、审判权、罢课权、免税权等特权。这些特许状的形式和内容基本具有现代大学章程的特征，成为大学章程的雏形。[②] 大学通过特许状对权利的赋予制定相关章程，开启自治历程。

为了使大学真正拥有办学自主权，通过立法确立大学办学的自主地位是西方市场经济发达国家的普遍做法。章程是大学自主办学的产物，大学因自主办学需要有章程，大学章程会同有关法律，厘清了大学和政府以及其他社会组织的界限，明确了大学的自治空间和自治权的范围，因而成为大学运行的合法依据。章程对大学举办者、办学者的权力边界和职责义务进行明确的界定，规范

---

① 孙聪贵. 英国大学特许状及其治理意义 [J]. 比较教育研究，2006 (1).

② 刘香菊，周光礼. 大学章程的法律透视 [J]. 高教探索，2004 (3).

大学自治的范畴以及内部自我监督机制，从而实现对大学的自治。

大学是自治的，但是大学不能超越社会而独立存在与发展，办高等教育不仅仅是大学内部的事情，还涉及与国家、社会各方面的关系。章程既是大学依法自主办学的产物，是大学自治的保证，也是外部对大学实施影响而协商的产物，是政府、社会参与大学治理的一个机制。章程既规定了大学的权利，也规定了其所承担的社会责任。政府通过法律赋予大学自主办学权，需要章程"上承"国家教育法规，成为政府与大学之间的"合约"，"下启"学校规章制度，规范学校权力的正常运行。章程是推动和规范大学面向社会依法自主办学的基础，是处理学校与政府、社会及其内部关系的准则，是大学在法律框架下行使自治权利的自我规范，有大学"宪法"之称。

章程是大学办学和管理的"宪法"，是大学内部各项规章制度的"纲领"和"顶层设计"。校内具体的规章制度是微观的、局部的，需要大学章程这一"宪法"将学校重大的、基本的问题固定下来，按章办学，使学校管理有章可依。通过章程，理顺大学内部的政治权力、行政权力、学术权力和民主权力的关系，规范各类权力的运行，实现大学治理的法治化。

二、我国大学章程建设历程

我国在近代大学产生之前存在高等教育机构，其即使和近代大学差异巨大，但也是我国教育文化的产物，具有独特的文化传统渊源。书院院规或训示可以视为我国大学章程的雏形。朱熹的《白鹿洞书院揭示》、吕祖谦的《丽泽书院学规》被认为是书院学规的典范，是我国大学章程的传统文化渊源。不过，源于西方的大学章程与我国传统的书院规则不同，后者更多表现为内部管理规章。

我国现代大学建立之初，章程就作为大学的主要规章制度而存在。1862年，《同文馆章程》是中国近现代西式高等学校最早的章程。1898年《南洋工学章程》内容规范，几乎成为近现代高等学校章程制定的典范，1902年清政府颁布的《钦定京师大学堂章程》的格式与体例基本与之相同。[①] 这可以说是中国近代大学章程的起源。其后的清华学堂（校）、北京师范大学、厦门大学及上海大学等在设立时都制定有相应的章程。

20 世纪 50 年代初，教育部曾公布了北京师范大学章程。这种由教育行政

---

① 湛中乐. 通过章程的大学治理 [M]. 北京：中国法制出版社，2011：5.

部门公示的大学章程在新中国成立之初行政主导的教育管理模式下，在某种程度上表明了其法律效力及权威性。但在此之后，学校管理规章只是行政规章、政策的执行，大学章程在我国大学制度建设中一直处于缺失的状态，而我国大学也一直处于"无章办学"的状态。根据 2007 年教育部法制办的调查数据，共有 563 所高校（含普通本专科及职业院校、成人高校，主要是公办高校）报送了章程或已进入审议即将颁布的章程草案，占当时全国高校的 21.1%。①

我国于 1995 年颁布实施的《中华人民共和国教育法》中将"有组织机构和章程"作为设立学校及其他教育机构的必要条件，并赋予学校"按照章程自主管理"的权利。1998 年制定并于 1999 年开始实施的《中华人民共和国高等教育法》对章程做出了进一步具体的规定。《国家中长期教育改革与发展规划纲要（2010—2020)》中要求"各类高校应依法制定章程，按照章程管理学校"，体现了政府的意志。

2011 年，《高等学校章程制定暂行办法》以教育部 31 号令的形式颁布，并于 2012 年 1 月 1 日起施行。为推动《高等学校章程制定暂行办法》的贯彻实施，教育部办公厅发布通知要求全面部署高等学校章程建设工作，推动所有高校在 2012 年内全面启动章程制定或者修订工作，做好章程制定的分类指导与试点工作，建立健全章程核准程序与机制，并明确了"章程建设在完善现代大学制度，推动高等学校依法治校、科学发展中的基础性地位和重要作用"，到 2015 年，高等学校完成"一校一章程"的局面。这是中国高等教育发展史上具有里程碑意义的重要事件，将结束中国高等学校长期以来无章办学的历史。

三、章程建设动力因素分析

1. 社会经济条件转变引起的制度变迁

长期以来，在计划经济体制下，行政命令居于主导地位，大学是在政府主导下的经济社会服务主体。计划经济时代的大学没有办学自主权，自然也不需要章程，有规章制度即可。改革开放以来，伴随着计划经济向市场经济转轨，以及经济全球化、社会信息化的产生，建立适应市场经济体制的高等教育相关制度成为一项紧迫任务。20 世纪 80 年代以后，随着高等学校办学自主权的逐步落实，建立"自我发展、自我约束、面向社会依法自主办学"的现代大学

---

① 湛中乐. 通过章程的大学治理［M］. 北京：中国法制出版社，2011：319.

制度的呼声日趋高涨。在这种背景下，大学章程又被重新提到了我国大学制度建设的日程上来。章程是现代大学制度建设的成果体现。

2. 政府价值观念的转变

随着我国市场经济体制的建立和完善，全能型政府正在向效能型政府转变，政府对大学办学权利大量让与，从全方位对大学进行直接管理变为逐步减少对大学的控制，扩大大学办学自主权。改革开放后，政府反思高等教育体制存在的问题，认为政府对大学管得太多，管得太死，使大学丧失活力，而同时该由政府做好的工作却没有做到位。在此思考下，政府提出在国家的教育方针指导下，赋予大学办学自主权，鼓励和引导大学追求办学自主、学术自由，建立和完善我国的现代大学制度。为了避免高等教育改革出现"一管就死，一放就乱"的局面，政府在向大学放权时，需要大学具备"自律"和"自我配合"的能力。这种能力是对大学自我治理、内部机构运转协调有序的秩序描述，在法治化背景下，大学内部规则之治需要由章程来完成。

3. 大学内部治理结构改革的需要

我国近代大学和西方大学的产生不同，一开始就是由政府建立起来的，属于"后发外生型"，因此不像很多西方大学那样拥有深厚久远的自治传统。在长期以来的计划经济体制下，大学一直被当作行政部门或准行政部门来对待，因此大学一直处于泛行政化的境地。学校内部权力失衡，行政权力独大，学术权力弱小，行政权力自然会深度介入大学学术事务中。建立大学章程，有助于划清政府和大学的界限，明确各自的职责，确立大学独立的"法人"地位，给予大学中学术权力合法地位，平衡大学内部政治权力、行政权力、学术权力和民主权力的关系，实现相关利益主体间的利益均衡，规范大学的权利和责任系统，体现大学治理的法治化。

四、章程建设的模式选择

1. 政府积极推进大学章程建设

大学章程建设的动因中，社会经济条件转变引起的制度变迁是根本原因，政府价值观念的转变是主要促成力量，而大学自愿主动建立章程的内在动力因素相对不足。中国近代大学产生之初是由清政府洋务派推动的，具有自上而下建立起来的"后发外生型"特质。新中国成立之后，高等教育一直处于政府的直接控制之下，大学长期以来都是政府的附属物，无自主性可言，因此也没有建设章程的必要。制度变迁过程中，随着高等教育自主权的逐步落实，大学本应自发产生建设章程的需要，但由于计划经济运行的惯性，大学即使在很大程度上有了办学自主权，仍然保持着"无章办学"的状态，大学本身也就缺乏建设章程的动力。此外，我国大学从产生之初，发展过程中一直处于行政权力主导的模式，行政权力泛化，学术权力弱化，权力结构失衡，学术权力参与学校管理从制度上就缺乏地位。章程体现的现代大学制度要求规范行政权力和学术权力的边界，进行权力制衡，涉及利益的重组与再分配，这必然会受到原有行政权力主导下的利益群体的阻碍，这也是很多大学建设章程动力不足的原因。此时建设章程的契机，并非由于大学内部学术权力成长到足以产生内生动力，因此，此阶段大学建设章程的行动应是一种政府主导的自上而下的强制性制度变迁，是在政府的积极推动下实现的。

2. 章程主要解决内部治理问题

章程制定的主体应当是大学的举办者，对于公办大学来说主要是政府，但由于现实状况，章程的实际制定者为大学自身。由于大学和政府的权力关系目前仍然缺乏相关法律的界定，大学很难规定举办者的权利和义务，在外部治理方面的自主空间仍然有限。因此，目前阶段，章程建设的重点主要是解决大学内部治理的相关问题，应注重确定和明晰内部治理结构，探索建立符合学校特点的管理制度和配套政策，克服行政化倾向，加强内部权力的制约和监督，提高制度的可操作性。章程规范的内部治理应包括党委领导下的校长负责制、行政权力和学术权力的关系、行政职能部门的权利和义务，以及教职工代表大会、学生代表大会的权利和义务等要素。大学章程中应明确规定党委和校长在大学发展和管理中的职责、权限，明确规定党委会、校长办公会的议事规则和程序，为政治权力和行政权力划清界限。大学章程应规定学校的各种学术组织，如学术委员会、学位委员会、职称评定委员会、教授会等的职责和权限，发挥学术组织在学校发展中的作用，加强学术权力的落实。大学章程还应规范行政职能部门的职责，为行政权力和学术权力划清界限，一方面保证行政职能部门发挥好管理和服务的职能，另一方面保证行政权力不干预和冲击学术和教学工作。此外，大学章程还应包括学校重大事项的决策程序和方式，对教职工代表大会、学生代表大会的职责和权限进行规定，保证学校内部民主权力的运行。

3. 表现出共性是章程建设的必经之路

我国大学"后发外生型"的特点决定了大学发展会自然地模仿西方大学制度，章程建设过程中出现的千校一面状况也是组织理性下相互模仿行为的必然结果。我国大学在运行和发展中所面对的内外部关系具有普遍性，大学与政府、与国家宪法和法律的关系，大学对国家的义务、对社会的责任，这些对所有大学而言都基本相同。大学章程必须遵循的主要依据也具有一致性，章程应包含的要素是由教育部发文规定的，领导体制、民主管理和监督机制、师生权利和义务等都是由相关教育法律及国家有关文件规定的。因此，大学章程在建设过程中共性的特征会表现明显，出现千校一面的状态也是现实中难以避免的阶段性结果。通过相互模仿，各个学校将大学运行发展的客观规律和管理机制摸清捋顺，解决了章程"有无"的问题，在办学过程中体会到章程带来的益处，才有可能在章程建设的进一步发展过程中体现出百花齐放的特色。

4. 通过分类、试点引导章程出台

为了使大学更好地建设章程，教育行政部门根据学校类别的不同，分别进行了试点，通过对试点学校建设中遇到的困难进行重点研究，进一步总结经验，突破共性问题，为全国同类型大学的章程建设提供了示范，以便于各个大学制定章程时有所参考、有所依据。

参考文献

[1] 陈立鹏. 大学章程研究——理论与实践的探索［M］. 北京：北京师范大学出版社，2012.

[2] 马陆亭，范文曜. 大学章程要素的国际比较［M］. 北京：教育科学出版社，2010.

（本文系北京市教委面上项目研究成果，作者为北京青年政治学院职业教育与人文北京研究中心讲师）

浅析国际化教育英语课程教学的情感因素

刘彩玲

情感因素是影响学生学习效果的非智力因素之一，情感教学有利于国际化英语课程教学，促成中西方文化的融合。当情感因素与教学方法有机结合的时候，教学相长就能获得意想不到的效果。因此，教师在课程教学过程中，除了从课程设置、教学内容、教学方法和多媒体使用上下功夫之外，还应该注重培养学生的情感因素，提高教学质量。

一、情感因素的内涵

20 世纪 60 年代，美国著名的语言学家 Douglas Brown 提出了但凡不成功的英语学习者都有各种各样的情感障碍，情感因素在英语语言学习过程中起着十分重要的作用。在 Jane Arnold 和 H. Douglas Brown 合著的书中，是这样对情感进行定义的：情感与学习者们的感情方面有关系。情感从广义上讲，就是影响人们行为的感情、感觉、情绪和态度。在外语语言教学中，情感是指学生在学习过程中的感情、感觉、情绪、态度等。后来的专家学者，在 Jane Arnold 和 H. Douglas Brown 的研究的基础上逐渐发现，学生的情感因素的确对外语学习效果产生了很重要的影响。

二、情感因素的分类

在对情感因素的各种分类中，较为公认的是 Arnold 和 Brown 提出的分类方法。Arnold 和 Brown 根据其对情感因素的定义和影响情感因素的种类，将情感因素分为两大类：一是学习者的个别因素，包括焦虑、抑制、自尊心、学习动机等；二是学习者与学习者之间以及学习者与教师之间的情感因素，包括移情、课堂交流等。其主要体现在非阻碍因素和阻碍因素两个方面。

（一）非阻碍因素
非阻碍因素归纳起来包括自尊、学习动机、移情和课堂交流等多方面。自尊是成功的认知情感的基础要求，是学生对自己的知识储备、能力及是否能够完成学习任务的判断。学习动机是指学习者学习的愿望和推动力，是个体发动和维持行动的一种心理状态，它包括学习态度、学习愿望和为此付出的努力。移情是指一个人的意识通过想象活动投射到另一个人身上，是思想、情感及观点的相互理解。移情是一个双向的过程，教师将学生的情感移入自己的内心，是输入的过程；教师将自己的感情移入学生心中，是输出的过程。这两个过程对于学生来说，是同样重要的。课堂是教师和学生最重要的活动场所，是师生进行交流的舞台。教师在课堂教学过程中以教材为基础，充分利用活跃课堂交流的素材，提高课堂交流的技能，培养学生的倾听能力、独立思考能力、解决问题的能力等。师生在追求高效的课堂教学的体验中，表达内心的想法，分享他人的见解，解答知识疑惑，从而达到豁然开朗的教学效果。在和谐课堂氛围中，有效交流是核心，因为相互沟通交流的背后都是课程理念深入人心的过程。

（二）阻碍因素

在情感因素的分类中，有两个比较明显的对学习起到阻碍作用的因素，即焦虑和抑制。焦虑是一种让人不愉快的情绪状态，造成忧虑、害怕等情绪。一般情况下，人们受到来自外界过分的压力时会紧张，紧张到一定程度之后就会产生焦虑。Horwitzhe 和 Copel 将学生对英语语言学习的焦虑分为：交际畏惧、负面评价畏惧、考试焦虑。交际畏惧是指学习者对于真实的或者是预期将要进行的交际环境产生的焦虑状态，具体表现为交际退缩和交际回避。在语言教学中，学生产生焦虑的部分原因是担心自己说不好的紧张情绪，产生畏惧心理，采取回避的态度，而不是不懂或者不会使用英语。评价畏惧是人们在交往中担忧和畏惧他人给自己的负面评价或消极的评价，这种担忧和恐惧被称为负面评价畏惧。评价畏惧分为正面评价畏惧和负面评价畏惧。考试焦虑是学生面临考试时的一种特征性心理障碍，当考试来临时，伴有睡眠障碍及焦虑、担心等恐惧情绪，造成精力不集中，坐立不安，面临考试时十分焦急却什么也记不住，莫名其妙地就要发火，精神萎靡不振，始终找不到缓解心中焦虑和压力的方法。考试焦虑的学生心理反应比较敏感，人际关系紧张，经常猜疑、挑剔。考试焦虑的学生社会适应能力较差，缺乏社会责任感，常常被动学习，表现出胆怯、退缩、攻击性强等人格特点。抑制是指学生担心犯错或者以前有过犯错经历，在学生遇到同样的问题时，采取防范的手段保护自尊而流露出的焦虑情绪。经常遭受批评和嘲讽的学生，抑制程度较高，自尊保护意识很强，要使他们抛开思想压力进行英语学习和交流的难度比较大，教师要注意教学方法，正确处理好学生的错误，引导班级的学生对犯错误采取一种宽容、鼓励和修正的态度。

三、教师情感因素与学生情感因素

在国际化课程教学活动中，教师是主导，学生是主体。在课程教学中，教师的情感对学生认知过程的情感起到调控作用。教师情感因素是提高国际化课程教学质量的一个重要因素。

（一）教师情感因素

教师的情感因素大致包括生存动机、社会尊重动机、责任动机、爱的动机等方面。生存动机是教师将教学工作作为谋生的手段，作为一种赚钱养家糊口的职业。教学工作是支撑自己和家庭生活的手段，可以满足教师的生理和安全的需要，其本质表现是对工资报酬的高度重视。从生存动机出发，有的教师会严谨治学，对学生认真负责，以增强自身的竞争力和减少失业的压力。社会尊重动机体现在绝大多数教师有一种自尊、自重和希望他人尊重的强烈倾向，这种心理倾向被称为尊重动机。尊重包括自尊和他尊两个方面。自尊是一种可贵的个性品质和上进品格，是受人尊重的前提。教师们十分看重他人尊敬的动机，渴望得到领导的认可、学生的尊敬，这些会使教师得到极大的心理满足和慰藉并做出巨大的成绩。一旦尊重动机受到挫折，教师就会产生自卑、无能、丧失信心甚至无依无靠的感觉。责任动机是指教师把教书育人看成自己的社会责任，在教书育人的过程中以自己的学识、才能、思想水平等对学生进行培育，注重用个人的人格魅力去影响和感化学生，从而达到塑造人的目的。教师职业是一种特殊的职业，一方面必须有较高的专业素养和责任要求，另一方面要有高度的职业责任感。教师要遵纪守法，自觉自愿承担责任，乐于奉献。作为塑造人类灵魂的工程师，教师的职业责任意识的强弱直接关系到教师的尽职程度，关系到能否培养出合格人才的问题。爱的动机是对教师的基本要求，因为教师热爱学生是教育的灵魂。高尔基说过："谁爱孩子，孩子就爱谁，只有爱孩子的人才会教育孩子。"爱是一种情感交流，当教师把炽热的爱通过一言一行传给学生时，就会激起学生对教师情感的回报，从而获得良好的教育效果。教师以满腔的热情全身心地投入教育事业，就会对教学充满激情。从教师身上反映出来的这种内在动力，可以激发学生的热情，调动学生的学习积极性，促使师生关系融洽。学生也会主动配合教师，完成语言学习或专业实训，达到课堂教学的最佳状态。

（二）学生情感因素

学生的情感因素直接受教学氛围的影响，学生的情感变化直接影响着课堂教学效果。学生的情感因素内容大致包括学习者的个性差异、学习动机、自尊心、焦虑、自我抑制等方面。

学习者的个性差异一般体现为即使是同一位教师在同样的教学环境中进行教学，学生在学习水平上的差距也会很大，产生这种现象的原因主要在于学习者的个性差异。外向型性格的学生在课堂教学过程中参与度高，大胆发表自己的观点，乐意接受新鲜事物，乐于尝试，对新知识的学习也有更多的好奇，能够积极地参与到实践教学活动之中。因此，他们能够获得更多的锻炼机会，在语言学习和技能训练方面得到更多的提升。内向型性格的学生细心，思维缜密，但在课堂教学中的表现不够积极主动，更多是以旁观者的心态看待教学过程，不主动参与到教学实践活动之中。性格决定了他们更乐于对知识进行深入的思考和挖掘，所以在语言学习和技能训练方面的进步提升得不够明显。

学习动机的定义在非阻碍因素中已做了描述。学生学习动机强烈的程度、动机的方向会直接影响到学生学习课程的效果。有强烈欲望的学习动机能够刺激学生主动参与到知识学习和实训教学中，采取力所能及的策略方式去把握和运用知识，从而取得良好的学习成果。

自尊心是学生尊重自己，维护自己的人格尊严，不容许他人侮辱和歧视的心理状态。这种心理状态会促使他们在动力中努力前行，在遇到挫折与困难时，在教师的激励下思考寻求解决问题的办法，从而增强自信，形成良性循环；反之，学生会敏感地因为老师不经意的言行造成厌学、放弃的行为，不利于学生学业的发展。

焦虑是指学生遇到学习困难、压力和挑战时出现的一种内心不安或无根据的恐惧，主观表现出紧张、不愉快，甚至痛苦以至于难以自制，是一种正常的情绪反应。在课程学习过程中，焦虑会对学生的学习起到阻碍的作用，交流畏惧、考试焦虑和负评价常常使学生处于纠结状态，在他们心里架起一道心理屏障，他们习惯以沉默来应对课堂练习，排斥语言学习，逐渐地失去了学习动力和信心，造成学习上的恶性循环，而且越是焦虑的学生越是学得不理想。

自我抑制是学生控制自己的情绪、欲望和行为，使自己以最合理的方式完成的行动。一个大学生自我控制能力的大小，可以反映出其思想的成熟与幼稚、眼光的高远与短浅、未来事业的成功与平庸、职业生涯的顺利与坎坷。大学阶段的学生处于价值观形成的时期，为适应专业培养目标和提高综合素质，自我管理十分重要。自我认识、自我计划、自我实施、自我评价等是大学生自我教育不可或缺的过程，是提高大学生自我抑制能力的关键。

（三）教师情感因素与学生情感因素的关系

教师是主导，学生是主体，平等、民主、和谐的师生关系是课堂有效教学的基础。在教育教学过程中，教师通过情感因素加强引导，发挥着主导作用，完成教学任务，达到培养学生成才的目的；学生在真实的情感中，有和睦、宽松的环境，才会信任教师，才会向教师敞开心扉，才会把教师当作朋友。古人云："亲其师则信其道。"教师情感因素与学生情感因素的关系体现在教师情感影响学生的学习动机和教师的情感与学生的自尊两个方面。首先，教师情感直接影响学生的学习动机。教师的从业动机体现在教学过程中，会对学生的语言和专业学习动机产生深远的影响。当学生面对自己喜欢的教师开设的课程时，就会关注和期待教师的授课，并将这种关注和期待转化为学习的动力，激发学习动机，创造良好的学习效果。教师的情感具有强烈的感染力，直接影响着学生学习知识的态度。其次，在教师的情感与学生的自尊方面，教师在教学过程中应多关注学生，发现学生的进步和闪光点，在课堂和公开场合表扬学生，让学生感觉到自己的进步是得到关注的，从而有更多的信心投入学习中；在学生犯错时应多给予鼓励，少给予公开场合的批评教育。这样，学生能够更加有自信学习、社交，对教师也会更加亲近，教学效果会随之更有效。因此，在教学过程中，教师应该关注学生的内心变化，多给学生展示自己的机会，增强其自信心。在建立良好的师生关系上，教师应采取主动，主动和学生拉近关系。教师应把握好师生关系，使学生的情绪始终处于稳定的状态。学生在学校接触得更多是同伴和教师，他们在交往中也更希望得到来自同伴和教师的肯定和赞扬，尤其是来自教师对其学习态度、个人价值的肯定，他们的自尊心得到满足就是对他们行为的肯定，学生就会在这个群体中感觉到自尊心受到了充分的尊重，得到了充分的满足。久而久之，学生对学习和生活就会充满自信，更自信地投入学习和社交；反之，若学生的自尊得不到肯定，甚至是让学生没有自尊，学生就会对教师产生厌烦，从而厌恶学习，教学效果就很难达到。

四、正确利用情感因素促进国际化教育课程学习

美国心理学家 Tom Johnson 认为："第一性的动机系统就是情感情绪的系统，生物的内驱力只有经过情感系统的放大才具有动机的作用。"在国际化教

育课程活动过程中，教师的情感是教学活动的润滑剂。有师生参与的积极的情感体验可直接或间接地转化为教学相长的动机和意志，从而提高教学效果，而由消极的情感左右课堂是没有效果可言的。列宁曾指出："缺乏情感的认识便失去了对认识的深入。人的思想只有被浓厚的情感渗透时才能得到力量，引起积极的注意、记忆和思考。"情感因素在国际化教育课程教学中占有举足轻重的地位。要想有效地促进教学、提高教学质量，教师需要在教学过程中进行激发、引导，推进学生情感的发挥，有效地调控好情感因素。

（一）从教师自身出发，合理调控情感因素

教师在课堂教学中起着主导作用，教师自身情感因素的利用和控制，对于学生的学习心理和学习效果会产生重要影响。

首先，教师应发挥个人魅力，使学生乐于走进课堂投入学习。课堂教学的首要前提是使学生走入课堂。教师讲授的内容再精彩，教学方法再灵活，如果课堂没有学生上课，都是没有任何意义的，因为巧妇难为无米之炊。从目前国际学院学生的情况分析，学生的学习状态基本可以称为"三三开"：有1/3的学生是属于想学和好学的好学生，不论什么情况发生都在努力刻苦地学习；有1/3的学生属于中间的状态，稍微一努力就可以摆脱中等水平，进入最佳状态；还有1/3的学生在进入大学后，自由的感受特别强烈，自我约束能力也特别差，没有任何激情学习，堪称差等生。针对这一现象，专家学者们认为，学生愿意走进课堂，与能否满足学生的需求甚至是学生的心理需求有很大的关系。有的学生真是出于对专业的喜爱，有的学生是喜欢授课教师的个人魅力，有的学生喜欢教师旁征博引、风趣讲解，有的学生喜欢被关注和被鼓励的感觉，这些都是刺激和鼓励学生走入课堂获取知识的重要因素。因此，国际化教育课程有语言难度和跨文化体验，提高效果不是轻而易举的事，需要教师认真思考总结，从多方面入手吸引学生进入课堂。国际化特色教育课程不同于传统英语教学和专业课程，教师的英语水平、双语教学水平、专业知识水平、跨文化理念和跨文化实训体验等都面临严峻的挑战。这也对教师提出了新的要求，那就是自我养成和终身学习。

其次，教师教书育人，应充分体现对学生的爱。教师要调整好自己的工作动机，全身心地将精力和爱给予学生，让学生体会和感受到教师的爱，感受到自己在爱的包围之中，学生就能够更加自觉地投入学习之中。新一代大学生成长的轨迹并不完全是学校教师自身所理解的那样，他们受经济政治文化发展的熏陶，受网络知识的影响，见识和知识面很广。在与教师相处的过程中，他们善于观察教师的一举一动，能敏感地反映出教师对待学生和对待工作的态度，从中察觉到教师的情感变化及其对学生关怀和热爱的程度，尤其是教师对待自己的态度。教师以饱满热情对待工作和学生，学生就很容易接受老师的教诲，从而对学习产生兴趣。

随着信息化程度的加深，学生获取知识的渠道增多，在某一些方面的知识储备可能比教师还要多，学生争强好胜的性格会对教师的教授提出质疑，如果不能很好地处理质疑，学生就会对教师的个人产生怀疑，进而对教师后续教授的内容也会持怀疑的态度，久而久之可能就会对教师所教授的这门课程失去兴趣。学生如果认可教师，就会理解教师也会有不懂的地方，就会以教师接受的方式提出，这样教师也能够成长学习，同样也能更加激发学生学习的热情，促进其专业学习。因此，教师要在课前增强处理课堂突发情况的能力，与学生建立良好的人际关系，增强个人魅力，吸引学生进入课堂。

（二）控制学生情感因素的发挥，增强学习效果

学生情感因素的发挥需要教师进行引导、推动、激励和把控。

首先，降低学生的焦虑感，激发学生的学习动机。教师在国际化课程的教学内容和教学方法的选择上要倾向于大多数学生的需求，尽量照顾到每一个学生，通过营造和谐的课堂气氛，使学生能够善于表现自己，提高形成性评价的比重，降低考试评价的比重，这样就可以更多地关注学生的成长，淡化学生在社交、考试等多方面的焦虑，尤其是负面评价带来的焦虑。教师要在更高要求中营造一种和谐的师生关系，驱散学生陷入焦虑情绪汇总的状态，让学生在课堂学习过程中能充分体现个性，处于极佳的学习状态，从而完成预定的学业目标。选择国际化教育课程学习的学生，更多地体现出毕业后从事涉外工作或者留学等的工具性动机，因此，教师在教学过程中应加强英语学习的目的性教育，使他们充分意识到英语学习及国际化教育课程之间的关系，有意识地引导学生将知识、案例、文化体验和实训等融为一体，使学生逐渐了解到语言文化背景和专业的吸引力，激起他们对语言学习的兴趣，同时也对专业知识有持续不断的学习热情，从而取得最佳的教学效果。

其次，巧妙利用赏识教育，增强学生自信，减少抑制情绪。赏识教育是以欣赏和夸奖为主导的教育方法，它特别适合青少年教育，已经被越来越多的研究者了解和接受。赏识的目的就是让学生获得更多的自信，相信自己的知识储备和技能的训练足够解决当前遇到的困难，并鼓励学生尝试冒险，增强自主学习能力。赏识教育中的夸奖是对学生良好行为表现的肯定，通过表扬奖励使学

生明白自己的优点和长处，并使其得到巩固和发扬，能够避免和减少抑制情绪的产生。在国际化教育课程教学中，应关注学生学习过程的闪光点，及时鼓励学生的进步和有效学习的方法，同时鼓励学生之间的相互表扬和赏识，得到来自同伴的尊重，形成团队精神。

再次，通过国际化理念和国际化素养的培养，激发学生学习的兴趣。国际化教育课程的特点之一是使学生在不同的语言文化背景下学习语言知识和专业知识，开阔视野，为学生毕业之后在涉外企事业单位就业打好基础。所以，教师应该引导学生多维度地用国际化教学理念思考所学习的内容，并用专业知识综合处理实训环节出现的问题，提高学生的综合素质。

最后，开展社区服务项目，使学生学会移情。学生在学校除了进行知识学习之外，还需要进行社会服务。在社会服务中，学生学会与他人交流，并在帮助他人的过程中对自己的知识和能力进行评估，树立正确的人生观和价值观，增强自信心。对此，可以开发的社区服务项目很多，如奥运志愿服务活动、温馨家园助残服务、敬老院的服务活动、幼儿园服务、禁毒基地服务活动、节能减排大型展览的志愿服务活动、中国网球公开赛志愿服务活动及上海世博会的志愿活动等。学生在社区服务项目和志愿者活动中，会增加对社会的了解，力所能及地去帮助需要帮助的人，在为他人的服务中，能体会到成就感和满足感，提升自信心；通过与他人的交流和合作，能够克服交际恐惧；完善知识结构，在项目体验后会将更多的精力和时间投入学习中，以满足服务社会的需要。

参考文献

［1］Horwitz E. K. Horwitz M. B. Copel J. Foreign language classroom anxiety［J］. The modem Language Journal，1986（12）.

［2］李洪玉，何一粟. 学习动力［M］. 武汉：湖北教育出版社，1999.

［3］陶倩. 保持良好的情绪与情感［M］. 北京：远方出版社，2006 .

（本文系北京市高等教育教学改革项目研究成果，作者为北京青年政治学院国际学院讲师）

"理实一体"教学理念在旅游文化课堂上的体现

刘卫红

现代高职院校人才培养模式要求课程教学不再以学生掌握知识的多少为重点，而是以帮助学生是否掌握社会、市场及用人单位所需的实际应用能力为核心目标。因此，课堂教学作为培养学生能力和教师教学的重要手段，其改革对促进高职学生真正掌握实用技能、提高自身能力及实现高职教育目标有着很强的现实意义。《中国旅游文化》课程是我院旅游英语系专业必修课。目前该课程以旅游地理资源为主，以民族民俗文化、风物特产为辅，来扩展旅游英语专业学生的中国旅游文化知识。通过本课程学习，帮助学生全方位地认识中国旅游资源的整体概况，掌握中国的自然旅游资源和人文旅游资源，为继续学习和工作奠定基础。在国内，该课程主要是旅游专业和旅游英语专业开设，授课的实践环节多为让学生学习并实践中文或英文讲解景点，缺少旅游线路的合理性与可行性设计方案的实践训练。随着中国在全球地位的提高，以及旅游行业的日益发展，外国游客随之剧增，对导游旅游线路设计、景点文化知识层次及语言交流技能的要求也越来越高。因此，训练学生用英文设计旅游线路的可行性方案、了解并做到用英文简单介绍中国地方特色的非物质文化遗产等是《中国旅游文化》课程改革势在必行之处。在此背景及思路带动下，2014年我们设计并顺利完成了"中国旅游线路设计方案实训教学探索——基于《中国旅游文化》课程的教学改革"项目的建设。

改革课堂教学体系，融入实践教学环节，同时把该环节纳入考试改革实训体系，即"理实一体化"教学模式，打破传统教学模式的局限性，使学生的课堂理论知识教学与实训环节结合起来，是本课题研究的主要目标。

1. 课堂理论教学与实训相结合模式的实施依据

"理实一体化"教学模式不仅仅是理论教学与实践教学内容的一体化，也是教师在知识、技能、教学能力上的一体化，同时还包含教学场所的一体化。因此，"理实一体化"绝不是理论教学和实训教学在形式上的简单组合，而是从学生技能技巧形成的认知规律出发的实现理论与实践的有机结合。

高职教育强调以就业为导向的人才培养模式，也就是说在我们的课堂教学中要注重学生就业能力的培养。一般来说，就业能力应该包含开拓创新能力、专业技术应用能力、竞争能力、决策能力、适应社会的能力、人际交往能力、表达能力和组织协调能力。在国内，《中国旅游文化》课程主要是旅游专业和旅游英语专业开设，授课的实践环节多为让学生学习并实践中文或英文讲解景点，缺少旅游文化知识的了解与渗透，线路的合理性与可行性设计方案的实践训练也同样是需要加强的环节。随着中国在全球地位的提高，以及旅游行业的日益发展，外国游客随之剧增，对导游旅游线路设计、景点文化知识层次及语言交流技能的要求也越来越高。因此，训练学生用英文设计旅游线路的可行性方案、了解并做到用英文简单介绍中国地方特色的非物质文化遗产等是《中国旅游文化》课程改革势在必行之处。

2. 课堂理论教学与实训环节相结合模式的方案设计

为了让学生对《中国旅游文化》课程的设置目标、学习过程有一个清晰、整体的概念，从第一堂课起，教师就给学生介绍了本课程的讲授时间、实训时间及成绩的考核。课堂理论学习采取任务驱动式教学模式，要求学生思考中国旅游名胜景点的文化符号，并尝试用英文表达，教师以引导与指导为主，并给予适当讲解。

在项目实施过程中，我们在课堂上注重对外国人喜欢的具有中国鲜明特色的景区文化进行介绍，要求学生识记各省具有代表性的旅游景区及文化习俗，基本常识的讲解与输入为课堂实践与实训工作奠定了基础。同时，给学生观赏了河南、陕西、四川、云南、浙江、江苏、甘肃、西藏等省份与地区的旅游指南音像资料，帮助其形成感官上的认识，并指导学生学习模拟导游讲解时如何注意声音、体态等。实训环节要求学生按照课堂中涉及的省份与景区，分组设计各省主要景区线路，包括日程安排、景点简介、文化特色等。其中，在文化特色方面，着重介绍上述提及的各省旅游非物质文化遗产，如京剧、豫剧、川剧、越剧、地方节日、名吃等。这样，学生在学习过程中不仅能够了解中国旅游文化常识，最重要的是能够最大限度地发挥动脑动手能力，促进其应用能力的提高。

3. 课堂理论教学与实训相结合模式的实施效果

该教学模式促使学生充分利用课堂学习的各省旅游概况、旅游常识等基础，经过各种来源的资料收集，结合演示文稿的制作技巧及演示讲解技能，有效完成了实训环节。这种模式使课堂教学变得不再单一枯燥，课堂活动促使学生充分利用课堂时间巩固知识，对鼓励学生个性发挥及创新意识、创业能力的发展有很大作用。

我们知道，企业常常要求员工在实施某项计划时要思考 6 个问题，简称为 5W1H：（1）为何制定此计划——Why？（2）计划的目标是什么——What？（3）何处执行此计划——Where？（4）何时执行此计划——When？（5）何人执行此计划——Who？（6）如何执行此计划——How？我们在《中国旅游文化》课堂上，尤其在实训环节让学生设计某个景点的旅游线路时，就可以利用 5W1H 帮助学生展开景点的设计思路：（1）为何选择该景点——Why？（2）景点参观的主要内容是什么——What？（3）游客在哪里集合，从哪里出发——Where？（4）何时是参观该景点的最佳时间——When？（5）什么身份、什么年龄段的人是该景点的潜在游客——Who？（6）该景点的参观线路——How？这就是一种"以思维训练为核心，以探究问题为目的"的实训教学尝试。学生有了这样的思维习惯，自然就会形成学习探究问题的习惯。所有的教学方法都应是为了探究问题而设计的，都要给学生机会去了解事情的基本情况，让学生去深入探讨，自己思考并设计旅游景点线路，激发学生的创新欲望，提升学生学习的自信心和成就感。

课堂理论教学与实训相结合的模式使教学从"知识理论型授课"过渡到"能力型培养"，破除了以往课堂僵化、死板、老套的固有模式，激发了学生学习的兴趣，夯实了学生的基础知识，提高了学生的实际应用、分析解决问题、创新及团队精神等综合能力。

4. 课堂理论教学与实训相结合实施过程中发现的问题

从效果来看，大部分学生能按照要求收集材料，寻找各省代表性的旅游文化符号及其英文表达，制作并演示线路文稿，精美的图片、可爱的动画与合理的线路设计等给人印象深刻。需要改进的地方有：①有些英文表达不够准确，尤其景点名称；②不少材料来自网络，没经过筛选就照搬过来，导致有些内容过多，不符合讲解所需重点；③展示内容，包括材料、图片、文字的编排与取舍方面还有待提高，问题主要是文字与图片颜色区分不够清晰、文字过多等。

发现问题是解决问题的前提。课题组成员在今后各自的教学中，要更多关注这几方面，帮助学生提高文稿的制作与演示质量。这是其步入导游工作岗位应该具备的素质要求。

5. 项目辅助目标建设情况

在研究与实施过程中，我们还指导学生编辑主要省份的旅游景点文化并纳入建设项目，增加了该项目研究的力度，搭建了学生参与教学科研实践活动的平台，有效提高了学生学习科研的意识与能力。

该目标建设任务：四位品学兼优的学生参与该项目，分工合作。经过讨论与协调，每人分配两个省份，收集其旅游文化习俗，内容要仔细研读，多类资料进行比较取舍，最后项目组老师和学生共同探讨，形成格式、条款标题大致统一的实训手册。

该目标实施过程中发现的问题及应对：①学生收集的内容较为杂乱无章，只要是网上有的，几乎不加分析全部复制，有的还带有某旅行社的名称；②各个学生的文化习俗条款不一致；③内容雷同现象较严重，说明学生欠缺分析取舍意识及能力。针对以上问题，项目组老师与学生开展了研讨，制定出修改方案。经过一段时间努力，终于完成了该任务。

经过一年的努力，项目组成员共同编写完成了中国主要旅游省份旅游线路的设计方案。

总而言之，课堂理论教学与实训环节相结合其实就是教室与实习地点的一体化设计，是注重工学结合的教学手段，是以就业导向促进学生学习的教育策略，更是缺乏真实工作实验室建设实力的文科高职院校人才培养模式的必然趋势。项目组成员将把项目研究成果更有效地应用于教学中，努力做到以能力为主线，深化人才培养目标内涵研究，创新课程教学目标，优化课程结构，整合课程内容，创新实践教学，不断深化课程教学方法与实训设计改革，突出学生能力训练。

参考文献

[1] 周爱梅. 基于 SWOT 分析的高职旅游英语专业课程体系改革 [J]. 新西部，2012 (15).

[2] 杨音. 高职院校涉外旅游英语专业学生职业素质培养研究 [J]. 消费导刊，2013 (8).

[3] 刘世明. 浅谈素质教育在职业院校应用英语专业教学中的实施 [J]. 科教导刊，2010 (1).

[4] 崔昌华. 高校大学生团队精神培养的现状与思考 [J]. 科技创业月刊，2009 (6).

［5］陈亚丽. 团队精神及其在高职生素质教育中的应用 ［J］. 无锡商业职业技术学院学报，2011（8）.

（本文系 2014 年教育教学改革项目研究成果，作者为北京青年政治学院英语系副教授）

教育学学科

文科高职教育发展模式探索的思考

马映红

近年来，北京青年政治学院立足现实，大胆创新，勇于实践，积极推进文科高等职业教育的研究和实践，初步形成了以调研为基础、理论研究为先导，立足产业，面向市场，紧密结合现代服务业、社会公共事业和文化创意产业发展要求和人才培养需求，以培养实用型技能人才为目标，注重提升学生人文素养、职业精神、职业技能和实践能力的文科高等职业教育模式。

（1）立足产业，明确学院办学定位。北京已经进入推进"人文北京、科技北京、绿色北京"战略、建设世界城市的新阶段，现代服务业已成为支柱性产业，社会公共事业，特别是基层公共管理和公共服务受到空前重视，以广告会展、新闻出版业、广播影视业等为代表的文化创意产业已经成为富有活力和发展潜力的新兴产业。北京青年政治学院作为一所以文科专业为主体的高等职业院校，要想获得生存和发展，就必须紧紧依托北京市经济和社会发展的实际需要办学。从2005年开始，学院每年发动教师全员参与调研，进行专业论证。通过调研发现，随着社会分工的细化，在一线管理环节中需要不同角色的分工协作以及不同层次的管理人员，这就需要更多的从事沟通协调办事的辅助业务人员，如社区工作人员、营销人员、秘书等，而这些事务综合性能力比较强的工作岗位也正是文科高技能人才的发展空间。结合北京市社会经济发展和人才需求的新形势，学院提出明确的办学定位和发展任务，即紧密结合"人文北京、科技北京、绿色北京"和世界城市建设的现实需求，立足现代服务业、社会公共事业和文化创意产业，面向基层和产业一线，按照"高标准、宽基础、专技能、强应用"的要求，培养政治素质高、综合能力强、有一技之长的实用型技能人才，探索并完善文科高等职业教育模式，努力把北京青年政治学院建设成为定位准确、理念先进、特色鲜明、具有良好社会影响的一流高等职业院校。由此，学院办学定位和办学思路基本形成。

　（2）面向社会，创新人才培养理念。与理科高职不同的是，文科高职学生将来面对的工作情景不一定和学过的流程一样，因此需要更多地运用综合知识与能力，乃至用跨专业的视角解决问题。由于文科高职所面向的职业对象是人，职业环境相对复杂，职业素养要求高，在人才培养过程中，我们特别强调人文素养、综合素质和专业技能的培养，提出"高素质、宽基础、专技能、强应用"的人才培养理念。"高素质"是指政治素质高，"宽基础"是指综合能力强，"专技能"是指有一技之长，"强应用"是指实践能力突出。这种理念注重学生基础科学文化素质和"认同社会主流价值观和审美观"思想政治素质的培养；注重包含计算机操作、写作和英语应用等基础公共能力和专业核心技能在内的技能培养；兼顾学生的就业和可持续发展。文科高职教育的特点决定了其工作技能是建立在当事人具有一定的社会工作基础和人文能力基础上的。各专业在实践探索过程中，将其具体化为有专业特色的人才培养理念。例如，青少年工作与管理专业的"面向青少年，在参与中学习，在体验中成长"，社会工作专业的"服务社区、助人自助"，秘书专业的"重文重能重学、为文为事为会"，法律事务专业的"人本、法治、责任"，英语系的"在工作场景中学英语、在旅游任务中学技能"，艺术系的"以展促教、以赛促教、以服务社会促教"，传播系的"传声光影像以能，播真善美雅为本"，管理系的"懂管理、通网络、达商道"，财金系的"讲诚信、会理财、懂经营"，泰尔弗商务分院的"国际化视野、跨文化体验、强英语应用、专职业技能"，等等。

　（3）对接岗位，优化高职课程体系。为了落实"高素质、宽基础、专技能、强应用"的人才培养理念，学院努力将课程体系与培养目标以及专业能力有机地结合起来，打破原有的学科课程体系，建设基于工作过程的课程体系，加强课程与职业岗位的对接，使课程建设具有典型的应用性、突出的技能性、较强的实践性，形成一个以综合能力培养为主体、突出技能和岗位要求为目的的课程教育体系。为此，学院连续多次组织修订教学计划，逐步实现了根据岗位工作流程、工作任务和能力体系确定专业课程体系和内容。到目前为止，学院基本构建了以能力培养为主线、面向职业岗位（群）的进阶式、模块化、项目化的课程体系。例如，新闻采编与制作（网络编辑）专业以培养一名称职的中小网站的"基层网络编辑"为目的，依据"互联网入门者"到"职业网络编辑"的过程设计课程体系；新的课程体系重视专业的核心技能和职业道德，重视综合素质、公共基础能力，充分体现了文科高职人才培养的特点。

（4）强化实践，形成文科实训模式。学院将情境体验、顶岗实习、社会性实践活动和志愿服务纳入实践教学体系，实训、实习和实践相结合，形成了"岗位认知、专项技能实训、岗位综合实习、顶岗实践"层层递进，工学交替，"社会大课堂、实践育人才"的文科高职实训模式。近五年来，学院加强与政府、企业合作，共建校外实训基地，拓宽实践教学渠道。校外实训基地建设突破了传统单一的实训功能，实现了学院开放办学的理念，创建了以景山街道为代表的"教学合作、过程共管、项目运作、文化融合"的校社（区）合作新模式。各专业也探索出一些有特色的工学结合实训模式，如社会工作专业的"课堂＋社区"实训模式（校内教学，社区实训），新闻采编与制作专业、文秘专业、计算机系的真题真做的任务订单实训模式，自主创业实训模式（学生设立创业方案，自主创业）。

（5）开展评估，构建质量保障体系。为了提升学院办学、专业建设水平，学院于2007年启动校内教学自评估工作，自觉加压，推进各项工作更加规范有序，质量全面提升。作为一种创新工作模式，教学自评估主要参照示范校建设评审指标、高职院校人才培养工作评估指标，并结合学院的实际制定学院指标体系。评估指标分为一般指标和重点指标两部分。一般指标由教学工作规划、教学管理、教学条件与利用、教学效果等构成；重点指标由专业建设、师资队伍建设、教研室工作、教学改革立项等构成。指标内容全面，重点突出：既重视系部、教研室的主体评价，又强调校内外专家参与；既强调结果评估，又注重目标导向；自评估结果纳入年终考核，实现评估与年终考核相结合。通过每年一度的教学自评估工作，全面了解学院的教学情况，以及各系部的工作状态、管理水平和质量；落实学院的办学思路和方向，引导教学系部的行为；完善教学管理与质量监控体系，保障教育教学质量，引导文科高职的建设，由此全面提升了学院工作水平。

（6）突出能力，培养双师教师队伍。高素质实用技能人才的培养，需要有一支"高学历、高技能、高素质"的"双师型"教师队伍。这就要求彻底改变传统的以教师为中心的教学方式，由知识技能的传授者向教学活动的设计者、组织者、指导者转变。为此，学院提出"教师＋律师""教师＋社工师""教师＋心理咨询师""教师＋会计师"的理念。新引进的教师需要具备高学历和一定的实务能力；没有实践工作经历的教师要全部到企事业单位一线挂职锻炼，如青少年教育与管理系所有教师到北京市各区县团委挂职；社会工作系所有教师到北京市各个街道社区挂职；有职业证书的专业，教师要积极考取职业证书，没有职业证书的专业，教师必须拥有半年以上的企事业单位一线工作经历。通过各种方式的培养，学院懂理论会实务、具备双师素质的专任教师占到总数的 2/3 以上。同时，学院聘任来自行业一线的高技能、高素质人才担任兼职教师，形成一支素质优良、结构合理、专兼结合的双师型教师队伍。

（7）理论先导，提高教育教学水平。学院始终坚持理论联系实际，以实践为基础，以理论为先导，探讨文科高职教育理论，服务教育教学实践。学院多次召开重要课题和专业知识专题研讨会，积极开展一系列专业建设交流活动，及时总结经验、塑造典型、集思广益，有效提升了教育教学水平。教师从教育教学的实际需要出发，申报各级教育教学、科研项目，如"青少年工作与管理专业人才培养探究""技能型网络编辑专业人才能力结构与培养模式改革研究""青少年工作与管理专业实践教学体系研究""工学结合环境下文科高职实训模式研究"等；发表有关文科高职的论文。通过研究，促进了对文科高职内涵的探索和认识，推动了学院文科高职教育教学实践。

（8）服务社会，彰显文科高职特色。学院坚持依托行业、服务行业的方针，紧密联系社会，产学研用相结合，以服务社区发展、青少年发展为主，面向全北京提供社会服务，展现文科高职院校特色。社会工作系为街道办事处开展社会工作职业资格考试辅导、社区工作者专业培训和心理健康知识讲座。学生自发成立学生社会工作站，为特殊儿童提供社会服务。法律系积极进行社区法律宣传，提供法律援助，如"12·4"社区普法宣传、每周一次的社区法律服务。艺术系师生参与景山街道社区文化建设，设计社区形象标志。社会工作系等常年为武警天安门警卫支队官兵举行心理健康、核心价值观、文明礼仪等多主题的各项讲座，服务官兵上千人次。

总之，经过十几年的探索，学院初步形成了一种具有特色的文科高等职业教育模式，得到社会各界的初步认可。然而文科高职办学的教学理论、实践教学模式、人才培养模式需要进一步完善，文科高职发展任重而道远，需要继续努力。

参考文献

[1] 邱硕，董玉峰. 90 后高职新生 16PF 人格特征分析与教育对策研究——以河北某文科高职院校为例 [J]. 赤子（上中旬），2015（8）.

[2] 徐婷. 科技型中小企业人才需求视角下的文科高职院校人才培养对策建议——以国际

贸易实务专业为例 [J]. 对外经贸, 2014 (11).

[3] 张慧颖. 天津市文科高职院校校企合作运行机制研究——以国际贸易实务专业为例 [J]. 价值工程, 2014 (32).

[4] 李燕芳. 关键能力视角下对文科高职思想政治教育的思考 [J]. 科教文汇 (下旬刊), 2014 (9).

[5] 邱懿. 文科高职大学生数学学习态度调查与启示 [J]. 青年学报, 2014 (1).

[6] 王咏. 文科高职院校学习借鉴新加坡"教学工厂"职教理念的探讨 [J]. 天津商务职业学院学报, 2013 (2).

[7] 张景苏, 陈勇, 李伟. 破解文科高职实践教学难题创新应用法律虚拟实训模式 [J]. 北京教育 (高教), 2012 (12).

[8] 肖陆飞, 梁建军, 周玲玲, 等. 文科高职生学习理工科专业时的问题与对策——以化工专业为例 [J]. 广西民族师范学院学报, 2012 (3).

[9] 魏毅. 关于文科高职教育发展的几点思考 [J]. 江西青年职业学院学报, 2012 (1).

[10] 王延丽. 文科高职院校开拓实训基地的理论构想——以法律类为例 [J]. 科技信息, 2011 (17).

[11] 杨静维, 李恒嵬. 文科高职毕业生就业岗位职业素质状况与对策 [J]. 辽宁高职学报, 2010 (7).

[12] 钱伟荣, 贺金茹. 文科高职院校"大学语文"改革探析——变"柜台式销售"为"超市化展销" [J]. 天津职业院校联合学报, 2010 (1).

[13] 曾岗, 苏学愚. 把握行业特征发展文科高职教育 [J]. 职业时空, 2007 (24).

[14] 肖陆飞. 如何提高文科高职生学习化学的积极性 [J]. 职业圈, 2007 (18).

[15] 佟丽萍. 瓶颈的突破——文科高职教育问题探讨 [J]. 辽宁行政学院学报, 2007 (11).

[16] 易文惠. 文科高职院校毕业生就业的困境与出路 [J]. 警官教育论坛, 2006 (1).

[17] 沈波. 文科高职专业建设略论 [J]. 山西青年管理干部学院学报, 2003 (4).

(本文系北京青年政治学院科学研究基金项目研究成果,作者为北京青年政治学院计算机系副教授)

多彩光谱评价方案的理论透视及其启示

李春光

一直以来，幼儿园的教育评价问题不仅是幼教改革的重点问题，也是广大幼教研究者和一线幼儿教师们极为关注的问题。20 世纪 80 年代以来，随着幼教改革的深入开展和教育理念的不断拓新，人们逐渐认识到传统的教育评价过分强调对儿童进行选拔和甄别，存在较大弊端，开始从改进教师教育教学和促进儿童学习发展的角度去关注和重视教育评价的发展性和服务性功能。2001年 8 月颁布的《幼儿园教育指导纲要（试行）》（以下简称《纲要》）重点强调了教育评价在促进教师教育教学和儿童发展中的重要作用，指出"教育评价是幼儿园教育工作的重要组成部分，是了解教育的适宜性、有效性，调整和改进工作，促进每一个儿童发展，提高教育质量的必要手段"。两个教育政策法规文件的颁布与实施表明，人们的评价观念已经开始从注重鉴别选拔人才、将学生分类评级和贴标签的传统观念逐步向注重改进教育教学和促进学生发展的观念转变。正是这种对教育评价工作重要性的认识和评价功能观的转变，激励更多的幼教专家、一线幼儿教师对教育评价的理论与实践展开了研究与探索。从广大幼教工作者最为熟悉的档案袋评价到从国外引进的比较新型的作品取样系统、多彩光谱评价等评价方案的深入研究以及在幼儿园教育工作中的实践运用可以看出，人们正不断地尝试运用各种有效的评价方法来评价儿童的发展。其中，多彩光谱评价方案被我国的很多幼儿园采用，也在幼儿园的教育评价中发挥了重大的作用。

一、多彩光谱评价方案的理论基础

多彩光谱评价方案以加德纳教授和费尔德曼教授的多元智能理论和认知发展的非普遍性理论为基础。其中，加德纳教授的多元智能理论为我们所熟悉，其基本理念是所有个体身上都蕴藏着每一种智能的潜能，但因遗传和环境等影响，这些智能的发展程度存在差异。加德纳教授认为人的智力结构是多元的，每一个人都具有不同的智力发展潜能，因此，其提出了包括语言、数理逻辑、音乐等在内的八种能力。他认为每个人都有自己相对的优势智力和弱势智力，也都有某方面发展的潜能和机会。

费尔德曼教授的认知发展非普遍性理论是相对于普遍性发展理论而言的。以皮亚杰为代表的传统智力发展观认为智能发展是必然的，每个儿童无论背景和经历如何，其智能都能得到普遍相同的发展。而非普遍性发展理论对此提出了质疑与挑战，认为并不是每个个体的认知发展都必须在一定阶段内经历相同的发展水平和速度，人的发展范围可以由普遍领域到独特领域，在普遍领域内每个人都可以达到相同的发展，而在独特性的领域内，就并非人人都能达到完全相同的发展，因为这需要个体具备一些特殊的条件、自身努力及外部的支持（如教育等）。

基于两位教授的理论观点也不难看出，多彩光谱评价方案是一种更具人性化的评估方案，认为儿童潜在的或者外显的能力远远超出了传统的智商测试或其他的标准化测试所能够反映的范围，我们在评价儿童的发展时不能仅凭某一方面的能力高低来断定儿童发展水平的高低。评价的主要目的是发现儿童智能的强项和弱项，并以此为依据设计更有针对性的教育活动，给儿童提供各种活动材料，支持儿童以各种方式开展学习，发现并发展儿童的强项，力争所有儿童都能够以最佳的方式进步，在不断提高儿童智能强项的同时也带动其弱项的发展，最终使得其在各方面都能取得较好发展。

以多元智能理论与认知发展的非普遍性理论为基础的多彩光谱评价体现了当代最新教育和评价理念，一经提出，便在美国教育界引起了巨大的轰动，随后又在全世界范围内产生了广泛的影响。因此，其对目前我国幼儿园教育评价工作的开展具有重要的启示。

二、多彩光谱评价方案对我国幼儿园教育评价的启示

首先，多彩光谱评价强调在有意义、真实的活动情境中进行评价。这要求我们在实施评价时做到让教育评价成为儿童的学习情境和日常生活的重要组成部分。只有把评价置于儿童的实际学习和生活情境中，才能够在自然状态下获得儿童各方面能力的真实发展情况。也正如《纲要》中所说："评价应自然地伴随儿童的整个学习过程，应该在儿童动态的学习过程和日常生活情境中去实施评价，而不能将评价从儿童的学习活动和日常生活活动中孤立、分离出来。"因此，我们在实施评价时应通过营造真实、民主、宽松的，对儿童来说

有意义的活动情景，让儿童在真实的情景中从事相关活动，然后根据儿童在各种活动中的真实表现对其进行记录、评分，以此发现儿童的潜力和特点，识别并培养他们区别于他人的智能和兴趣。

其次，多彩光谱评价活动模糊了课程与评价之间的界限。这一点是针对传统智能测试采用儿童不熟悉的、由测试者操纵的、规定时限的、标准化的方法对儿童进行评价的弊端提出的。传统的课程和评价是相分离的，课程是课程，评价是评价，评价往往在课程结束后进行，这种评价所获取的信息并不能真实反映儿童的学习情况。而多彩光谱评价活动并不是游离于课程之外，而是融入课程当中去评价儿童的表现，就像教室里开展的其他活动一样，必要时老师还会给予提示或帮助，努力做到使评价成为教师日常课程的一个有机组成部分。儿童的学习是一个持续的过程，评价也应如此而不能在儿童学习后进行，评价内容同时也是课程内容，当评价与学习自然地交织融合在一起时，教师就可以长期地观察到儿童在各种情境中的表现，从而获得有关儿童智力的多方面信息，记录下儿童某个领域或是跨领域的动态变化，从而对儿童智力能力进行更为准确的描述。

再次，评价内容和标准更加多元化。传统的评价内容注重的是考查学生的智力、知识、成绩等方面，往往轻视情感、社会性、艺术等方面，评价内容较为单一片面。多彩光谱所倡导的评价观认为每个儿童的智能、兴趣、爱好、潜能、风格都是多样的、不同的，每个人的智能都有独特的表现形式，每一种智能也有多种表现形式，没有一个评价标准是适用于任何一个人的。同时，每个人也都存在智力上的优势与弱势。儿童某些方面的弱势并不能说明儿童的智能是有问题的，评价的目的在于找出儿童发展的优势与劣势，然后提供适宜的学习机会和学习经验以及各种操作材料等来提高儿童智能弱项，并通过发展儿童的智能强项来带动儿童的智能弱项。因此，多元智力理论的评价既不是为了发现神童，也不是为了对儿童进行名次上的排队，而是旨在"帮助儿童发现、培育自己的智能优势，并以强项带动弱项的学习，建构自己的优势智力组合，实现自身全面、和谐的发展"。多彩光谱称其为"搭建桥梁"，也就是利用儿童在强项领域的经验，帮助儿童建立自信心和自尊心等积极情感，引导他们进入其他广泛的学习活动中。所以，我们在对儿童进行评价时，就应该避免用一种整齐划一的标准来对他们的发展表现做出统一判断，更应该关注每个儿童的独特智能在特定活动情境中的表现。

又次，评价的目的是促进儿童发展。通过评价更好地帮助儿童、促进儿童发展，是当代教育评价的出发点和归宿。以多彩光谱评价方案反思我国已有的传统评价可以发现，在我们传统的对儿童的评价中，过分强调评价的甄别和选拔功能，而忽视评价的发展功能，因为评价者往往花大量的时间来对儿童进行标识，评定等级，贴上"标签"，造成为了"评价"而"评价"，失去了评价旨在促进教育教学和儿童发展的目的。若要帮助儿童更好地发展，前提是了解儿童，多彩光谱评价方案的优势就在于通过识别儿童的智能强项和弱项了解儿童的发展情况，当然，识别儿童的智能强项和弱项也并不是多彩光谱评价的最终目的。当通过评价活动了解了儿童的智能强项后，应给予儿童积极的肯定和表扬，以增强儿童的自信心，让儿童认识到自己的智能强项后，教师再以此为切入点，引导儿童利用自己优势领域的学习经验去进行其他领域的学习，并以优势领域的智能带动弱势领域智能的发展，最终达到促进儿童全面和谐发展的目的。[1]

最后，关注儿童的活动风格特征。多彩光谱评价方案还有一个值得我们借鉴的方面，就是关注儿童的活动风格。活动风格用于描述儿童在各种情境中与任务和材料的互动关系，是从过程维度而不是结果上来反映儿童的学习或游戏。其具体内容涉及儿童是否愿意参与活动、参与活动时的自信心表现、游戏性、专注程度、坚持性、工作速度、健谈性、计划性、创新性、成就感以及与成人的互动等18种明显的风格特征。评价方案对每种活动风格都进行了详细界定和说明，设计了活动风格检表。教师可以运用这些检表，对照风格的界定和说明，考查儿童在各个领域活动时所展现的不同风格特征。[2]

多彩光谱评价方案以加德纳和费尔德曼的理论为基础，其评价观念有很多值得我们借鉴和学习之处。当然，我们并不是一味强调多彩光谱方案的先进性，在借鉴其优秀性的同时，对于其理论不足之处，我们应该用扬弃的眼光去看待。因为多彩光谱方案仍有诸多问题未解决。比如，该评价方案所提出的教学建议和课程发展方向往往是针对整个智能领域或整个活动的，而不是面向个体儿童的不同表现，使得这些建议的针对性和有效性相对欠缺；还有一点就是该方案所设计的活动在我国幼儿园中不一定是常用的或常见的，我们运用多彩光谱方案需要根据我国幼儿园自身的特点来设计自己的活动。另外，该方案对

---

① 姚伟，华金道. 多元智能理论的评价观及其对我国儿童发展评价的启示 [J]. 外国教育研究，2004（9）.

② 于开莲，焦艳. 两种学前教育评价新方案的对比——多彩光谱评价方案与作品取样系统 [J]. 学前教育研究，2009（8）.

所收集资料的分析以及如何用来改进教育教学也没有深入的论述，这也是较为欠缺的一方面。因此，我们对多彩光谱评价方案的学习与借鉴并不能采用"拿来主义"生搬硬套，而是应该有选择地去运用它。

参考文献

［1］［美］厄瑞厄维斯基．多元智能理论与学前儿童能力评价［M］．李季湄，方钧君，译．北京：北京师范大学出版社，2001．

［2］于开莲，焦艳．两种学前教育评价新方案的对比——多彩光谱评价方案与作品取样系统［J］．学前教育研究，2009（8）．

［3］姚伟，华金道．多元智能理论的评价观及其对我国儿童发展评价的启示［J］．外国教育研究，2004（9）．

［4］陈丽玲．幼儿园教育评价的探讨——多彩光谱评价项目在幼儿园的实践与思考［J］．吉林教育，2010（8）．

［5］张玉，王芳．从多元智能理论与新《纲要》看我国儿童教育评价［J］．魅力中国，2010（2）．

［6］冯晓霞．多元智能理论与幼儿园教育评价改革——发展性教育评价的理念［J］．学前教育研究，2003（9）．

（本文系北京青年政治学院科学研究基金项目研究成果，作者为北京青年政治学院青少年教育与管理系助教）

学习型社会离不开成人高等教育

邢　艳

随着我国教育体制改革的深入发展，普通高等教育的招生制度有了实质性的改革，但成人高等教育招生制度的局部调整已不能满足成人高等教育自身发展的需要和社会对成人高等教育发展的要求。近年来，成人高等教育的招生对象越来越少，成人高等教育的招生出现了严重下滑现象。

一、成人高等教育面临生存挑战

人所共知，成人高等教育确实为社会成员整体学历结构的改善做出了贡献，但成人教育曾拥有的优势正在弱化，曾有过的辉煌正在消退。当前，我国成人教育的发展进入了一个紧要关口，在经历了多年持续发展后将面临前所未有的生存挑战。面对这种现实状况，成人高等教育迫切需要分析和总结原因。成人高等教育如何生存和发展是我们必须探讨和面对的重大现实课题，这也对成人高等教育的发展与定位提出了新的要求。

（1）成人高等教育的生源逐年萎缩。近年来，成人教育的生源出现萎缩，主要体现在生源不足和生源质量差两个方面。原因主要有以下几点：一是高校扩招对成人高等教育生源的影响。从 1999 年开始连续数年扩大高等教育招生规模，使普通高等教育在校生规模直线上升，在校生数由 1998 年的 340.87 万人增加到 2007 年的 1884.90 万人，增长了 5.53 倍。普通高校持续这多年的大扩招和国有民办二级学院的兴起，对成人高等教育生源的冲击，在录取率、录取分数线和普通高中升学率上都非常明显地反映出来。二是学历需求日益饱和。经过近年来的普通高校扩招以及多年的成人高等教育培训，北京各个用人单位在岗人员基本已取得了相应的大专或大专以上学历。现在所需专科学历的人员更主要地集中在一些城乡结合部和外来打工人员，但此类人员由于经济压力大、时间等问题无法进行学习，也造成了办学规模的锐减。

（2）成人高等教育在培养人才上的质量意识落后。作为成人高等教育的办学主体，对学生的继续教育是要使学生赶上现代社会的发展步伐、不断提高知识，增强自己的创新能力，并以此来促进社会和谐、快速发展。然而在经济效益的驱使下，管理部门对成人教育的功能及目标定位出现了偏差，一味地追求效益，将创收经济效益放在第一位，对教学质量的监控力度不够，忽视了教学质量，导致教育质量下降。

（3）成人高等教育在社会上的认可度不高。成人高等教育随着高等教育体制改革的深入，确实为社会的进步做出了应有的贡献，但其社会地位未能得到社会应有的肯定和重视，其在社会发展中的积极作用也被忽视。首先，受中国传统思想的影响，在多数人眼中，普通高等教育才是被社会认可的正规教育。目前，成人高等教育招生对象多数是学历相对不高的在职人员，比如部分工厂生产线上的工人。现在各用人单位很在乎第一学历或最高学历是否脱产，对继续教育学历证书的认可度不高，认为其价值远不如普通高校学生。其次，由于招生群体的特殊性，学生学习热情普遍不高，学习质量受到一定影响，录取分数逐年下滑，造成了恶性循环，使得成教学生在社会上的认可度逐年下降。

二、学习型社会离不开成人高等教育

要"全面建设小康社会"，其中一个重要目标就是建设全民学习、终身学习的学习型社会，推进人的全面发展。党的十六大报告明确提出要"形成全民学习、终身学习的学习型社会，促进人的全面发展"。而成人高等教育是实现人的全面发展的有效途径。其可以提高学历，提高从业人员的上岗能力，提高从业人员胜任岗位和适应岗位的能力，最终的目的则是通过不断的学习，使从业人员的知识和技能得到不断提高，使其才智得到不断开发，最终实现人的全面发展。

成人高等教育作为促进社会和谐发展的文化要素，具有重要的和谐功能。教育在社会和谐发展及社会主义和谐社会的构建中具有重要的战略地位。而高等教育无疑是战略的重点，承担着更为重要的社会和谐责任，具有和谐素质培养及和谐文化建设的特殊使命。成人高等教育是社会和谐素质培养及提升的有效手段，是改善人的发展状态的根本途径，是核心性的社会和谐要素。从某种意义上讲，社会和谐问题可以归结为文化问题，而和谐文化问题又可以归结为教育问题，这就决定了教育在社会和谐发展中的战略地位。

人人都能终身学习并能终身受到教育，是社会发展的一种目标、一种结果。构建学习型社会，终身学习、终身教育体系是提高人的素质、提高人的生活质量、促进社会的发展、建立学习社会的基础之一。终身学习、终身教育体系则是实现学习型社会的一种途径、一种手段。成人高等教育是形成全民教育、全民学习的具体形式，也是提高全民素质、形成高素质的人力资源的重要途径。在学习型社会里，全体公民都是教育对象，同时也是学习的主体，成人高等教育可以为全体公民提供广泛而平等的受教育机会。提高全民素质和人力资源开发都强调每个人需要有机会发展自己，而这一发展是一个持续的、终身的学习和教育的过程，需要把正规教育与非正规教育衔接起来，需要把职业培训与社区教育衔接起来，这样才能提高全民素质，才能形成高素质人力资源。

当前，应充分发挥成人高等教育在构建和谐社会和终身教育体系中的作用。要想实现建立终身学习的学习型社会、促进人的全面发展这一目标，需要各方面的广泛关注和参与。在当今的学习型社会中，人们要想得到更多的发展机会，就需要终身学习，而从业人员的学习需要鼓励。发挥成人高等教育在构建和谐社会中的积极作用，是破解成人高等教育瓶颈的有效途径。

成人高等教育扮演的角色应该是更好地为学习型社会服务，能够将两者的科学性与灵活性有机地结合起来。它所要追求的社会发展目标是将人的学习、自我实现和成为一个全面和谐发展的人三者理想地结合起来。实现这样的结合，社会必须支持一个人在其一生的不同生涯阶段获得教育、享受教育，帮助劳动者获得生存与发展的能力，而成人高等教育便成为促使各种学习生活遍及全社会的有效载体。因此，要将社会的发展目标作为成人高等教育发展的新的增长点和亮点，体现出成人高等教育的全员性、终身性、实用性，为全民终身学习和终身接受教育、实现自身价值、构建学习型社会做出贡献。

综上所述，成人高等教育是建立覆盖全社会的终身教育体系的重要力量，建设学习型社会也是落实科学发展观、构建和谐社会的重要途径。我们应本着适应社会、发挥特长、量力而行的原则，确定适当位置和发展方向，使成人高等教育在社会经济发展的变革中适应变化，使成人高等教育能够合理地、连续地向前发展。成人高等教育应尽其所能，全力推进学习型社会建设。

参考文献

[1] 张文忠，宗伯君. 我国高校成人教育的发展趋势与管理体制改革［J］. 继续教育研究，2010（3）.

［2］纪望平．现阶段我国成人教育面临的困惑和对策［J］．高等函授学报，2007（7）．

［3］张东初，裴旭明，等．我国成人高等教育招生方面的缺失与对策［J］．成人教育，2008（2）．

［4］赵卿敏．学习型社会创建与成人高等教育发展转型［J］．成人教育学刊，2004（9）．

（本文系北京青年政治学院科学研究基金项目研究成果，作者为北京青年政治学院继续教育学院讲师）

网络环境下英语新闻对高职英语教学有效性的行动研究

马　红

一、导言

近年来，高职英语教学在不断探索中改革，教学效果逐渐提高，就业率不断提升。然而相对而言，高职学生的英语水平却相对薄弱，距离用人单位的要求还有相当一段的距离。语言的输入对语言的学习有着至关重要的作用。有效的语言输入是促进语言能力的重要途径。英语新闻具有主题广、词汇新、时效性强等特点，能够为学生提供真实的输入材料，是高职课本的有效补充，对于高职学生英语水平的提高有重要的作用。教师可以根据学生实际交流的需要，在课堂上及时补充学生需要的真实性语言材料，将语言学习和真实的生活结合起来，定能有效地提高英语学习效率，英语语言的产出将能满足职业的需求。关于英语新闻教学能否对高职产生预期的积极影响，教学内容和教学方式是否需要做出调整，笔者通过对受教学生进行行动研究，为高职英语教学提供有价值的依据。

二、理论来源和依据

20 世纪 70 年代，人们开始对语言学习产生关注并进行研究。Krashen（1985）提出语言习得理论，其中包含语言输入假设理论。Krashen（1982）认为，习得者接触的可理解的输入越多，其外语能力就会越强。课堂教学的效果取决于教师可理解的输入量的多少。提供足够可理解的输入教学法要比其他任何传统的教学法都可行。发展语言能力的理智做法是增大可理解性的输入（Krashen，1998）。加拿大的部分教师根据 Krashen 的理论进行了实验研究，在加拿大以英语为母语的学生中进行浸入式法语教学，即数学课、物理课、化学课等均使用法语讲授，教学效果良好。根据 Krashen 提出的输入假设理论，英语新闻能够满足高职学生关注社会现象和英语交际应用的需求，学生英语应用能力会有所提高。

三、研究内容与研究对象

（一）研究问题

（1）通过高职英语课堂上的英语新闻学习，能否促进学生就社会热点话题展开英语口语讨论，即能否通过北京英语口语等级考试？

（2）高职英语课堂上的英语新闻学习是否会对学生的英语学业 AB 级考试成绩产生影响？

（二）研究对象

参加本研究的对象为北京青年政治学院 2014 级非英语专业的学生。专业有社工、青少、文秘、法律、管理、财经、传播系等不同系别的学生。教师将传播系两个班网络英语 1 班、2 班的学生设为实验班学生，其他班级的学生设为对照班的学生。实验班（2014 级网络英语 1 班、2 班）的学生进行英语新闻教学，而对照班的学生则不进行英语新闻教学。

（三）研究工具

本研究采用定量和定性相结合的方法。研究工具包括调查问卷、学生 AB 级考试、北京英语口语等级测试（BOEC）、学生访谈等。其中，北京英语口语等级测试的主要测试的内容为社会热点话题的讨论。调查数据采用 SPSS 统计软件进行分析。

四、研究过程

第一轮实验：教师讲授新闻。在文献调查的基础上，按照传统高职英语授课方式进行英语新闻教学。教师在进行正常高职英语课程教学前，利用每次英语课的 10～15 分钟播报并讲解精心挑选的英语新闻。第一遍播报后将新闻中的生词、短语和特殊表达一一进行讲解释义，第二遍以正常语速再读一遍。然后，就新闻内容提出 2～3 个问题供学生思考，并在读完第三遍后要求学生回答问题。问题形式有事实性信息、观点阐述、新闻评论等。

第二轮实验：自我新闻学习。根据第一轮课堂观察法得出的结论，部分同学由于词汇量不够，所表达的见解往往不够深刻；部分同学鉴于听力理解不到位，所听到的内容有时不符合新闻的主要内容。学生学到的东西不多，要想真正从英语新闻中学到东西，需要教师讲英语新闻文稿并逐句解释，但相应所需时间也大大增加。根据教师的经验，并参照翻转课堂的授课方式，第二轮改为课前 15 分钟由教师指定的英语新闻小组阐述。教师课前将学生分为 3~4 人一组，自行选取网络英语新闻，可以选择视频音频，将所选取的新闻在课上进行讲解并做出总结，总结后由新闻学习小组向其他同学提出问题，由学生口头回答。教师给出英语新闻学习网站 www.chinadaily.com.cn，并鼓励学生运用网络搜索技术寻找合适的资源。在学生准备的课前和课后，教师均给予相应的指导。

五、总体效果

经过一年的英语新闻教学，实施的效果主要通过两个考试来检测。一是北京英语口语等级考试（BOEC），二是全国高职高专英语应用能力等级考试（AB 级）。实验班的同学 BOEC 中级的通过率为 85.4%，对照班 BOEC 中级的通过率为 50.1%。实验班 B 级考试的通过率为 90.91%，对照班 B 级考试的通过率为 79.02%。实验班 A 级考试的通过率为 81.74%，对照班 B 级考试的通过率为 49.07%。

（一）北京英语口语水平等级测试（BOEC）

学生（BOEC）社会热点话题口试得分平均值及独立样本 t 检验如下。

	班级	N	Mean	Std. Deviation	Sig.（Error tailed）	t
测试分数	实验班	80	9.6333	1.6578	0.64	1.874
	对照班	80	10.2223	1.4567		

从上表中可以看出，学生成绩呈正态分布，学生分数明显提高。从收到的 BOEC 口试录音中可以看出，学生讨论的话题范围明显扩大，对社会诸多热点问题也能表达自己独特的观点和看法，如针对房地产发展方向、延迟退休、中国文化或政治问题，也能和口试官进行交流；使用的词汇和句型也较之前有所丰富。

（二）学生 A 级通过率及平均分

	通过率	平均分	标准差	听力	语法结构	阅读	翻译	作文
实验班	81.74	75.14	16.49	12.74	9.36	30.08	14.56	8.40
对照班	49.07	56.88	16.64	8.79	6.93	25.15	10.45	5.57

从数据来看，对照班学生成绩远远超出实验班学生成绩。为了进一步验证试验的结果，教师就受教学生进行了随机访谈。绝大多数同学对英语新闻教学持肯定态度，也有少部分同学持否定态度。支持的同学普遍认为英语新闻是很好的学习资源，既能跟上时代的潮流，又能学到新的表达方式，同时也提升了自己的国际视野，而且比单独学习课本有所收获。持否定态度的同学更喜欢听

教师讲课而不是自己讲课。

六、结论

在为期一年的英语新闻教学实验过程中，无论教师还是学生都收获丰富。教师对新的教学方法和内容进行了尝试，对英语教学更加熟练，并能提炼出行之有效的教学法。学生通过自我资料的查找，不仅学会了读新闻，对网络技术的应用也熟练起来。学习小组为了讲好一则新闻，往往需要查找十几篇新闻，并不断练习来达到最好的教授效果。通过学生的访谈，部分同学非常重视英语新闻的学习，在教师的指导下，对英语新闻的有效输入非常赞同，针对每次英语新闻的讲解都能够准备充分。因此，我们可以得出结论，英语新闻的教学补充了高职英语课本的不足。高职课本内容以应用文章为主，内容虽实际有用但比较枯燥。而新闻学习拓宽了学生的学习范围，增强了国际视野，更重要的是自己动手查找锻炼了自我学习的能力，并增加了学习的乐趣。英语新闻的学习提供了一个课本之外的空间。这也促进了学生对正常教学内容的吸收，提高了学习效率。基于此，学生英语学业考试成绩的提高便是理所当然的。

本行动研究的数据显示，网络英语新闻的学习有助于高职学生进行英语学习。学生学习课本的兴趣变成自己动手获得时效性强的社会热点问题。英语新闻学习，能帮助学生建立正确的英语学习方法，增强英语学习的自信心。作为有效的语言输入方式，英语新闻弥补了高职英语课本的不足，不仅使学生的英语学习与时代同步，更能提高学生的学习兴趣，并在短期内就能使学生看到效果（成绩的提高）。真实的材料输入开阔了学生的学习视野，提高了学生的学习积极性。因此，高职英语教学可以合理地安排这一教学环节。

参考文献

[1] 贾冠杰. 论克拉申的语言输入假设在我国外语教学中的运用 [J]. 解放军外国语学院学报, 1997 (3).

[2] 文秋芳. 输出驱动假设与英语专业技能设置改革 [J]. 外语界, 2008 (2).

[3] 曾泽林. Krashen 语言输入假说理论述评 [J]. 基础教育外语教学研究, 2009 (2).

[4] 杨金蕊, 刘晓青. 运用网络英语新闻促进大学英语教学的实证研究 [J]. 山东外语教学与研究, 2012 (2).

（本文系北京青年政治学院科学研究基金项目研究成果，作者为北京青年政治学院英语系讲师）

影响 VPN 技术在高职图书馆数字资源共享中的因素剖析

张　冰

信息网络技术促使图书情报工作在图书馆形态、服务方式、读者对象、服务理念等方面都发生了巨大变化，这给高职图书馆的发展带来挑战的同时也带来了机遇。其中，（虚拟网络技术）VPN 的发展和日益成熟，为处于发展建设中的高职图书馆实现数字资源的共建共享开辟了一条新的出路。兴奋之余，我们深知图书馆数字信息资源的共建共享是一个庞大的系统工程，单纯从 VPN 技术角度进行数字资源共享的探讨还远远不够。本文试图从非技术层面多角度分析影响 VPN 技术在高职图书馆数字资源共建共享中的诸多不利因素，旨在寻求实现高职图书馆数字资源共建共享的良方妙计。

VPN 作为数字资源的最新传输手段，可以在较低的门槛下，以较少的投入，较快地提高自身的数字资源服务质量，为高职图书馆实现数字资源共享提供了便捷之路。然而时至今日，在高职图书馆，数字资源共建共享却依然停留在理念上，利用 VPN 技术还未提上议事日程。

数字资源的共建共享虽然指的是一种结果，但从整体来看，更多则表现为一种过程，它除了涉及与数字资源文献有关的生产、组织、加工、传播、吸收、利用等各个领域，还与社会行政管理体制、法律法规等因素有关，它们之间错综复杂的关系干扰着 VPN 技术在高职图书馆数字共建共享中的应用。

一、缺少一定数量的特色数字库，数字资源共享的物质基础不牢

近年来，很多高职院校每年用于购买数字资源的经费持续上涨，拥有了一定的数据库产品、电子图书、电子期刊，但利用 VPN 搭建的技术平台进行资源共享的准备工作还不充分，数据库资源从数量到种类还不达标，特别是没有特色数据库。现以北京地区 8 所示范高职院校图书馆数字资源建设情况统计为例，如表 1 所示。

表1 北京地区8所示范高职院校图书馆数字资源建设情况统计

学校名称	中文数据库	外文数据库	电子图书	自建数据库	总计
北京农业职业技术学院	18	0	4	4	26
北京青年政治学院	16	2	4	0	22
北京政法职业技术学院	17	0	3	0	20
北京工业职业技术学院	11	2	5	0	18
北京信息职业技术学院	12	0	1	0	13
北京电子职业技术学院	12	0	0	0	12
北京财贸职业技术学院	7	0	0	0	7
北京戏曲艺术职业技术学院	3	0	1	0	4
合计（个）	96	4	18	4	122

从以上统计来看，北京市8所重点示范校数字资源建设状况是：中文数据库共计96个，外文数据库共计4个，电子图书共计18个，自建数据库共计4个，合计数据库数字资源仅达到122个。

以上合计表明，8所示范校数字资源类型覆盖面窄，只有中文数据库、外文数据库、电子图书、自建数据库4种类型，还缺少光盘数据库、单机版数据库、联机数据库、事实数据库等。与许多数据库种类齐全、量大质高的院校图书馆相比，高职院校图书馆相差甚远。

在北京市68所高职院校中，只有3所院校是中国高等教育文献保障系统的成员馆，绝大多数院校图书馆在数字资源建设上还在无组织、无计划地闭门造车，数字化标准和程度都各不相同。众所周知，自建数据库是最能反映本校特色专业、深层次揭示本校办学特色的拳头数字产品。从以上特色库合计来看，8所重点示范校数字资源只有北京农业职业技术学院所示范院校的图书馆拥有本校的自建数据库，数量也仅有4个（教职学术文库、专业资料库），其余7所院校图书馆在自建数据库建设上仍然处于零起步阶段。在外文数据库建设上，8所示范校中只有2所拥有外文数据库，其余6所院校图书馆均没有购买。

数字资源共建基础弱、共享效率低的原因是：（1）中文全文库和文摘库较多，因各校都重复购买，缺少统一协商，集团购买所致；（2）外文全文库和引文库较少，因只有部分教师使用，借阅率偏低，再加上费用偏高所致；（3）特色数据库开发进展缓慢，因缺少大量的懂数据库技术开发的人才。面对现状，高职图书馆同人难免发出这样的感叹：自身读者都无法满足，拿何与他人进行数字资源共享?

数字资源建设主要是指数据库建设,数据库建设重点是特色数据库建设。基于 VPN 技术的数字资源共建共享,围绕社会需求,开创特色服务是图书馆的生命所在。尤其是高职校小型图书馆,在当今竞争激烈的市场经济面前,有了特色,才能在数字信息共享平台上占有一席之地,才会有生存的依托。

高职图书馆办馆规模、办馆层次决定了自身小型馆的特质。在发展迅猛、高校林立的大中型馆中生存发展,高职图书馆淡忘了自身服务范围相对小,读者群体相对集中,所花费的人力、物力、时间都比大中型馆要少得多,特色功能更容易发挥等,没有明确其自身优势而树立扬长避短的办馆思想,影响了挖掘自身潜力的工作意识。

高职校图书馆数字资源建设整体水平依然处于初级的购买数据库产品的起步阶段,进行自行开发特色数据库的能力欠佳,在开发属于本校的特色数据库、专业数据库、教学参考数据库、毕业论文数据库、网络信息数据库等领域仍需要较长的时间,利用 VPN 技术进行数字资源共享的基础条件还未成熟。

二、数字资源服务在教学科研中的作用不大,读者对图书馆的依赖程度呈下滑趋势

传统的以书刊借阅为主的静态服务已满足不了读者对数字资源求新、求快、求变的信息需求,新的信息环境促使图书馆信息服务处在需求—数字资源—服务—反馈,以及反馈—需求—数字资源—服务这样一种动态的服务过程中。高职图书馆由于对数字资源建设意义的认识还不够深刻,认为纸本资源利用率高于数字资源,再加上经费紧缺,因此在资金使用上更重视纸本资源的建设,这就影响了数字资源投入力度。

目前很多馆没有明确自身属于应用型图书馆的性质,在以学院学科体系为构架进行数字馆藏资源建设上,与学校重点学科、骨干专业匹配得不好,使本校数字资源行业化、职业化特色凸显不够,难以与高职的教学科研水平同步发展。

数字资源的建设水平偏低,数字资源零散不规范,缺少读者贴切的数字信息资源,在数字信息服务上不能整理、传递具有高职特色的数字资源。这导致数字资源的不适用程度较高,读者与图书馆互为依存、互为推动的关系没有得以充分体现,读者对图书馆的依赖程度呈下滑趋势。应用 VPN 技术实现高职图书馆数字资源共建共享的原动力不足。

三、没有稳定的图书馆联盟及共同的愿景目标

浙江、安徽两省党校系统图书馆利用 VPN 技术，先在小范围区域实施数字资源共建共享，逐渐扩大合作伙伴，实现了跨省党校系统数字资源的共建共享，极大地改善了省级党校系统数字信息服务状况。他们的成功经验告诉我们，图书馆的信息数字资源共享仅靠几个技术部门的合作是不能成功的，共建共享事业除了搭建 VPN 等技术平台，还需要强有力的组织结构——图书馆联盟做数字资源共享的组织保证。

高职图书馆联盟的建立需要从基础联盟，即从建立区域图书馆联盟开始。高职院校作为区域经济的重要组成部分，与本地区企事业基层单位在实习、实训、就业等方面有着密切的合作关系，但在图书馆数字资源共享中缺少主动性。原因如下：首先是持续多年的"学术导向"淡化了职业院校的图书信息资源的职业性，高职图书馆没有能力发挥本地区信息服务中心的作用；其次是在故步自封的自我意识中因循守旧，坐井观望，再加上坚不可摧的地区部门界限，建立跨区域图书馆组织联盟、开展数字资源的共建共享只是纸上谈兵。

联盟中心—区域中心—成员馆三级模式是许多图书馆组织联盟的基本模式，高职校由于本系统内各图书馆数字资源集成和自动化系统各自独立，横向交流的愿望不强烈，进行数字资源共享的内容也涉及很少，多年来也没有按照数字资源共享的基本模式去工作。

高职图书馆的组织联盟，其工作委员会已成立多年，每年工作会也是例行公事，会议内容仅仅是汇总下一年的大事记，表彰一下先进，会议结束后，大家就互不干涉了，各开各的门，各办各的馆。

就目前我国数字资源共享的不同类型的联盟组织机构多呈结构松散、缺少凝聚力的状况来看，实现大范围的跨区域数字资源共享是难上加难。具体到高职高专图书馆系统内的情况也是如此，各高职馆基于在办馆规模及数字资源拥有量、信息服务能力等方面的差异不大，以及相互间共同的成分多而互补的成分少等因素，在承担责任义务上不容易心态平衡，合作顾虑多于合作意愿，因此在很多内部业务工作上不易产生密切的联系。即使是本系统内建立的馆际联系，共建共享合作也只是停留在表面，如只在联盟网站上列出了成员馆的信息，凭借馆际互借证到其他成员馆借阅一些数字文献，开展的依然是已进行多年的传统馆际互借工作。由于数字资源数量有限，成员馆读者互借请求经常不能实现，深层次的定题服务、科技查新等服务也没有开展。

这种没有馆际合作、互惠互利，解决不了数字资源上急需的许多问题的组织机构可以说是形同虚设，导致高职图书馆小范围的共建共享也难以实现。在没有共同利益相连、结构松散、重形式而少内容的形式组织联盟中，即使引入VPN技术，也没有太多用武之地。

如果说引入VPN搭建的是数字资源合作共享的技术网，那么组织机构就是共建共享合作关系网。我国传统的文献传播系统是按行政系统建制的，受这种条块分割、各自为政的隶属关系影响，搭建馆际关系网的难度远远大于技术网。虽然大家口头上不反对数字资源共建共享，但长期各自的本位主义思想严重左右着人们，使得共建共享的意识无法成为人们自觉的行为。

四、缺少数字资源管理的人力、物力，数据库标准化程度不高

高职图书馆自动化工作起步晚，计算机人员少，多数馆员除了忙于应付日常工作，只能停留在书目的回溯建库上，在整合、规范、管理数字资源，使其更加有序化上，明显感到力不从心。高职图书馆数字信息整合工作开展不起来。

当前文献信息数量和种类的激增，以及数字资源内容的综合、模糊、复杂，给读者获取某一学科、某一专题的全部信息带来不便，大量数字文献信息内容交叉重复、虚假无用，处于失控状态，数字文献信息作为进行共建共享的物质基础，需要通过某种机制或标准，对不同性质、不同来源和不同格式的数字资源进行描述与链接，为读者获取一步到位的高质量数字资源。

中国高等教育文献保障体系（简称CALIS）的宗旨是把国家的投资、现代图书馆服务理念、先进的技术手段、高校馆丰富的文献资源和人力资源整合起来，建设以中国高等教育数字图书馆为核心的教育文献联合保障体系，实现信息共建、共享，以发挥最大的社会效益和经济效益，为高等教育服务。高职图书馆作为高等教育的一部分，应积极成为CALIS的一员。据2008年网上数据统计，北京市20所高职图书馆中只有3所成为CALIS成员馆，绝大多数的高职馆在数字资源建设上都处于各自为政的盲目建设之中，一方面信息超载，人才缺乏，在数字资源管理的人力物力上明显感到力不从心；另一方面又将有限的精力用在了盲目低水平的重复资源建设工作中。就目前高职校有限的整体实力来看，不具备利用VPN技术开展数字资源共建共享的能力。

五、没有严谨的资源共享的法律法规，共建共享中多种利益均衡问题得不到协调解决

图书馆法律政策是图书馆事业健康发展的保证，合理完善的制度能促进图书馆事业健康稳定的发展。但我国图书馆法制建设滞后，同样制约了我国数字资源共享事业的发展。欧美一些发达国家对数字信息资源共享极为重视，纷纷颁布了各种法规条例来保障文献数字资源的收集和整理，以更好地为读者服务。我国至今没有一部图书馆法规要求必须承担共享义务，也没有对提供数字资源共享者的奖励机制，造成现阶段共享双赢的观念不被接受，许多人认为共享就意味失去了数字资源，由此出现了竞争强于合作的心态。

数字文献信息数据库的开发商（如 CNKI、超星、维普等）必然追求利益最大化，而图书馆联盟则为避免重复建设而追求投入的最小化和共享效果的最大化，因此，版权问题、文献信息开发商与图书馆联盟馆之间的利益均衡问题是整个图书馆界大规模走联盟合作、走共建共享之路的主要障碍。没有严谨的共建共享的法律法规做保障，涉及的版权保护、商家利益与数字资源共享联盟之间的利益均衡等问题得不到协调解决，这无一例外地影响着 VPN 在高职图书馆数字资源共建共享中的应用。

六、没有灵活的行政体制及开放的领导意识

我国的行政体制是按严格的行政系统建制的，条块分割、各自为政的隶属关系使得各单位对共建共享的心态各异，数字资源多的担心收益小而麻烦多，数字资源少的迫切想得到帮助却无力参加数字资源建设工作，大家都认为即使不出力也不牵涉太多个人或本单位利益，造成数字资源共建共享的口号长久以来无法成为现实。再加上领导思想认识不够，对数字资源共享、馆际协作的紧迫感不够，目前加入数字资源共享行列的高职馆在全国范围内也是寥寥无几，以致在高职学校发展建设规划中，院校领导只将教学、科研放在首位，把图书馆作为后勤部门，利用 VPN 技术进行图书馆数字资源共享、馆际协作建设工作更是提不到发展建设的日程上。

对此，应该承认和认识到，从过去到现在，这里存在一个误区，有些人并不承认文献数字资源应为全民所共有共享。在我国，国家机关、事业单位的图书馆及其所收藏的文献数字资源大多为部门和单位所有，别人要想查阅，门槛很高，规定太多，为的是自我利益的保护和获取。这种认识和作为已流行了

20 多年，惯性的思维模式和不良影响根深蒂固，遍及全国。

实现数字资源共建共享、馆际协作的障碍来自多方面，各种因素相互制约，严重影响了 VPN 技术在高职图书馆数字资源共建共享中的应用。

笔者认为，这是普遍现象。这种局面单靠地区和部门的非权威协调机构或几个图书情报部门的一般性工作是改变不了的。只有建立一个全国性的权威机构进行宏观控制和干预，制定切合实际的共享政策，确立明确的共建共享、协作计划，调动起政府机构、图书馆及社会各个方面的积极因素，开展图书馆数字资源共建共享才会成为可能。

VPN 技术作为一种新的数字信息传输手段，只有在良好的共建共享的环境中才能如鱼得水般地自如运用。

参考文献

[1] 马文瑜. 试论社会科学文献数字资源的共享障碍 [J]. 图书与情报，1998 (1).

[2] 马丽华. 高职院校图书馆数字资源建设研究 [J]. 北京青年政治学院学报，2011 (3).

[3] 王微. 图书馆的法律政策保障与可持续发展 [J]. 图书馆学刊，2011 (10).

（本文系北京青年政治学院科学研究基金项目研究成果，作者为北京青年政治学院图书馆馆员）

关于高职院校教师流动的思考

韩丽丽

没有好的教师，就不会有好的教育。教师作为决定高职院校教育质量核心要素的地位愈加明显。教师流动一方面有利于教师资源的合理配置，另一方面也成为制约高职院校发展的重要因素。

一、高职院校教师流动现状分析

高职院校教师流动是个复杂的社会现象，主要表现在以下几个方面。

从流动动机来看，高职院校教师流动原因多元化。有的是为了追求更高的工资福利，有的是为了追求更高的职业职位，有的是为了进一步出国深造，有的是为了追求更宽松的工作环境，有的是为了追求更为融洽的人际关系，有的是为了跟配偶团聚。教师流动的动机不再是单纯为了追求经济利益，而是呈现多元化的特点。

从流动主体来看，高职院校教师流动以中青年教师为主。特别是优秀青年骨干教师流动严重，且在一定意义上可以称为"教师流失"。这些优秀青年骨干教师不仅在教学上有精湛的技巧，而且对于学校里教师精神面貌的建设、教师团队的提高、学生学习氛围的强化都起到一种推动作用。

从流动结构来看，高职院校教师中的一些热门专业教师流出较多。例如，计算机、英语、艺术等流动的比例大。

从流动去向来看，高职院校教师流动去向比较多元化。有的从中西部地区流向沿海发达城市，有的向海外地区流动，有的向普通高校流动，有的向政府部门流动，有的向企事业单位流动，有的在教育系统内部流动。总体而言，经济发展的差异和教育资源的失衡以及教师发展机会的不同等存在一定差距，推动了教师流动。

此外，还有一种隐性流失现象。所谓隐性流失，是指一些教师虽然身在校内，但心在校外，尽管没有离开工作岗位，但是没有将其主要精力用于学校的教学科研工作，而是在为离开学校做准备。这些"身在曹营心在汉"的教师，不仅影响教学质量，也堵塞了有意向投身于教学工作的人才的进入，以致形成了"想留的留不住，想进的进不来"的现状，妨碍了教师队伍整体素质的提高。

二、高职院校教师流动的影响因素

高职院校教师流动的原因是多重的，有这种职业本身的特点与教师的自身素质问题，当然也有社会经济、工资待遇、教学环境、生源状况等一系列因素的影响。

第一，经济发展不均衡导致教育资源配置失衡。改革开放以来，我国在经济发展上采取非均衡发展战略，东部沿海地区的发展蒸蒸日上，而中西部地区虽然因国家也已吹响"西部大开发"与"中部崛起"的号角而取得了一定成效，但与东部特别是东南沿海地区的差距依然很明显。不同地区的城乡发展差距也较大。经济发展水平与教育发展水平存在密切关系，经济发展的不平衡必然导致教育发展的差距。与此同时，不同院校之间的建校历史、所处地理环境、办学条件、经费投入、学生来源、教师收入等因素，也会影响高职院校教师流动。因此，教师流动呈现出中西部教师向东部沿海地区流动、乡村教师向城市流动、小城市教师向大城市流动、条件差的高校教师向好的高校流动等格局。

第二，高职院校社会认可度不高。高职教育虽然被教育部定义为"职业教育"范畴中处于高层次的那一部分，但由于将"高等教育"与"职业教育"视为两个并列的、互不交叠的教育范畴，高职教育并不完全属于高等教育，更确切地说是"二等"的高等教育。高职教育尽管近几年来得到快速发展，但由于受传统观念和社会用人部门注重学历且追求高学历的影响，社会认可度并不高，不仅高职学生普遍存在"大学去不了，只有上高职"的自卑心理，高职院校教师也存有自卑心理。

第三，高职院校管理不当。高职院校的行政管理者不但拥有行政资源，也日益拥有了学术资源，"双肩挑"者成为高职院校中最有实力的职业群体，行政化倾向日趋明显，污染着高校的"本源"。一些高职院校的职务聘任、工作考核制度不完善，选拔人才不按公平、公正、公开原则，往往有用人唯亲的倾向，学校领导与教师关系紧张，教师与教师之间问题突出，制约教师工作积极性的发挥，教师队伍不可避免地出现一些不合理流动。

第四，高职院校教师收入较低。近年来，我国教师收入水平不断提高，生活条件不断得到显著改善，但是与普通高校相比，高职院校教师普遍收入较低也是事实，劳动价值得不到很好体现。有调查数据显示，不仅部属院校和市属院校之间的收入差距很明显，而且市属普通高校与市属高职院校之间的收入差距很明显。虽然"市场化"竞争打破了传统的平均主义"大锅饭"，大体解决了"干好干坏一个样"，但教师收入的两极分化正在成为导致高职院校教师积极性和创造力下滑的重要因素。

第五，高职院校教师期望过高。高职院校教师的主力多为中青年人群，步入工作岗位时雄心勃勃，多数人都有很大抱负，但随着市场经济大潮的冲击，社会价值和个人的价值不能充分得到体现，所获得的无论是物质的还是精神的回报都不足以与其期望相匹配，并没有体会到被社会真正尊敬，这引起相当一部分能力较强的教师出现严重的心理失衡，心理调控能力不够，另谋高就是理所当然的事。

三、高职院校教师合理化流动对策

尽管教师的合理流动是形成师资队伍合理结构不可少的有效措施，也是教师自身成长和发展的需要，但建设一支稳定的教师队伍是高职院校师资管理的一个重要目标。

第一，努力促进经济均衡发展。加强政府扶持力度，努力发展中西部经济，改变我国东、中、西部经济发展的不均衡状态，改变我国城乡经济发展不均衡的二元结构，改变以经济为重要基础的教育事业的不均衡发展状况。中西部地区应趁着"中部崛起"与"西部开发"的热潮自强不息，结合当地实际，发挥地区优势，努力发展经济，促进教育资源的发展，从而吸引、留住人才。政府要促进落后地区的教育发展，推动教育的均衡发展。

第二，形成良好的尊师重教的社会风气。高职院校教师肩负着教书育人的重任，承载着传道、授业、解惑之职责，为社会培养各种人才，在社会的进步中起着举足轻重的作用。中国自古以来就有尊师重教的优良传统，在以经济建设为中心的今天，绝不能以经济收益衡量教师的能力和地位，需要在全社会形成共识，弘扬尊师重教的传统，并努力将习近平总书记提出的"必须形成尊师重教的良好社会风气"的倡导落到实处，形成良好的社会风气，真正形成尊师重教的浓厚氛围，使人们真正认识到教书育人是一种无限光荣的事业，让教育成为真正最受尊重的事业。

第三，努力提高高职院校教师福利待遇。教师队伍的稳定离不开物质利益机制的调节，绝不能单方面强调教师的奉献。1994年1月1日正式施行的《中华人民共和国教师法》规定了教师的平均工资水平"不低于或者高于国家公务员的平均工资水平，并逐步提高。建立正常晋级增薪制度，对城市教师住房的建设、租赁、出售实行优先、优惠，对农村中小学教师解决住房提供方便"。这些措施有助于在一定程度上提高教师待遇，必须认真贯彻执行。高职院校领导也要多方增加教育经费来源渠道，努力提高教师工资和生活待遇。许多事实证明，高职院校教师不合理流动的最根本和直接原因是教师工资待遇偏低。

第四，提高高职院校的社会地位。要提高高职院校的社会地位，除了政府和舆论的导向外，最主要的还是依靠高职院校自身。高职院校要立足自身自立自强，立足本校的历史沿革、学科背景与文化积淀，要懂得取舍，弃大而求专，找到与本校自身优势和特色高度契合的专业，着重发展优势特色专业，打造行业、领域内的知名品牌，从而提高学校的知名度和社会地位。

第五，完善高职院校的治理结构。大学治理结构是现代大学制度的基石。作为中国高等教育体系的重要组成部分，高职院校正从社会的边缘走向社会的中心，担负着人才培养、科学研究、社会服务和文化传承的重要使命，所承载的各种相关者的利益诉求与日俱增，必须创新办学体制机制，实现高职院校从法人治理到共同治理，保持我国高等职业教育的健康发展。学校内部无论是管理者还是被管理者，共同目标就是教书育人，为祖国培养人才。因此，要保持党委领导下的校长负责制这一高职院校领导的根本制度，探索建立由学校党委书记、校长、举办者、企业代表、专业骨干代表、职工代表等组成的高职院校董事会（或理事会）制度，明确学校重大事项决策程序与各方利益关系，建立一套流动的且充满生机与活力的教师人才管理机制，为教师的发展创造一片净土。学校是高智能劳动力的聚集地，集中了较高学历的知识群体，学校要通过机制体制的不断完善，为广大教师提供更多的发展机会和施展才华的空间。

第六，加大教师队伍的培养力度。事物的内部矛盾是其产生、发展的根本原因，教师非合理化流动与教师自身素质有着密不可分的关系。因此，要加强教师队伍建设，增强教师的职业认同感，提高教师的综合素质，使他们不仅具有扎实的文化知识，还要有强大的心理素质，不惧困难、沉着冷静、热爱教育事业等优良品质。

参考文献

[1] 江西省社会学学会教学研究会调查组. 江西部分高校、中专教师流动情况的调查 [J]. 求实，1989 (2).

[2] 努力实行教师流动加速师资队伍优化 [J]. 江苏高教，1991 (4).

[3] 杨礼宾. 试论高校教师流动难的原因及其对策 [J]. 江苏高教，1992 (6).

[4] 苏子杰. 教师流动的因素分析及对策 [J]. 教学与管理，1993 (2).

[5] 黄勇. 市场经济条件下高校教师的流动与稳定 [J]. 益阳师专学报，1993 (3).

[6] 王蕙. 教师流动的成因与对策 [J]. 现代教育论丛，1994 (2).

[7] 许质武. 关于高等学校教师流动的几点思考 [J]. 教育管理研究，1994 (2).

[8] 张培元，冯霁虹，周静. 高校教师流动与开放式师资管理刍议 [J]. 南京师大学报（社会科学版），1994 (3).

[9] 彭琴娣. 对高校教师流动的看法 [J]. 交通高教研究，1995 (2).

[10] 卢晖. 高校教师"隐性流动"刍议 [J]. 浙江经专学报，1995 (4).

[11] 伏瑞龙. 高校青年教师流动的社会学分析 [J]. 中国冶金教育，1996 (1).

[12] 卢文丰. 教师合理流动的几点思考 [J]. 广西大学学报（哲学社会科学版），2001 (S2).

[13] 安玉海. 国外高校教师的合理流动机制及对我们的启示 [J]. 比较教育研究，1996 (5).

[14] 马凤歧. 关于高校青年教师流动问题的分析 [J]. 教育管理研究，1997 (1).

[15] 姜文义. 试论教师队伍稳定与教师合理流动 [J]. 普教研究，1997 (2).

[16] 姚秀群. 关于高校教师流动问题的探讨 [J]. 吉林师范学院学报，1997 (4).

[17] 周强. 内地高校青年教师流动状况分析——对安徽省 387 名流动青年教师的调查 [J]. 青年研究，1998 (1).

[18] 范国睿. 政府·社会·学校——基于校本管理理念的现代学校制度设计 [J]. 教育发展研究，2005 (1).

[19] 陆学艺. 当代中国社会流动 [M]. 北京：社会科学文献出版社，2004.

（本文系北京青年政治学院科学研究基金项目研究成果，作者为北京青年政治学院人事处助理研究员）

心理学学科

留学生心理健康教育研究综述

刘　巍

一、留学生心理健康教育的基本概念和特点

随着全球一体化的国际大环境的出现，在国际教育贸易市场开放的前提下，教育资源在各国间根据需求进行配置，教育要素在国际的流动加速，教育国际交流与合作日益频繁，出现了外国学生"来华留学热"与中国学生"出国留学热"。据教育部统计数据显示，2013 年中国出国留学总人数为41.39 万人，比 2012 年增长了 3.58%。[①] 从我国的情况来看，改革开放以来，来华留学生教育事业蓬勃发展。据国家教育部统计，2008 年来华留学生人数突破 20万；到了 2012 年，在华留学生人数迅速增至 328330 名，分别来自 200 个国家和地区，分布在全国 31 个省、自治区、直辖市。[②] 随着各国留学生规模的扩大，一个特殊群体——"外国留学生"的心理健康教育越来越受到大家的关注，这也极大地促进了国内外学术界对留学生心理健康教育的研究。

随着留学生规模的扩大，相关的突发事件快速增长，其中由心理因素或心理疾病引发的事件占越来越大的比例。据调查显示，留学生由于生活环境、学习环境的改变，在日常生活和人际交往过程中都存在不同程度的情绪与心理问题，严重的如果得不到有效干预，甚至发展成自残、自杀、精神分裂等恶性事件，不仅给留学生的正常学习与生活带来了极大干扰，也给学校留学生教育教学带来重大影响。因此，重视留学生心理健康教育、探讨提高外国留学生的心理健康水平教育模式等问题已成为各国留学生教育工作者和学者所面临的重要课题。

---

① ［EB/OL］. http：//www. eol. cn/html/lx/2014baogao/content. html.

② ［EB/OL］. http：//www. moe. gov. cn/publicfiles/business/htmlfiles/moe/moe_ 863/201303/148379. html.

（1）留学生心理健康教育体系。构建外国留学生心理健康教育体系是近年来取得学界普遍肯定的具有实际效果和可操作性的做法。所谓外国留学生心理健康教育体系是一种教育模式，是以外国留学生心理健康作为目标，"将留学生心理健康教育全方位地置于全面开放式的大教育环境中，通过学校内部教育、教学、管理活动的全过程，充分利用社会资源，对留学生心理施加积极的、正面的影响的一种模式"①。构建切实有效的工作机制是留学生心理健康教育体系发挥作用的根本保障。首先，要建立有组织、高素质、强有力的包括学校、教师、留学生三级的工作队伍。组建留学生心理健康教育工作指导小组，负责全面指导该项工作；成立专门的"外国留学生心理咨询中心"，也可以和中国学生的"大学生心理咨询室"合作，同时为留学生配备专业的心理健康教育与心理咨询教师，负责留学生的日常心理健康教育与咨询工作；组建留学生志愿者队伍，强化心理健康干预。外国留学生在远离家乡的情况下，遇到困难需要寻求帮助时，首先想到的往往是朋友（47.6%），其次才是父母（35.27%），然后是教师（7.36%），而留管干部（3.49%）所占比例相当小。因此，同学和本国老乡是留学生人际关系中的重要成员，他们之间更容易相互沟通和帮助，是留学生心理健康工作中不可替代的资源。

（2）跨文化适应。留学生的心理问题在专业上被统称为"跨文化压力症"，这也是留学生心理健康教育的特殊性所在，可以归类为跨文化心理适应问题。跨文化适应是指在陌生的异国文化环境中由于语言、文化、社会背景等差异所产生的适应困难，需要人们在一个新的文化环境中学习新的交流方式，适应新的异域文化。留学生来到异国他乡，不仅有学业的压力、思乡的愁苦、人际交往的困难，在这个适应过程中也不可避免地要感受到与其原有的世界观和价值观不同的挑战，甚至给他们带来巨大的心理冲击。美国人类学家奥伯格（Kalver Oberg）提出的文化休克（Cultural Shock）现象就是跨文化适应障碍的突出表现，即"由于失去了自己熟悉的社会交往信号或符号，对于对方的社会符号又不熟悉，从而在心理上产深度焦虑症"②。这既是留学生心理问题的突出特点，也是留学生心理健康教育的切入点。

（3）朋辈心理辅导。目前留学生心理健康教育中，公认最为有效的是朋辈心理辅导。朋辈心理辅导模式诞生于20世纪60年代的美国，这一时期的美

---

① 汪静娜. 构建高校外国留学生心理健康教育体系［J］. 中医药管理杂志，2010（3）.

② Kalver Oberg. Herskovits, M. J. Momoradum on the study of acculturation［J］. American Anthropologist，1936（38）.

国青年一代出现了前所未有的各种心理问题，学校教育中青少年心理健康教育的任务日益繁重。在当时专业心理教师严重匮乏的情况下，朋辈心理辅导由于适应了当时学校教育的这种需求，在美国掀起了一场非专业心理咨询的运动和变革。学校教育中朋辈心理咨询研究领域的第一篇论文是威兰德（Vriend，1969）发表的，这是利用受训的高成就的中学学生在咨询团体中帮助低成就的学生的研究报告。① 朋辈心理辅导是留学生心理健康教育中非常行之有效的方式，经过培训的同龄人（即年龄、地位和知识与自己同等的人），特别是来自同一个国家的同学，运用主动倾听和问题解决的技巧辅导需要帮助的人。这很好地解决了语言文化、风俗习惯的差异，以及由这些差异带来的沟通交流障碍。

二、国外留学生心理健康教育研究

早在中世纪，德国的高等教育就已经成为欧洲的典范。到了 19 世纪，德国大学不仅是欧洲各国大学效仿的对象，更是对美国大学造成了很大的冲击。大批留学生涌入德国大学学习，这也使得留学生心理健康研究在精神分析故乡的肥沃土壤上有了早期的探索。目前德国"双元制"订单培养人才模式中的心理健康教育模式就留有德国早期心理学导向的印记。

英国作为工业革命以后最早发展起来的国家，留学生教育发展较早。以牛津大学心理健康教育模式为代表的英国高等教育心理健康教育已被实践证明是一种成功的模式，它的最大特点就是同学互助训练计划。牛津模式有着运作的简约性与高效性。由于参与互助小组的学生与其他同学生活的同步性及其各方面特征的相似性，因而其能切合学生的需求，及时发现问题和反馈信息，相对于教师具有的时空差异来说，效率高得多。同时，其又具有适度的参与性和针对性。专业老师的监督与帮助使得学生的参与适度，不会承担更多的责任。同龄人或本国留学生所处的学习与生活环境相似，心理上更为接近，在帮助同学更好地适应各种社会、学习和人际关系，协助同学进行决策，处理一些敏感问题时更有针对性，也更具有效性。

第二次世界大战以后，美国以其领先于世界其他国家的经济实力、科学技术水平及先进的高等教育成为世界留学生主要的流入地。在留学生的管理、教育及为留学生服务方面，美国学者的研究成果颇丰，其中，留学生的心理健康

---

① 石芳华. 美国学校朋辈心理咨询述评 [J]. 上海教育科研, 2012 (7).

和心理辅导是一个重要的研究领域。而与此同时，西欧国家的相关研究并没有新的突破。从已有的文献来看，美国针对留学生心理健康教育的特色首先体现为规范与标准化的师资队伍，教师都经过严格的职业培训并获得美国学校心理学家证书委员会的证书；其次体现为综合性和多样性的服务范围，托马斯·奥克兰将美国高校诸多心理健康服务分为六大类，即个别评估、研究评估、直接干预、间接干预、监督与管理、预防。最为突出的特色是积极性和发展性的价值取向。美国高校传统心理教育的价值取向仅重视矫治性的层面，这是受行为主义心理学派的影响，为少数适应困难和有问题的学生提供服务，从而忽视了对大多数大学生的帮助。随着时代的发展，积极发掘大学生心理潜力和提高大学生心理素质水平越来越得到重视，使其在个人、情感、道德和审美等方面都能够得到发展，并且将这些方面融入一个人的生活方式当中，呈现出积极性和发展性并存的特点。

我国学者付先全在他的文章中介绍了美国心理健康教育的载体，从中也体现了美国心理健康教育的丰富性与实践性。首先是心理健康教育课程。不是所有大学都专门设置心理健康课程，相当一部分美国高校的心理健康教育课程都融于伦理课、社会课、体育课等课程中。通过心理健康教育课程或渗透于其他课程，学生们能够学会用心理学的方法来解决学习和工作中的压力及情感问题。其次是社会服务和健康图书馆的利用。社会服务是带动学生以多种形式进行义务服务，使学生有机会接触社会，增强其社会责任感，从而弥补了高校教育中的不足。美国多数高校都设有健康图书馆，为大学生提供最新心理学的知识，帮助大学生以此来拓展高校心理健康的服务途径，提高高校心理服务质量。我们比较熟悉的是高校心理健康中心。心理健康中心为大学生提供心理咨询与治疗、个别和团体辅导、技能培训等服务。心理健康中心通过改善大学生适应社会的能力，帮助大学生提高处理人际关系的能力。

从研究视角来看，国外对留学生心理健康教育的研究主要集中在以下三个方面：首先是对留学生产生心理问题的原因及其主要影响因素进行分析研究。比较有代表性的是伯克利加州大学基于数据分析的研究。研究表明，44%的留学生在情绪和压力管理方面存在问题，并且直接影响了他们的主观幸福感与学习成绩。美国学者 Tseng 和 Newton 的研究强调了在美留学生面临的四个挑战：一是基本的生活适应，比如熟悉美国的生活及其食物、住宿和环境；二是学习上要适应美国的大学制度和成功所需要的技能；三是社会文化调整，诸如文化标准和行为；四是个人心理的调整，例如想家、孤独或者被隔离的感觉以及身份的迷失。其次是留学生心理健康研究工具的开发和使用。例如，Daya Sandhu 等人针对留学生在文化休克中的心理适应问题开发了文化适应应激量表，从歧视、想家、害怕、犯罪、已知的仇恨以及因改变而引起的压力等方面去测评留学生的心理健康状况。还有学者从留学生对心理援助的需求角度进行了研究。有研究者认为留学生的心理健康需求是特殊的，他们一般不愿意寻求专业的心理咨询辅导，而更愿意在本国的老乡或同学中寻求支持，这就使得朋辈心理咨询有了非常广阔的应用空间。Jenny Hyun 等人认为应该为留学生提供特别的心理健康服务，在专业的心理辅导之外构建留学生的社会支持体系和经济保障体系。

三、国内留学生心理健康教育研究

我国的留学生教育起步较晚，20 世纪五六十年代才有最早的一批留学生。随着中国的改革开放，社会的开放程度和在国际上的经济科学技术地位都有了巨大的提升。随之而来的就是中国留学的热潮。来华留学生人数的逐年增多也使得各种突发事件的数量增多了，其中有相当数量是由于心理因素甚至心理疾病引起的。来华留学生的心理健康问题的研究，成为近些年极具紧迫性的具有理论意义和实践价值的热点。

由于留学生教育只有近 60 年的历史，国内学者的研究还主要是在欧美学者的理论框架下进行实证研究，理论研究基本没有突破。其主要涉及以下几个方面：首先是针对来华留学生心理健康状况进行的调查研究。如伍志刚、向学勇、谢芸等撰写的《来华留学生和中国学生心理健康状况及应对方式比较》，陈慧、常悦珠撰写的《在华留学生常见心理适应问题研究》，胡芳、崔立中、高丽撰写的《在华留学生心理健康状况调查》。这些研究采用多种调查手段，通过对数据的采集分析，直观地描述了来华留学生的心理健康状况。其次是针对我国各高校来华留学生心理健康教育工作的开展模式进行的梳理与研究。如年艾忻的《提高在华留学生心理健康状况的对策研究》，张妍、钱光焰的《高校来华留学生心理健康工作模式探索》等。最后是基于跨文化适应的视角进行的研究。如孙颖、陈士俊、王梅的《跨文化适应和生活事件超载的博弈分析》，杨军红的《中国社会对来华留学生的接纳程度研究》。

总体来看，留学生心理健康教育研究是随着时代的发展而产生和发展的，在心理学与跨文化理论的基础上发展起来，发展到理论研究与实证研究相结合的方式。只有进一步深入地、有针对性地进行研究，才更有助于解决目前留学生心理健康教育中存在的问题。

参考文献

［1］Oberg, K. , Cultural shock：Adjustment to new cultural environments ［J］. Practical Anthropology, 1960（3）.

［2］Cox J. The role of Communication, Technology and Cultural Identity in Repatriation Adjustment ［J］. International Journal of Intercultural Relation, 2004（28）.

［3］付先全. 美国大学生心理健康教育特色启示 ［J］. 教育与职业, 2014（3）.

［4］李小鲁. 从英国牛津大学心理健康教育模式看广东大学生心理健康教育的创新 ［J］. 高教探索, 2009（6）.

［5］2012 年全国来华留学生简明统计报告 ［EB/OL］. 2014 - 04 - 13, http：//www. moe. gov. cn/ publicfiles/business/htmlfiles/moe/moe_ 863/201303/148379. html.

［6］王家璘. 南京市来华留学生心理健康调查与研究 ［J］. 南京医科大学学报（社会科学版）, 2014（10）.

［7］汪静娜. 构建高校外国留学生心理健康教育体系 ［J］. 中医药管理杂志, 2010（3）.

［8］石芳华. 美国学校朋辈心理咨询述评 ［J］. 上海教育科研, 2012（7）.

［9］雷五明. 国内外关于留学生心理健康教育研究述评 ［J］. 教育与职业, 2013（11）.

［10］李勇. 心理健康教育对来华留学生突发事件预防与处理的意义 ［J］. 中国校外教育, 2001（12）.

（本文系北京青年政治学院院级教育教学建设项目、北京市社会科学基金项目研究成果，作者为北京青年政治学院国际学院副教授）

青少年新媒介依赖症研究

田宏杰

新媒介的快速发展使人类社会步入媒介化时代。新媒介已经成为人们社会生活中不可缺少的东西。伴随着新媒介对社会生活无孔不入的渗透，人们对新媒介的依赖也越发增强。① 青少年正处于个体发展的关键阶段，任何依赖与成瘾行为都会对其生理和心理造成不良影响，制约其认知与行为。② 新媒介依赖症对青少年的生理、心理都造成了不良影响，改变了青少年成长和社会化路径，已引起政府、社会和家长的重视和普遍焦虑。因此，有必要考察青少年新媒介依赖症的情况，并探究其影响因素与表现后果，寻找新媒介依赖症干预路径。

一、新媒介依赖症的内涵及表现

新媒介是继报刊、广播、电视等传统媒体以后发展起来的新兴媒体形态，主要包括网络媒体、手机媒体、数字电视等。

1976 年，美国学者梅尔文·德福勒与桑德拉·鲍尔—洛基奇提出了媒介依赖论（Media Dependency）。该理论认为，社会环境存在的变动和冲突越多，个人所面临的不确定性也越多。不确定性促使人们搜寻多种信息，来了解社会正在发生什么。而媒介拥有丰富的信息，是信息搜集活动的一种必要资源。由于媒介技术的快速普及和推广，人们更倾向于依赖媒介来获得物质或精神上的满足。社会越发展，信息的要求就越高，人们对媒介的依赖就越强。

随着社会的发展和信息技术的日新月异，人们对媒介的依赖已从对报刊、广播、电视等传统媒介的依赖转变为对网络和手机等新媒介的依赖。从心理学的视角来看，新媒介依赖症就是指过度使用网络、手机等基于应用型高新技术

---

① 林爱珺，张晓锋，童兵．我国社会的媒介影响与媒介依赖［J］．新闻界，2007（6）.
② 许颖，苏少冰，林丹华．父母因素、抵制效能感与青少年新媒介依赖行为的关系［J］．心理发展与教育，2012（4）.

的媒介并对其产生依赖感，进而出现明显损害的现象，主要表现为网络成瘾和手机依赖，强调成瘾或依赖的心理和行为症状。

网络成瘾，是指由于过度使用网络而导致的一种慢性或周期性的着迷状态，对上网所带来的快感会一直存有心理与生理上的依赖，并产生难以抗拒的再度使用的欲望等现象。博奴、御宅族、微博控等都是对网络成瘾群体的概括。① 随着网络的普及，网络成瘾愈加普及。相对于传统媒介而言，网络整合了各传统媒介优势，实现了视、听、读、写、说等多媒体化。如此便捷全面的传播媒介，为网民提供了足以依赖的生存空间。网民可以通过网络进行获取信息、发表言论、沟通交流、娱乐购物等活动，很容易沉溺在虚拟的网络世界中，把虚拟世界等同于现实世界本身，自然地与真实世界隔绝开来。

手机依赖，是指过度沉迷于以手机为媒介的各种活动，对手机使用产生强烈、持续的渴求感与依赖感，而导致个体出现明显的社会、心理功能损害。② 手机是一种移动新媒介，具有上网、聊天、查询、游戏、购物等功能，大大方便了现代人的生活需求。把玩手机是日常生活中最为常见的现象，可称为"手机控"。"手机控"的主要症状包括：总要随身携带手机，否则就心烦意乱；如果手机一段时间没有消息，就会感到不适应；经常有"手机铃声响了"的幻觉；当手机收不到信号或无法上网时，就会情绪急躁不安……

"三网融合"促进了新媒介的加速发展。所谓"三网融合"，是指电信网、广播电视网和互联网在演进过程中相互渗透，互相兼容，技术功能趋于一致，业务范围趋于相同，并逐步整合成为统一的信息通信网络，能为用户提供语音、数据和视频等全方位的综合服务。三网融合步伐的加快，将加速网络基础设施建设，扩大宽带网络覆盖范围，推动数字终端设备数量增长，快速普及数字技术，极大拓宽传播渠道。与此同时，"三网融合"也大大缩短了受众与媒介的距离，在不断强化受众对媒介的依赖程度。

以网络和手机为代表的新媒介因具有多功能性、便利性、实时性和互动参与性等特点而广为青少年所喜爱，并使其更易于沉溺其中，表现出使用时间长、使用频率高等特点。网络成瘾和手机依赖同属于行为依赖，且二者在心理、行为表现和对个体功能的影响上都具有一定相似性，是新媒介依赖的主要表现形式。

国内的一些研究发现，青少年新媒介依赖症呈现逐年上升的趋势。中国互

---

① 冯菊香."媒介依赖"的演变审察 [J]. 玉林师范学院学报，2013 (1).

② 徐晓叶楠，朱茂玲. 中学生手机依赖状况及手机功能偏好 [J]. 中国青年政治学院学报，2011 (5).

联网络信息中心（CNNIC）2015 年 7 月发布的《第 36 次中国互联网络发展状况统计报告》显示，截至 2015 年 6 月，我国网民规模达 6.68 亿，其中手机网民规模达 5.94 亿；我国网民以 10～39 岁年龄段为主要群体，比例达到 78.4%，其中 19 岁以下年龄段网民的比例为 25.6%；搜索引擎用户规模达到 5.4 亿，在网民中的渗透率为 80.3%。网民规模的飞速增长，说明越来越多的青少年开始使用这种媒介来满足自己的需求，通过网络、手机等途径获得有效信息，开展网络社交。青少年对新媒介的依赖，一是对媒介工具的依赖，二是对媒介内容的依赖，三是思维方式对新媒介的依赖。

二、新媒介依赖症的产生原因及后果

青少年新媒介依赖症现象的出现，不仅由于各种媒介自身的长处迎合了受众需要，可以满足受众各个层面的需求，社会信息的变动也催化了受众对媒介的依赖。需要不等同于依赖，需要只有在能够比较容易且稳定、长久地得到满足并形成习惯和惰性时，才会发展成依赖。在传统媒体时代，这种依赖关系主要是精神性依赖，而新媒介环境不仅延续了这种依赖，而且依赖的程度更加强烈，还有些则是实用性依赖。

随着科技的进步，新媒介无孔不入。新媒介传播知识信息的速度越来越快，传播的范围越来越广，提供的海量信息越来越多。新媒介在一定程度上实现了对现实生活图景的真实再现，以更直观、更丰富的方式将世界面貌和人类活动永远保留下来，并超越时空加以传播，延伸了人们的视听觉范围，拓展了人们的交往空间。新媒介已经深入公众的日常生活，无处不在地影响着人们的生活，成为现代人日常生活中的重要内容。人们依据从媒介上获得的信息指导现实生活，也会移植真实生活世界中的一些方法来处理虚拟媒介世界中的事务。在当今这个时代，新媒介对社会生活的影响越来越大，大大解放了公众话语权，帮助受众养成和确立了自我意识及特定的思维习惯。

新媒介是满足受众自身需求的一种工具，对社会中的受众能够产生一定的影响。在新媒介和受众互动的过程中，媒介对受众的满足程度越高，受众对媒介的依赖也就越深。新媒介开始崛起，手机、网络的发展异常繁荣，受众获取信息和娱乐的习惯又从电视转向了网络和手机，此外还发展了网络社交、电子商务等媒介应用习惯。现今的新媒介为大众提供了海量的信息，提供了交往的平台，对大众的生活产生了广泛而深刻的影响。这种影响力越大，作为反馈，人们对其的依赖也就越大。受众只要第一次体验到网络媒介获取信息的方便、高效和大量之后，就会进行第二次、第三次的尝试，渐渐地就会变成一种习惯乃至依赖。

网络、手机等新媒介已成为青少年沟通交流的重要工具。网络可以即时传送文字、声音、图像，网上收发电子邮件更方便、快捷，即时聊天工具可以与许多互不相识的人沟通交流。然而广大青少年在享受新媒介带来的巨大便利的同时，很容易沉溺其中而不自知，很多人离开网络和手机就无法思考甚至无法生活。

在当今新媒介盛行的环境下，新媒介依赖症的产生是不可避免的。"依赖"俗称成瘾，是外来物质进入人体所引起的一种心理和生理过程的依赖性。这种依赖主要表现在两个方面：一方面，新媒介依赖症会影响青少年生理健康。长时间上网和看手机又缺乏运动，往往引发眼睛的视觉疲劳，再加上电脑散发的气体会危害呼吸系统，电脑微波会危害身体。有研究指出，新媒介依赖症患者可伴有心悸、气短，严重者会出现濒死感，头疼，头晕，身体疼痛，手脚发麻，眼睛干涩、模糊等，严重损害青少年的身体健康，干扰其日常生活和正常学习。另一方面，新媒介依赖症会影响青少年心理健康。新媒介已经成为青少年获取信息的主要途径，然而海量信息中夹杂着大量不良信息，再加上媒介社会责任的缺失，会增加青少年精神和心理压力，导致其网络综合征，会引发青少年孤独、压抑和焦虑等情绪，使其容易产生自卑、孤僻等心理，严重影响青少年健康成长。[①]

青少年新媒介依赖症现象的出现，势必会造成媒介和人的异化。过度的新媒介依赖容易使新媒介异化成压抑人的主体。青少年如果不能节制使用传播媒介，将过量的时间和精力投入媒介所营造的虚拟世界中去，漠视传统的人际交流，就会丧失理性思考和自我约束，进而导致一系列问题的产生。

三、新媒介依赖症干预

青少年的新媒介依赖症对整个社会发展的危害性暂时还没有完全显示出来，但如果任由这一现象发展和蔓延，势必有可能上升为全社会普遍存在的问题，会对社会的存在和发展产生负作用。因此，必须运用各种力量，对青少年的新媒介依赖症综合地进行预防、引导和干预。

一是发挥青少年的主观能动性。解决新媒介依赖症，青少年自身积极的主

---

① 李满林，刘晓红．青少年网络成瘾的危害及干预［A］//中国心理卫生协会第五届学术研讨会论文集．2007.

观努力很关键。青少年要树立积极、健康的新媒介使用观，明白媒介作为传播工具的本质属性，学会合理制定新媒介使用规范，用坚强的意志去抵制新媒介所带来的各种诱惑，学会自我调控，自觉抵制网络成瘾和手机依赖。要训练自己的沟通技巧，与父母、老师、同学、朋友尽量面对面地交流沟通，努力建立良好的人际关系。要加强人文素养的培植，学习各领域专业知识，多参加各种实践活动，培养广泛的兴趣爱好，例如听音乐、看书、散步、郊游等，转移对新媒介的注意力，将生活的中心从虚拟世界转移到现实生活中来。

二是强化家庭教育环境。在影响青少年行为的诸多因素中，家庭环境氛围是青少年社会化的第一个也是最重要的环境。有研究表明，青少年的新媒介依赖症与父母对使用手机的态度和行为、长时间上网显著正相关，父母对长时间上网、使用手机的态度越宽松，父母监控越少，青少年就越容易出现新媒介依赖行为。① 因此，要改进青少年的家庭生活环境，构建和睦与关爱共存的亲子关系。父母要从自身做起，正确使用新媒介，给孩子一个正面的引导和表率。同时，父母要与孩子积极、真诚沟通与交流，了解孩子的内心世界和心理需要，鼓励他们多参加一些健康的社会实践活动。父母要多和学校的老师、同学联系，了解自己子女的状况，以便及时帮助子女解决其所面临的问题。

三是构建学校教育环境。学校是青少年的重要活动场所，要充分理解学生，倾听其心声，通过积极的正面引导，提高学生的认识水平和自我控制能力，改变其对新媒介依赖心理②；要对学生加强纪律约束，对课堂使用手机等不良现象要坚决制止；要充分调动一切积极因素，组织好班级、团支部、学生社团等学生团体活动，形成健康良好的、朝气蓬勃的群体氛围，增强学生的归属感和使命感；要积极组织学生参加社会实践活动，帮助学生认识社会、了解社会，培养学生的实践能力、社会责任意识和奉献精神。

四是优化社会环境。具体而言，要加强对网络及其相关产业的监管和立法工作，做到依法治网；要不断开发一些防止青少年网络成瘾的软件，有效地对青少年的上网活动进行监控；努力拓展青少年的社会生存空间，增强其对社会的感知和适应能力，避免他们在网络所构建的虚拟世界中寻找自我安慰；发挥从众心理的积极因素，严厉批评无节制地滥用手机、荒废学业的行为，使网络成瘾和手机依赖等不良行为在青少年中缺乏市场；社会各界要充分关注新媒介

① 许颖，苏少冰，林丹华. 父母因素、抵制效能感与青少年新媒介依赖行为的关系 [J]. 心理发展与教育，2012（4）.
② 赵冰冰. 积极防治手机依赖症 促进大学生健康成长 [J]. 教育教学论坛，2014（30）.

依赖症所带来的危害，积极营造健康向上的新媒介文化氛围。

　　五是开展积极的心理疏导。对此，要充分利用学校心理教育课、团体心理辅导、个别心理咨询等技术，帮助网络成瘾和手机依赖的青少年减轻心理压力，逐步摆脱成瘾的困境。

参考文献

[1] 葛明驷. 新媒介环境下青少年的媒介素养教育 [J]. 盐城师范学院学报（人文社会科学版），2014（3）.

[2] 闫翠萍. 新媒介环境下青少年媒介素养研究 [J]. 今传媒，2013（5）.

[3] 许颖，苏少冰，林丹华. 父母因素、抵制效能感与青少年新媒介依赖行为的关系 [J]. 心理发展与教育，2012（4）.

[4] 张荷花. 新媒介对青少年的负面影响及应对策略——以网络、手机新媒介为例 [J]. 电影评介，2011（1）.

[5] 王玲宁. 新媒介环境下传媒与青少年社会化研究 [J]. 当代青年研究，2010（10）.

[6] 王勇. 媒介新技术、新媒介环境与青少年社会化 [J]. 湘潭大学学报（哲学社会科学版），2010（1）.

[7] 陈苗苗. 青少年新媒介"使用—满足"动机与新媒介素养观 [J]. 国际新闻界，2009（6）.

[8] 赵亭. 青少年"新媒介依赖"病态心理透析 [J]. 沧桑，2007（5）.

[9] 吴梅. 博客：青少年社会性发展的新媒介 [J]. 现代中小学教育，2006（9）.

[10] 苗苏萍. 新媒介教育与青少年信息素质培养 [J]. 当代青年研究，2000（2）.

[11] 莫梅锋，王浩，魏霞. 新媒介对青少年粉丝社会化影响的调查研究 [J]. 编辑之友，2015（2）.

[12] 邓林园，方晓义，李一飞，等. 父母监控与青少年的问题行为 [J]. 应用心理学，2006（4）.

[13] 樊葵. 媒介崇拜论 [M]. 北京：中国传媒大学出版社，2008.

　　（本文系北京市社会科学基金研究基地项目、北京青年政治学院青少年心理研究学术团队研究成果，作者为北京青年政治学院青少年教育与管理系副教授）

青少年情绪断乳期的问题思考

董　辉

　　情绪是人类精神活动的基本出发地，也是个性人格形成的内在力量。所以，健康情绪也是完美品质与良好人格形成的基础。自 2006 年青少年素质教育写入教育法时起，"培养健全人格，塑造完美品质"即成为广大教育工作者的一个重要目标。进一步来说，素质教育与知识教育有着根本性不同，素质教育是对青少年内在精神世界的教育与引导，更为注重性格与人格的培养，倡导以人格塑造人格，而不仅仅注重知识的传授。其最终目的就是要培育青少年形成健康的人格与品质，并由此出发完成知识的架构。

　　我们必须清晰地认识到情绪健康在青少年人格成长过程中的重要性，也必须把握伴随青少年一同成长的情绪变化的规律与情绪变化的重要阶段。从青少年个体成长的过程来说，在其个性性格与人格形成过程中，情绪活动都是非常重要的元素，对其个性与人格的形成起着决定性作用。

　　一般来说，青少年在成长过程中会自然地经历亲情的哺育阶段，这个阶段时间的长短与个体成长的环境相关，并因人而异。但不论亲情哺育的时间长短，都会存在一个情绪断乳的阶段。

　　什么是情绪断乳呢？情绪断乳是心理学中所认为的心理断乳的前奏，是一个过程，具体情况因人而异。具体描述一下就是随着个体的长大，双亲的精心呵护与爱抚逐渐变得淡薄，对个体的情绪影响逐渐减弱，同时个体对双亲的情感依赖也逐渐减弱并产生独立的思想与意识的过程。

　　在这个过程中，有几个十分重要的问题需要特别重视。

　　第一，适当把握情绪断乳时间。一般来说，这个时间在 12 周岁左右较为合适，超过了这个年龄，双亲不宜再给予过分的溺爱，更不能越俎代庖，代替孩子去做本属于他们自己应该完成的事，而是要培育孩子自己判断是非、适应社会的能力，要做领跑者，不要做跟班。然而现实中有些个体的情况却很特殊，由于亲情过分浓郁，其情绪断乳的过程很长，甚至到走进社会也未能完成情绪断乳，仍旧本能地渴望亲情的呵护，离开了亲情似乎连一点自我意识与自我行为能力都不具备，这种情况对个体的成长是非常不利的。有心理学家曾就此与美国青少年做过对比，对比得出的估测是中国青少年普遍比美国青少年心理成熟度晚5~8年。美国一个十几岁少年的社会行为能力甚至可以达到中国二十几岁青年的成熟程度。而这从本质上来说完全是中国式家庭未能在合理的时间内完成情绪断乳的结果。

第二，在情绪断乳期内，最应注意的是不要形成个体的反叛型性格。《益智情绪学》指出，情绪是认知外部世界的一个基本工具，其重要过程就是对外部世界的情绪投射，这种情绪投射包含三种要素——肯定或否定、情绪能量的积极供应或消极供应、情绪的正向流变或负向流变，这即是《益智情绪学》中提及的情绪模式。如果形成了一种以否定性情绪对待外部世界的习惯，也就意味着形成了一种反叛型性格，对个体的个性性格与人格成长极为不利。

那么如何维护好个体的情绪健康，避免形成反叛型性格与人格呢？其关键就在于对青少年情绪断乳期的情绪健康维护。在心理学上，有许多案例都可以说明，在童年或少年时期经受过严重心理伤害或家庭暴力或家庭不幸的个体容易在成年之后表现出反叛型人格。这类人格的具体表现就是看什么都不顺心，很难体验幸福与快乐，经常发牢骚，习惯从负面看问题，严重者甚至发展成反社会反人类型性格，对社会或周围人群造成极大伤害。笼统地说，这是一种不健康情绪导致的，也就是否定型情绪模式导致并形成了固定情绪模式的缘故。

而在青少年情绪断乳期，这种反叛型性格形成几率最大，最容易形成固定情绪模式。避免形成这种固定情绪模式的方式就是要在家庭氛围，避免暴力，避免强硬的指令，及时疏导与消解个体的不良情绪倾向，引导个体树立正确的成长目标，知荣辱懂道德，包容与爱护个体成长中的不足，恰到好处地纠正个体成长中的错误行为与倾向。此外，最重要的是要引导个体热爱社会，热爱生活，热爱人生。以积极健康的心态处理并融洽人际关系是走进社会的第一课，并将个体的最大兴趣引导到有益于自身发展、有益于社会和谐的大方向上来。

同时，也要适度对个体进行挫折教育，增强情绪承受能力，正确看待成功与失败，以及维护个体荣誉与自尊的正确方式与方法，最大限度地避免冲动与不理性，为个体的美好人生打下坚固的性格与人格基础。

第三，情绪断乳期也是培养积极情绪与乐观心态的关键时期。一般来说，对正处于生理成长期的少年来说，其情绪总是非常活跃的。一旦情绪断乳，大体上会产生两种倾向：一种是飞出笼子的小鸟一般的自由与独立感，另一种就是意象上的失去亲情后的失落或消沉感。对于前一种，要采取引导的方式，将其兴趣与活跃情绪引入一个正确的方向，并尽可能防止情绪过度波动或失控。而对于后一种，则要尽可能采取激励机制，并适当增加关心与情感交流，以防止其情绪滑入一种消沉的负面情绪。对于人生来说，积极的情绪是一种财富，也是成功的一种力量之源。而在情绪断乳期如何培育这种积极情绪，则是一个值得深思与探索的问题。事实上，因个体成长的环境不同、个性特点的不同，积极情的培养方式与路径也不同。大体来说，积极情绪的培养存在自然的渐进式过程：首先是正确的荣誉感的建立。从个性发展的角度来说，荣誉感是和与生俱来的自尊相伴而生的，也是获得自尊的一个方式，而自尊则是深存于人性之中的最本质需求。许多青少年误入歧途的一个动因就在于错误地选择了获得自尊的方式，比如拔份、充大个等。在青少年成长阶段，如果对其所取得的成绩，不论是学习上的还是社会行为中的，只要是正确的、值得称道的，就实施鼓励或表扬，则对青少年形成正确的荣誉感大有裨益。这种荣誉感的建立，对青少年形成积极的心态既是一种基础性建设，也是一种力量之源。其次，一种积极心态的形成有赖于一种良好的家庭氛围与社会氛围的形成。在正确分辨能力尚未完全建立的青少年时期，其心态在很大程度上是受家庭与社会环境影响的，许多案例都可以证明这一点。所以，一种良好的家庭氛围与社会氛围的形成有利于青少年形成良好的积极心态。再次，一种良好的积极心态的形成也有赖于和谐的人际关系的建立。这一点对目前许多青少年来说是非常重要的。据相关问卷调查显示，具备正确处理人际关系，即懂得如何与人相处的方式的大学生、中学生只占不到 15%。许多学生存在社交恐惧症，并在社交失败后选择了种种消极的自我情绪修复方式，如吸烟、喝酒、沉溺于网络等。这种现象说明，在校园教育或家庭教育中缺少必要的社交引导或直观的环境熏陶。最后，一种良好的积极心态的形成与青少年情绪断乳期的心理成熟度密切相关。一般来说，情绪哺育既是一种家庭责任与义务，也是青少年走向成熟的必由之路。在这一点上，许多家庭存在的情感或情绪哺育都存在误区，这个误区就是不能从理性的角度，从打造青少年成熟心智与健康的精神世界的角度出发来关爱，而只是一种自然的出于本能的溺爱。所以，往往会产生即使情绪断乳了，青少年的心智却尚未达到应有成熟度，或者即便应该情绪断乳了，却仍然无法放弃本能的溺爱。这两种情况都对青少年良好的积极心态的形成具有破坏作用，不利于青少年健康独立的性格与人格的形成。

综上所述，在青少年成长过程中，最重要的就是要从理性高度把握青少年情绪断乳期的引导与人格的培育，并理性地从情绪反应规律出发，理解青少年情绪反应的特点，应用情绪反应规律，做好青少年情绪断乳期的人格培育。

参考文献

[1] 江可达. 益智情绪学〔M〕. 北京：人民出版社，2008.

[2] 吴维库. 情商〔M〕. 北京：机械工业出版社，2004.

[3] 汪凯. 生理心理学〔M〕. 北京：北京科学技术出版社，2004.

（本文系北京青年政治学院科学研究基金项目研究成果，作者为北京青年政治学院医务室副主任医师）